# Das große Buch der
# Natur

## Tiere, Pflanzen, Lebensräume

Über 1500 Illustrationen · 600 Tiere und Pflanzen

Ravensburger Buchverlag

*Fischertukan*

*Südamerikanischer Laubfrosch*

Bibliografische Information Der Deutschen Bibliothek
Die Deutsche Bibliothek verzeichnet diese Publikation in der Deutschen Nationalbibliografie; detaillierte bibliografische Daten sind im Internet über http://dnb.ddb.de abrufbar.

1 2 3  05 04 03

*Agrias claudina*

Titel der Originalausgabe:
The Usborne Illustrated Encyclopedia
© 1994 Usborne Publishing Ltd, London

Deutsche Ausgabe
Umschlaggestaltung: Dirk Lieb
Übersetzung: Dr. Wolfgang Hensel
Redaktion: Ulrike Pichler
Satz: Carsten Abelbeck
Produktion: agenten.und.freunde
Kommunikationsdesign, München
Printed in Germany
ISBN 3-473-35829-0

www.ravensburger.de

*Callicore mengeli*

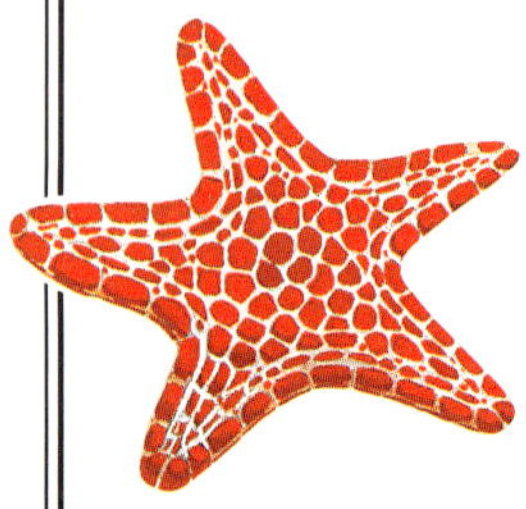

*Netzstern*

*Lampionblume*

*Vari*

*Hummel*

*Kaiserfisch*

*Hyazinthara*

# Inhalt

*Papilio homerus*

*Königsnatter*

*Grünwidderchen*

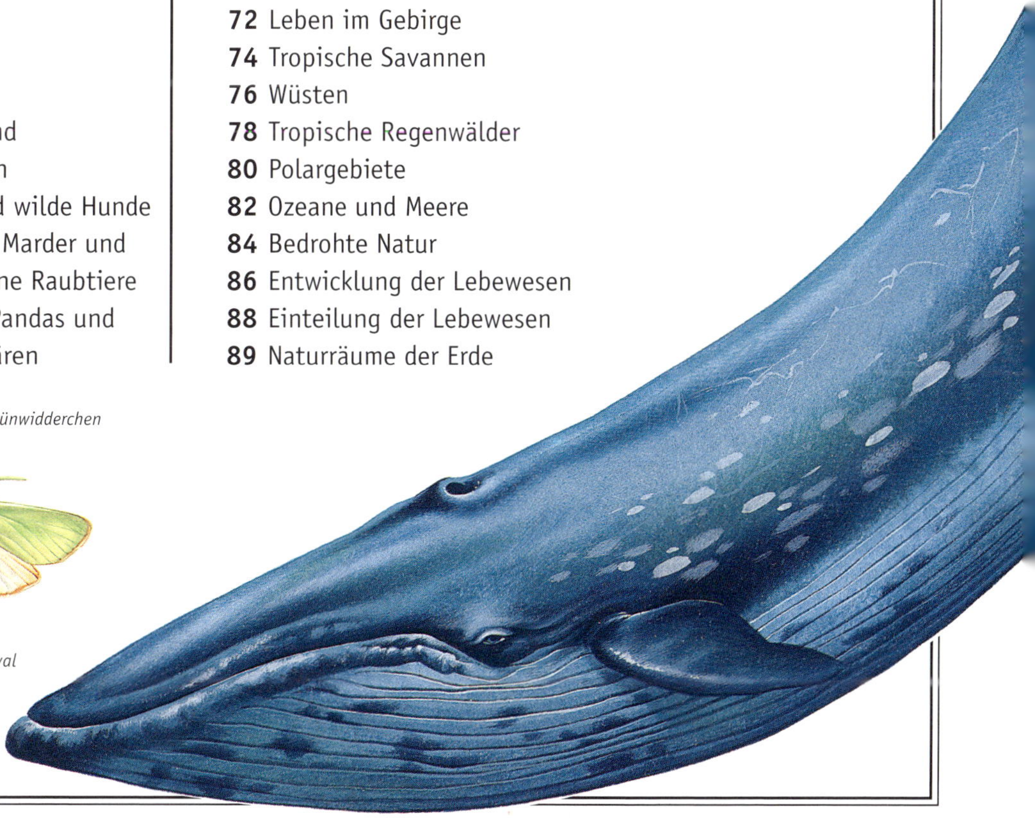

*Blauwal*

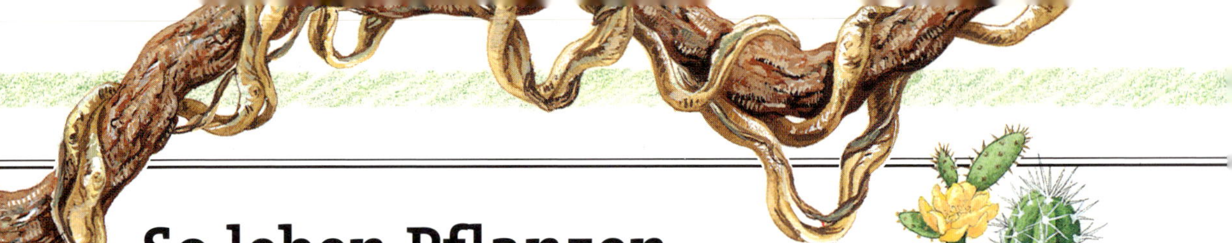

# So leben Pflanzen

Mit Hilfe von Sonnenlicht stellen Pflanzen ihre energiereiche „Nahrung“ aus Grundstoffen her, die sich im Boden und in der Luft befinden. Diesen Vorgang nennt man Fotosynthese. Sie findet in den Blättern von grünen Pflanzen statt.

*In gewundenen Stängeln transportieren Lianen Wasser hoch hinauf zu ihren Blättern in den Baumkronen des tropischen Regenwaldes.*

*Kakteen, die an sehr trockenen Orten wachsen, speichern Wasser in ihren fleischigen Stämmen.*

## Blätter

Blätter sind die Nährstofffabriken einer Pflanze. Die Blattzellen enthalten die Chloroplasten, in denen durch die Fotosynthese Nahrung erzeugt wird. Der Farbstoff Chlorophyll in den Chloroplasten verleiht den Blättern ihre grüne Farbe.

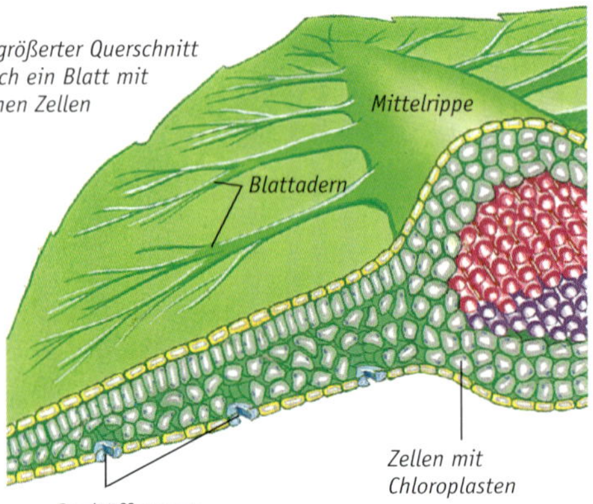


*Vergrößerter Querschnitt durch ein Blatt mit seinen Zellen*

Für die Fotosynthese brauchen Blätter Sonnenlicht, Wasser und Kohlendioxid. Das Wasser fließt durch Stängel, Mittelrippe und Blattadern in die Blattzellen und wird durch die winzigen Spaltöffnungen ausgeschieden. Dort findet auch ein Gasaustausch statt: Kohlendioxid gelangt in die Pflanze, Sauerstoff wird abgegeben.

Blätter können unterschiedlich geformt sein. Ihre Gestalt und Anordnung am Stängel geben Aufschluss über die Pflanzenart.

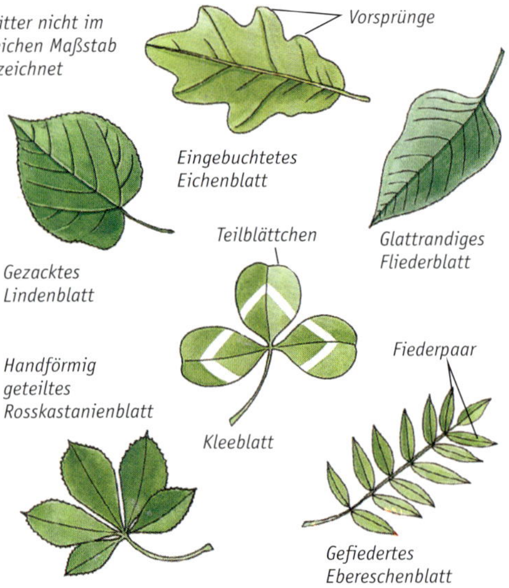


*Blätter nicht im gleichen Maßstab gezeichnet*

*Das Schmalblättrige Weidenröschen ist eine Blütenpflanze, die auf Ödland wächst.*

## Blüten

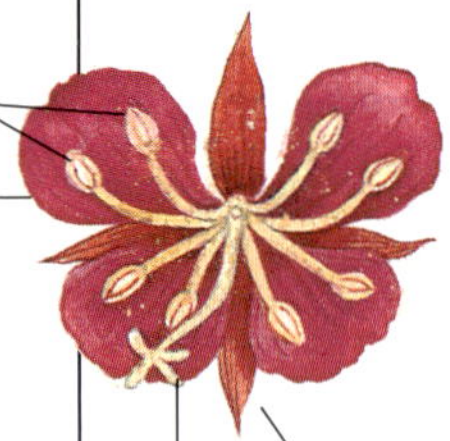


Die Blüte einer Pflanze enthält die Geschlechtsorgane. Diese werden schützend von den Kron- und den blattartigen Kelchblättern umgeben. Kronblätter sind oft bunt und duften, um Insekten oder Vögel anzulocken. Diese Tiere (oder der Wind) sorgen für die Bestäubung. Bald danach wächst eine Frucht mit Samen heran. Aus den Samen entstehen neue Pflanzen.

## Der Stängel

Der Stängel trägt die Blätter und Blüten. In seinem Innern verlaufen die Leitbündel, in denen das Wasser (im Xylem) und die Nährstoffe (im Phloem) zu den anderen Pflanzenteilen transportiert werden. Am Ende des Stängels wächst die Pflanze mit der Endknospe in die Höhe.

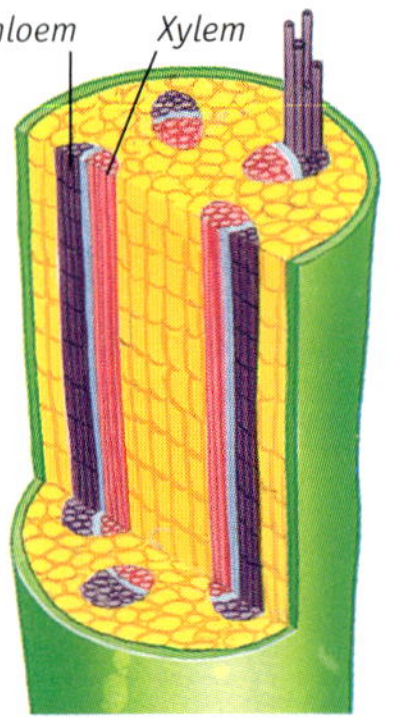


*Vergrößerter Schnitt durch den Stängel mit den Leitbündeln*

## Wurzeln

Die Wurzeln verankern eine Pflanze im Boden. Ihre Spitzen sind von winzigen Wurzelhaaren bedeckt, mit denen sie Wasser und die darin gelösten Nährstoffe aus der Erde aufnehmen. Auch die Wurzeln enthalten wie der Stängel Leitbündel. Manche Pflanzen, wie etwa Möhren oder Rettiche, haben dicke Pfahlwurzeln, in denen sie Nährstoffe speichern, und kleine Seitenwurzeln. Andere Pflanzen haben ein büscheliges Wurzelwerk.

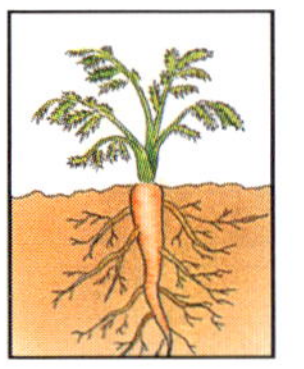

*Pfahlwurzel (Möhre)*

*Büschelwurzeln*

Zum Weiterlesen: So vermehren sich Pflanzen S. 6

## Fotosynthese

Bei der Fotosynthese werden in den Blättern von grünen Pflanzen Kohlendioxid und Wasser in Traubenzucker (Glukose) und Sauerstoff umgewandelt. Traubenzucker liefert die notwendige Energie für das Wachstum der Pflanzen. Der von den Pflanzen erzeugte Sauerstoff wird zum Teil an die Luft abgegeben. Die für die Fotosynthese benötigte Energie stammt aus der Sonne. Der grüne Blattfarbstoff Chlorophyll kann die Sonnenenergie in chemische Energie umwandeln, die bei der Fotosynthese verbraucht wird.

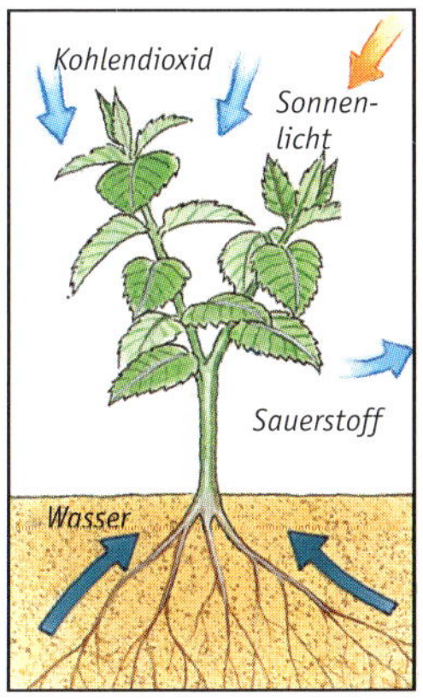


## Pflanzen und Wasser

Pflanzen brauchen Wasser für die Fotosynthese, müssen aber auch das über die Blätter ausgeschiedene Wasser wieder ersetzen. Im Wasser sind außerdem die für das Wachstum notwendigen Nährstoffe gelöst. Ohne Wasser werden Pflanzen schlaff und verwelken schließlich.

## Wassertransport

An der Blattoberfläche von Grünpflanzen wird durch die Spaltöffnungen Wasser ausgeschieden. Durch diesen Wasserverlust entsteht eine Sogwirkung: Neues Wasser wird von den Wurzeln aus dem Boden gesaugt und in den Leitbündeln nach oben transportiert. Das Wasser enthält auch Nährstoffe. Auf diese Weise werden alle Pflanzenteile mit den lebensnotwendigen Grundstoffen versorgt, z. B. Kalium, Kalzium, Magnesium und Eisen. Wenn der Boden zu trocken wird, z. B. bei großer Hitze, strömt zu wenig Wasser nach. Es fehlt dann an Flüssigkeit und Nahrung.

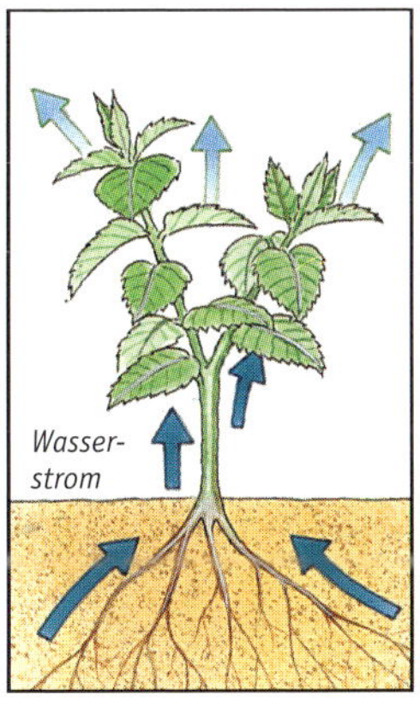


## Tropismus

Pflanzen können Reize, z. B. Licht, wahrnehmen und darauf reagieren. Man nennt die Fähigkeit von Pflanzen, auf einen Reiz zu (oder von ihm weg) zu wachsen, Tropismus.

*Blätter wachsen zum Licht.*

Wenn du eine Pflanze auf die Fensterbank stellst, wird sie nach einigen Tagen ihre Blätter dem Licht zugewandt haben. Wurzeln können auf feuchte Stellen zuwachsen und reagieren auf die Schwerkraft, indem sie sich nach unten orientieren.

## Parasitische Pflanzen

Einige Pflanzen stellen ihre Nahrung nicht selbst her. Sie wachsen auf anderen Pflanzen, den Wirten, und entziehen ihnen Nährstoffe. Manchmal töten diese so genannten Parasiten sogar ihre Wirte.

*Die Mistel hat zwar grüne Blätter und kann damit selbst Nahrung herstellen, die dazu nötigen Nährstoffe und Wasser entzieht sie jedoch Bäumen.*

*Die Riesenrafflesie lebt im tropischen Regenwald auf den Wurzeln von Lianen und hat riesige, faulig riechende Blüten.*

## Fleisch fressende Pflanzen

Einige Pflanzen fangen Insekten und andere kleine Tiere und versorgen sich so mit zusätzlichen Nährstoffen.

*Kannenpflanzen fangen Insekten in ihren hohlen Blättern. Die Tiere ertrinken in der Verdauungsflüssigkeit am Boden der Kannen und werden zersetzt.*

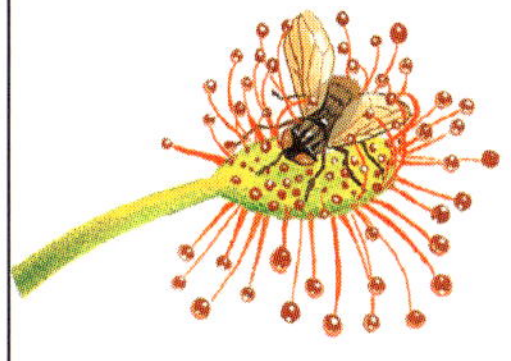

*Der Sonnentau hat Blätter mit klebrigen Haaren. Bleibt ein Insekt haften, biegen sich die Haare über das Tier und fangen es ein.*

*Die zweiteiligen Blätter der Venusfliegenfalle klappen zu wie ein Maul, wenn sie von einem Beutetier berührt werden.*

## Sehen und verstehen

**1** Den Tropismus kannst du mit Hilfe von Dicken Bohnen in einem Glas testen: Leg die Bohnen zwischen Papiertücher und Glaswand und halte sie gut feucht.

**2** Leg das Glas auf die Seite: Nach einem Tag wachsen die Stängel wieder nach oben zum Licht. Die Wurzeln wachsen nach unten; sie reagieren auf die Feuchtigkeit und die Schwerkraft.

**3** Um zu sehen, wie eine Pflanze Wasser bis in die Blätter transportiert, stellst du Selleriestangen in (mit Tinte oder Lebensmittelfarbe) blau gefärbtes Wasser. Lass sie ein paar Stunden lang stehen.

**4** Die blau gefärbten Blätter beweisen, dass die Pflanze das Wasser nach oben gesaugt hat. Wenn du die Stange unten quer durchschneidest, kannst du die „Wasserleitungen“ (das Xylem) am intensiven Blau erkennen.

Ein Kolibri trinkt Blütennektar

# So vermehren sich Pflanzen

Hundsrose

Neues Leben entsteht durch Fortpflanzung. Den Pflanzen stehen mehrere Wege offen, sich zu vermehren: Blütenpflanzen bilden Samen, aus denen neue Pflanzen entstehen. Man spricht dann von sexueller Fortpflanzung, denn Samen entstehen aus der Vereinigung männlicher und weiblicher Zellen. Manche Blütenpflanzen können sich jedoch nicht-sexuell oder vegetativ vermehren.

## Samenbildung

Blüten enthalten die Geschlechtsorgane einer Pflanze. Die männlichen Geschlechtszellen werden in den Staubblättern, die weiblichen in den Fruchtblättern (Fruchtknoten) gebildet.

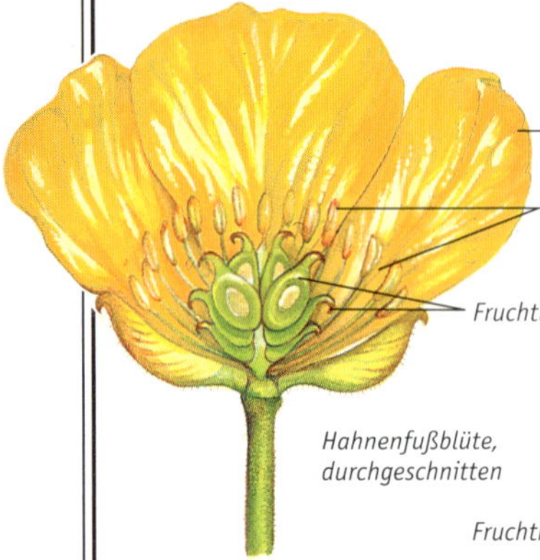


Hahnenfußblüte, durchgeschnitten

Manche Pflanzen haben nur ein Fruchtblatt je Blüte, andere, wie der Hahnenfuß, mehrere. Die Fruchtblätter bilden den Fruchtknoten. Im Innern des Fruchtknotens sitzen ein oder mehrere Embryosäcke (Samenanlagen) mit den weiblichen Eizellen. Jeder Fruchtknoten endet oben in der klebrigen Narbe. Die Staubblätter bilden tausende winziger Pollenkörner aus. Jedes Korn enthält eine männliche Zelle. Man nennt die Stiele der Staubblätter Staubfäden, die Gebilde an der Spitze Staubbeutel. In den Staubbeuteln sitzen die Pollensäcke. Sobald der Pollen reif ist, reißen die Beutel auf.

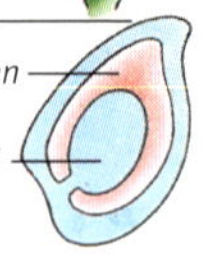


Schnitt durch ein Fruchtblatt

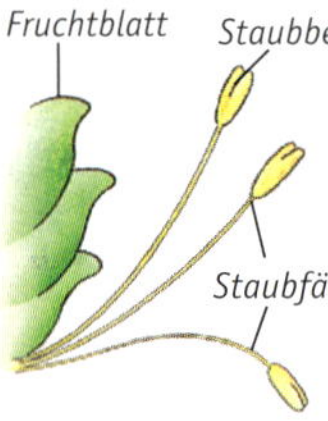


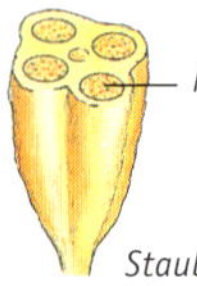


Staubbeutel im Querschnitt (vergrößert)

Mohnblüten haben nur ein Fruchtblatt mit zahlreichen Embryosäcken. Mohnpollen ist schwarz.

## Bestäubung

Damit ein Samen entstehen kann, muss der Pollen auf die Narbe einer anderen Blüte derselben Art gelangen. Diese Bestäubung von Blüte zu Blüte wird vom Wind oder von Insekten besorgt. Insekten besuchen Blüten, weil sie nach Nektar suchen, einer zuckerhaltigen Flüssigkeit. Landet das Insekt, pudert es sich mit dem Pollen ein. Besucht es dann die nächste Blüte, bleibt etwas von dem Pollen an der fremden Narbe kleben – die Blüte ist bestäubt.

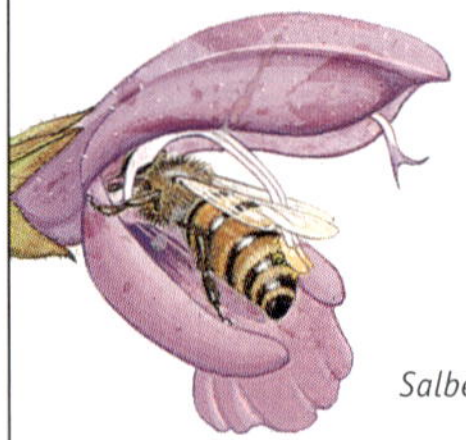

Der Pollen gerät auf den Rücken der Biene.

Salbeiblüte

Der Pollen wird auf die Narbe einer anderen Blüte übertragen.

Blüten, die von Insekten bestäubt werden, locken die Tiere meist durch bunte Kronblätter und einen verlockenden Duft an. Manchmal weisen die Kronblätter Muster (Saftmale) auf, die ein Insekt zum Nektar leiten.

Azaleen duften sehr intensiv.

Der Schmetterlingsstrauch lockt Falter an.

Saftmale beim Veilchen

Blüten, die vom Wind bestäubt werden, z. B. die Eukalyptusblüte, haben winzige Kronblätter. Sie bilden weder Nektar noch Duft, sondern sehr leichte, glatte Pollenkörner. Da die Staubblätter weit aus der Blüte ragen, kann der Wind den Pollen spielend davontragen.

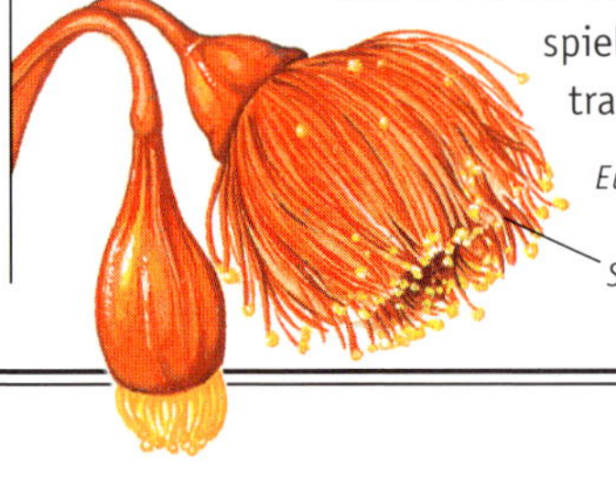


Eukalyptusblüte

## Befruchtung

Ist das Pollenkorn auf der Narbe gelandet, wächst es schlauchförmig bis zum Fruchtknoten. Seine männliche Zelle verschmilzt mit der Eizelle im Embryosack zur Zygote. Diesen Vorgang nennt man Befruchtung. Nun wächst der Fruchtknoten zur Frucht mit den Samen heran. Die nicht mehr benötigten Blütenteile welken und fallen schließlich ab. Jeder Samen enthält einen Embryo und Speichergewebe mit Nährstoffen als Vorrat für das erste Wachstum. Der Embryo kann auskeimen und zu einer neuen Pflanze heranwachsen.

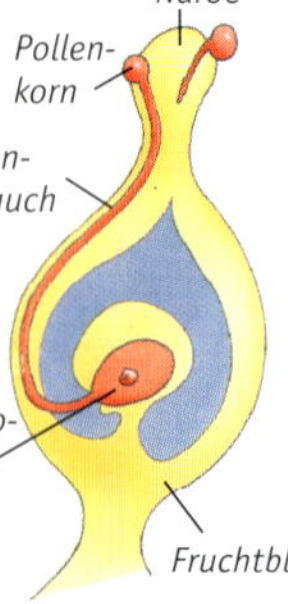


## Vegetative Fortpflanzung

Manche Blütenpflanzen können neue Pflanzen ohne Samen bilden. Da daran weder männliche noch weibliche Geschlechtszellen beteiligt sind, nennt man diesen Vorgang nichtsexuelle oder vegetative Fortpflanzung. Aus den Stängeln oder Wurzeln dieser Pflanzen sprießen einfach neue Pflanzen. Es gibt verschiedene Formen von Stängeln und Wurzeln.

Narzissenzwiebel

Zwiebeln wachsen meist unterirdisch und haben fleischige Blätter.

Krokusknolle

Zwiebelknollen sind verdickte Teile des Stängelendes.

Erdbeere

Ausläufer sind Sprosse, die über der Erde wachsen.

Rhizome sind unterirdische Stängel mit schuppigen Blättern.

Rhizom der Minze

Knollen sind umgewandelte verdickte Wurzeln.

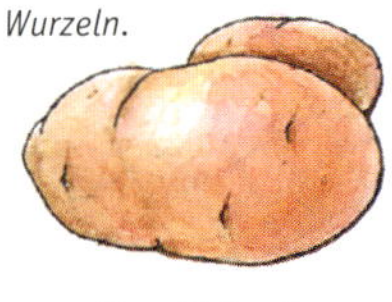

Kartoffelknolle

Die Früchte der Rose heißen Hagebutten.

# Früchte und Samen

Früchte der Lampionblume

Blütenpflanzen vermehren sich meist durch Samen, die schützend von der Frucht umgeben werden. Früchte, deren äußere Hülle dick und fleischig ist, kann man essen. Andere Früchte sind nur trockene Behälter für die Samen. Jeder Samen enthält einen Embryo, der bei günstigen Bedingungen zu einer neuen Pflanze heranwachsen kann.

## Früchte

Während die Samen heranwachsen, wandeln sich Teile der Blüte zur Frucht um. Früchte können sehr unterschiedlich aussehen. Einige Nahrungsmittel, die wir als Gemüse kennen, sind Früchte, etwa Tomaten oder Gurken.

*Die Früchte der Erbse heißen Schoten. Die Erbsen selbst sind die Samen.*

*Die Samen von Apfelsinen und Johannisbeeren liegen im Innern der fleischigen Frucht.*

*Schwarze Johannisbeeren*

*Die Frucht des Weizens heißt Korn, jede Ähre enthält zahlreiche Körner.*

*Walnuss*

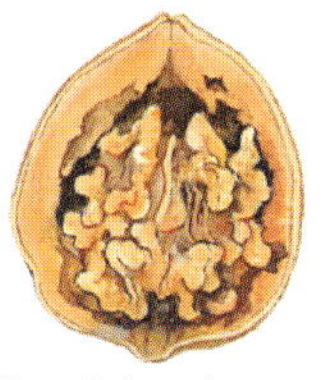

*Nüsse sind trockene Früchte mit harter Schale, die nur jeweils einen Samen umschließt.*

*Die kleinen, trockenen Früchte der Esche, die nur je einen Samen enthalten, hängen in Büscheln herab.*

*Bei den Apfelfrüchten wird das Gehäuse mit den Samen von einer dicken, fleischigen Schicht umgeben. Sie heißen Scheinfrüchte, weil sie nicht nur aus der Blüte, sondern auch aus Teilen des Stiels entstehen.*

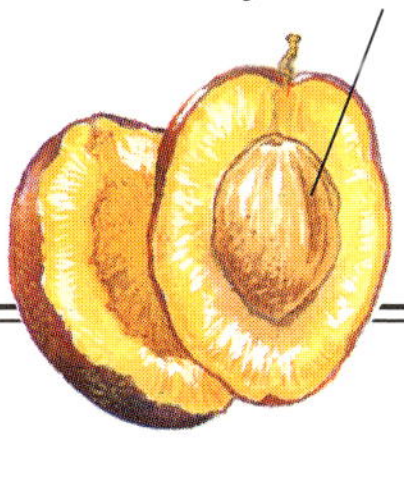


*Bei den Steinfrüchten umgibt eine fleischige Schicht den hartschaligen Samen. Pflaumen und Pfirsiche sind Steinfrüchte.*

## Verbreitung der Samen

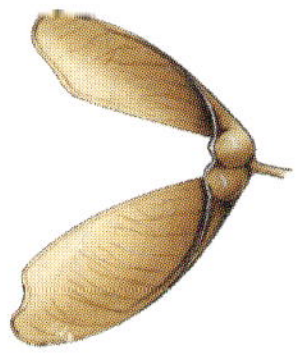

*Geflügelter Ahornsamen*

Samen, die entfernt von ihren Elternpflanzen keimen, brauchen mit ihnen nicht um Platz, Licht und Wasser zu wetteifern. Daher haben sich verschiedene Wege der Samenverbreitung entwickelt. Samen werden von Tieren, Wind, Wasser oder durch Aufplatzen der Früchte in der Umgebung verteilt. Vom Wind verbreitete Samen sind sehr leicht und haben Haare oder Flügel. Aufplatzende Früchte, wie die Schoten, trocknen langsam aus, reißen auf und der Inhalt wird dann in der Umgebung verteilt. Samen, die vom Wasser verbreitet werden, brauchen wasserdichte Schalen; Kokosnüsse, die Früchte von Palmen, treiben z. B. so lange umher, bis sie an ein Ufer gespült werden. Vögel und andere Tiere fressen die fleischigen Früchte und geben die unverdauten Samen mit ihrem Kot wieder an die Natur ab. Manche Samen, wie die der Klette, bleiben mit feinen Häkchen im Tierfell hängen, während Nüsse und Körner von Tieren vergraben werden.

*Löwenzahnsamen mit Fallschirmhaaren*

*Erbsenschote*

*Erdbeere*

*Kletten haften mit Häkchen am Tierfell.*

*Eichel*

*Manche von Eichhörnchen vergrabenen Eicheln wachsen zu einem Baum aus.*

## Keimung

Wenn die Bedingungen stimmen, keimen die Samen aus. Sie brauchen Wärme und Wasser, dann platzt die Samenschale auf und Keimwurzel und Keimspross (Stängel) brechen durch. Die beiden ersten Blätter werden Keimblätter genannt; sie sehen meist anders aus als spätere Blätter.

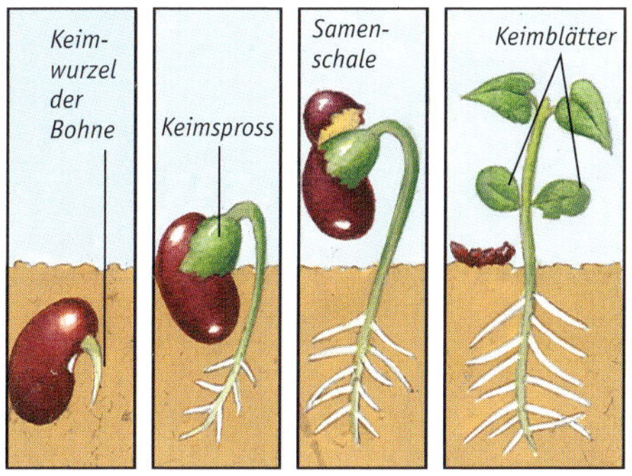


### Sehen und verstehen

In der Küche findest du wahrscheinlich verschiedene Samen, z. B. Reis, Linsen und Bohnen.

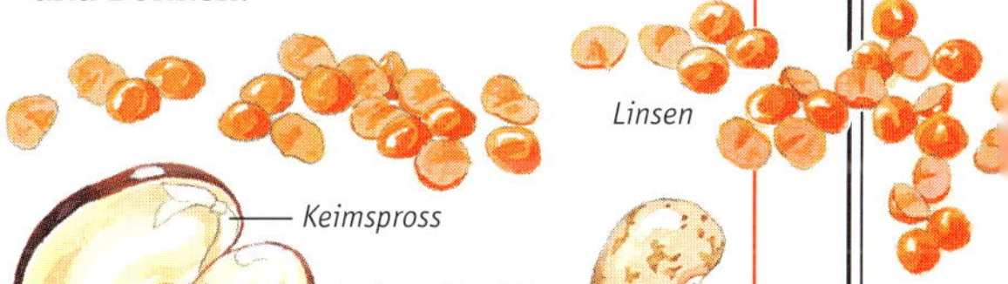


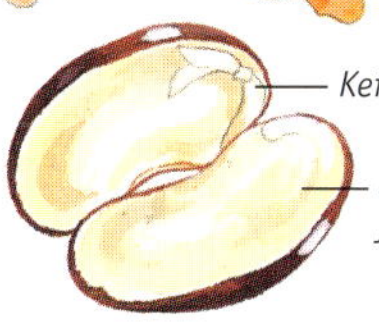


*Dicke Bohne, geöffnet*

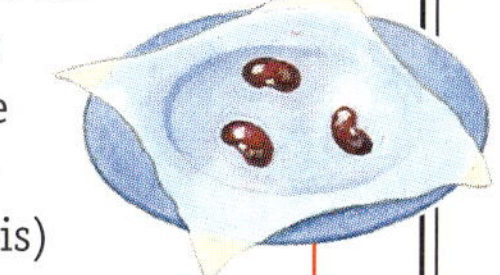

Leg einige Dicke Bohnen oder Linsen über Nacht in Wasser. Wenn du sie dann öffnest, erkennst du den Keimspross und die Speichergewebe. Zum Auskeimen (geht nicht mit Reis) werden die Samen auf feuchtes Papier gelegt und feucht gehalten. Spüle die Samen täglich in einem Sieb ab und lege sie auf frisches Papier. Nach einigen Tagen keimen sie aus und können in Töpfe gepflanzt werden.

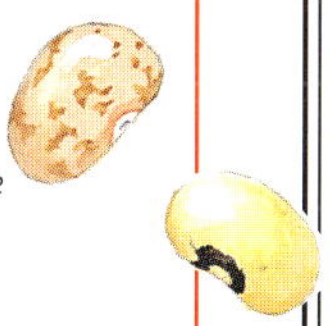

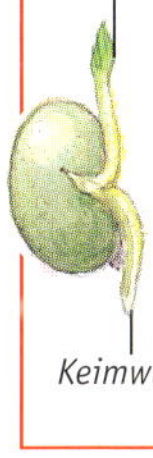


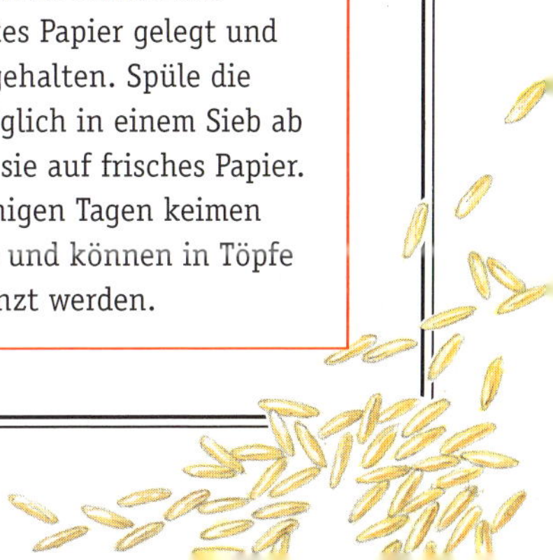

Kokospalme

# Bäume

Bäume sind die größten Pflanzen und leben auch am längsten. Manche werden einige hundert Jahre alt, der älteste (eine Borstenkiefer in Amerika) soll es auf 4900 Jahre bringen. Bäume spielen eine wichtige Rolle in der Natur: Sie geben Sauerstoff und Wasser an die Luft ab und tragen so zur Erhaltung des Klimas bei. Ihre Wurzeln halten den Boden zusammen und schützen ihn vor Abtragung durch Wind und Regen.

*Im Herbst oder während der Trockenzeit bilden die meisten Laubbäume Samen und werfen ihre Blätter ab.*

## Laubbäume

Laubbäume, wie Eichen und Kastanien, haben flache, weiche Blätter. Ihre Samen sind von einer Frucht umschlossen. Baumfrüchte können hart wie Eicheln sein oder weich wie Kirschen. Bei sehr kaltem oder trockenem Wetter werfen die meisten Laubbäume ihre Blätter ab.

*Eichel*

*Esskastanie*

*Esskastanienblatt*

*Esskastanien in der Frucht*

*Eichenblatt*

*Blatt der immergrünen Stechpalme*

*Apfelblüte*

Die Blüten mancher Bäume, z. B. vieler Obstbäume, weisen sowohl männliche wie weibliche Geschlechtsorgane auf. Bei anderen stehen männliche und weibliche Organe in verschiedenen Blüten. In jedem Fall muss eine männliche Geschlechtszelle (im Pollenkorn) die weibliche Eizelle im Fruchtknoten befruchten, damit ein Samen entsteht.

*Weibliche Blüten*

*Blüten der Hängebirke*

*Männliche Blüten (Kätzchen)*

## Nadelbäume

Nadelbäume, wie die Tannen, haben nadel- oder schuppenförmige Blätter mit wachsbeschichteter Oberfläche. Ihre Samen liegen geschützt in Zapfen. Nadelbäume wachsen in den kälteren Gebieten der Erde und sind meist immergrün, d. h., sie werfen im Herbst nicht alle Nadeln ab.

*Douglastanne*

*Zapfen der Douglastanne*

*Nadeln der Douglastanne*

*Schuppenblätter*

*Lawson-Scheinzypresse*

*Kiefernnadeln*

*Nadeln der blauen Atlaszeder*

Im Frühling bilden die Nadelbäume männliche und weibliche Blüten. Der Pollen aus den männlichen Blüten wird vom Wind zu den weiblichen geweht und die Eizellen werden befruchtet. Die Schuppen der weiblichen Blüten werden hart und holzig. So entstehen die Zapfen, die die Samen schützend umhüllen. Erst nach einem oder mehreren Jahren sind die Samen reif.

*Gemeine Fichte*

*Weibliche Blüte* *Männliche Blüte*

*Waldkiefer*

*Weibliche Blüte*

*Männliche Blüte*

*Unreifer Zapfen vom Vorjahr*

*Weibliche Blüten der Lärche*

## Palmen

Die riesigen Blätter der Palmen stehen nicht auf Zweigen, sondern wachsen direkt oben aus dem Stamm heraus. Palmenstämme sind besonders biegsam und trotzen deshalb fast jedem Sturm. Die Samen liegen gut geschützt in Früchten, wie Datteln oder Kokosnüssen. Palmen wachsen vorwiegend in den Tropen.

*Kanarische Dattelpalme*

*Früchte*

*Federartige Blätter*

## Blätter

Bäume erzeugen ihre Nahrung in den Blättern, wo in den mikroskopisch kleinen Chloroplasten der Blattzellen die Fotosynthese stattfindet. Der grüne Blattfarbstoff Chlorophyll kann das Sonnenlicht einfangen. Es liefert die Energie für die Umwandlung von Wasser (aus dem Boden) und Kohlendioxid (aus der Luft) in Nahrung. Ein Netz aus winzigen Blattadern transportiert das Wasser in die Zellen. Die Spaltöffnungen, kleinste Löcher auf der Blattunterseite, lassen Gase hinein (Kohlendioxid) und heraus (Sauerstoff).

*Pappelblatt*

*Blattadern (vergrößert)*

*Buchenblatt*

*Spaltöffnungen auf der Blattunterseite (vergrößert)*

Am Tag nehmen Blätter Kohlendioxid aus der Luft auf und verbrauchen es in der Fotosynthese. Dabei entsteht Sauerstoff, den die Blätter zum Teil wieder abgeben. Auf diese Weise versorgen Bäume Tiere und Menschen mit Sauerstoff zum Atmen.

*Zum Weiterlesen: So leben Pflanzen S. 4–5; so vermehren sich Pflanzen S. 6; Früchte und Samen S. 7*

## Früchte und Samen

Bäume vermehren sich über Samen, die in Früchten eingeschlossen sind. Die Frucht kann flügelartig, fleischig oder schuppig sein. Immer sorgt die Art der Frucht dafür, dass die Samen möglichst weit vom Baum entfernt werden um neuen Platz zum Wachsen zu finden: Zum Beispiel werden leichte Früchte durch den Wind verbreitet, andere von Tieren verschleppt.

## Laub abwerfende Bäume

Im Winter oder bei Trockenheit, wenn die Wurzeln kein Wasser aus der Erde aufnehmen können, werfen diese Bäume alle Blätter ab. So schützen sie sich vor Austrocknung, denn die Blätter geben Wasser nach außen ab.

Bevor die Blätter fallen, bauen die Bäume das Chlorophyll der Blätter ab; zurück bleiben braune und rötliche Farbstoffe. Dann wächst eine Trennschicht aus Korkzellen durch den Blattstiel und das Blatt fällt herunter.

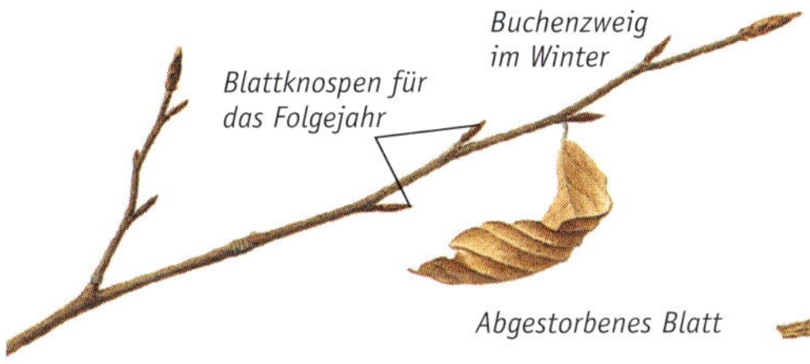


## Immergrüne Bäume

Auch immergrüne Bäume werfen ihre Blätter ab, aber niemals alle zur gleichen Zeit. Auf Grund der wachsigen Oberfläche verlieren die Blätter kein Wasser und bleiben zwei bis drei Jahre am Baum. Die meisten Nadelbäume und Palmen sind immergrün; in den Tropen gibt es einige immergrüne Laubbäume.

### Sehen und verstehen

Stell im Vorfrühling einige Zweige ins Zimmer. Ihre Knospen öffnen sich früher als draußen. Gut geeignet sind Rosskastanie, Birke, Weide und Forsythie. Stelle die Zweige an einem warmen Platz ins Wasser.

## Zapfen

Die meisten Nadelbäume schützen ihre Samen durch Zapfen. Wenn die Samen reif sind, öffnen sich an trockenen Tagen die Zapfenschuppen und geben die Samen frei.

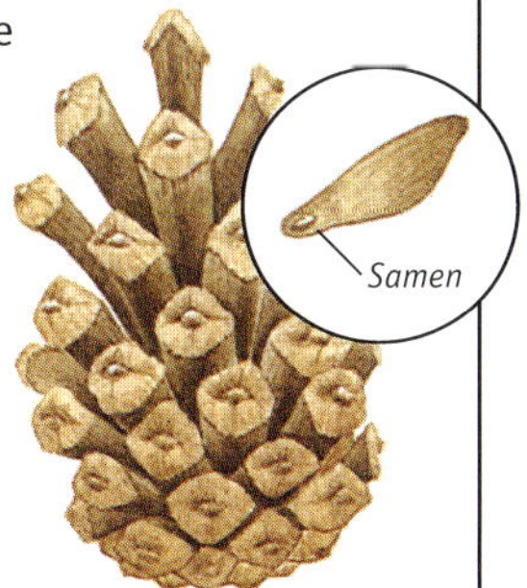

Einige Zapfen entlassen papierartige Samen, die vom Wind weggeblasen werden. Andere sind schwerer, fallen zu Boden und werden von Tieren verbreitet.

Die Zapfen unterscheiden sich von Baumart zu Baumart. Die Eibe jedoch hat beerenähnliche Früchte, die von Vögeln gefressen werden. Die Samen fallen mit dem Kot der Vögel auf die Erde.

## Baumwurzeln

Wurzeln verankern einen Baum in der Erde. Eine mächtige Pfahlwurzel wächst nach unten, ihre großen Seitenwurzeln verzweigen sich immer mehr bis zu den kleinsten Feinwurzeln. Diese sind von Haaren bedeckt, die Wasser und Nährsalze aus dem Boden aufnehmen.

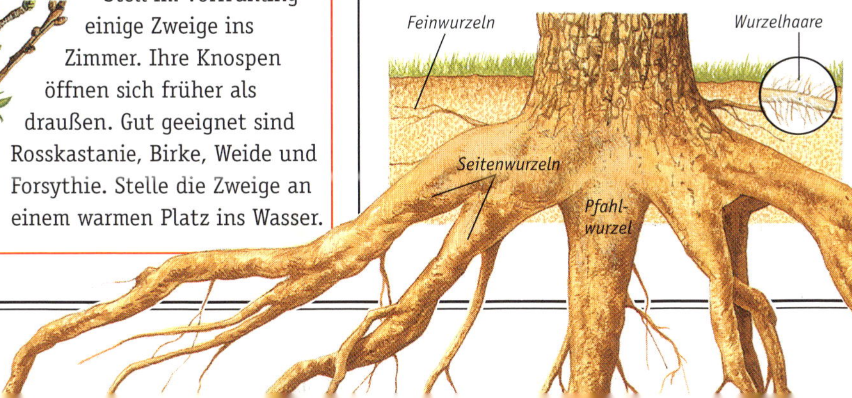


## Baumstämme

Holz besteht aus feinsten Röhrchen (Leitgewebe). Der mittlere Teil des Stammes heißt Kernholz; es ist besonders stark gebaut und trägt die Hauptlast. Das übrige Holz wird Splintholz genannt. Durch sein Leitgewebe fließen Wasser und Nährsalze aus den Wurzeln in die Krone. In einer sehr dünnen Schicht unter der Rinde werden die in den Blättern erzeugten Nährstoffe in alle Baumteile transportiert.

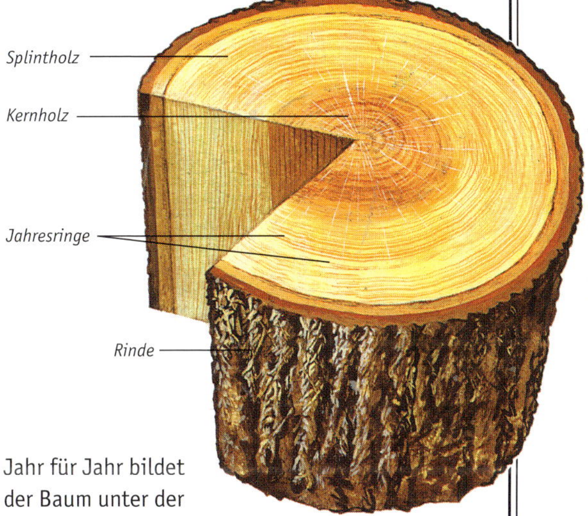


Jahr für Jahr bildet der Baum unter der Rinde eine neue Lage Splintholz. Die dabei entstehenden Ringe kann man bei einem gefällten Baum deutlich erkennen. Die Rinde schützt den Baum vor Austrocknung und Krankheiten. Da sie sich nicht dehnen kann, wenn der Stamm dicker wird, reißt sie auf und neue Rinde wächst nach.

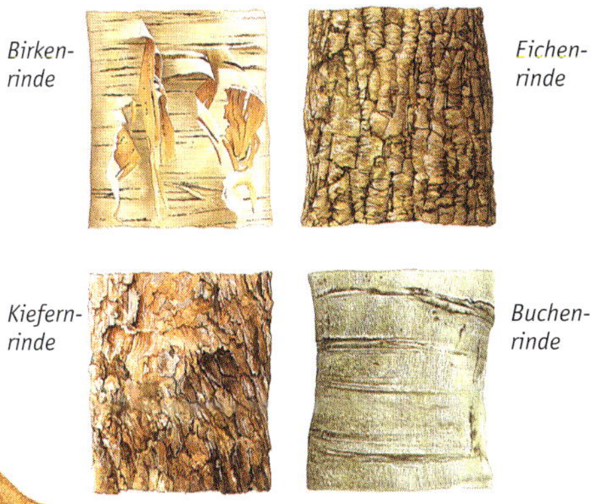

# Farne, Laub- und Lebermoose

Farne, Laub- und Lebermoose sind einfache Pflanzen, die an feuchten Orten wachsen, z. B. in Wäldern, Mooren oder an Flussufern. Auch in den feuchten, tropischen Regenwäldern fühlen sie sich wohl. Sie stammen von Pflanzen ab, die vor 400 Millionen Jahren als erste das Land bewuchsen. Die Art ihrer Fortpflanzung ist viel älter als die der Blütenpflanzen, denn sie erzeugen weder Blüten noch Früchte.

*In der feuchten Hitze tropischer Regenwälder gedeihen Farne und Moose besonders üppig. Hier überwuchern sie den Ast eines Baumes.*

## Fortpflanzung

Diese Pflanzen durchlaufen im Laufe ihres Lebens zwei unterschiedliche Fortpflanzungsstadien. Im ersten Stadium vermehren sie sich durch Befruchtung (geschlechtlich), im zweiten durch Sporen (ungeschlechtlich). Die Pflanzen des ersten Stadiums nennt man Gametophyt, weil sie Gameten (männliche und weibliche Geschlechtszellen) bilden.

Wenn männliche und weibliche Zellen verschmolzen sind, wächst der Sporophyt heran, der die Sporen bildet. Reife Sporen werden vom Wind fortgeweht und wachsen wieder zu neuen Gametophyten heran.

## Bärlappe und Schachtelhalme

Bärlappe und Schachtelhalme sind mit den Farnen verwandt. Ihre Vorfahren wuchsen vor 350 Millionen Jahren noch zu mächtigen Bäumen heran. Heute werden Schachtelhalme höchstens 10–20 cm groß, es gibt in den Tropen aber noch eine Art, die bis zu 8 m Höhe erreicht. Bärlappe kriechen über den Boden.

## Farne

Farne kommen auf der ganzen Erde an feuchten Standorten vor. In den Tropen gibt es einen Baumfarn, der 25 m hoch werden kann. Die meisten Farne wachsen mit unterirdischen Sprossen, aus denen die Blätter (Farnwedel) austreiben. Manche Wedel sind einfach, andere in viele Blättchen geteilt. Da sich die Sprosse verzweigen können, breiten sich Farne weit aus. Auch die Sporen dienen der Verbreitung. Sie werden in winzigen Behältern an der Unterseite der Wedel gebildet und vom Wind verweht.

## Laubmoose

Laubmoose wachsen nicht nur auf der Erde, sondern auch auf Mauern, Felsen und Bäumen. Ihre Stängel tragen einfache Blättchen und verankern sich mit wurzelartigen Fädchen am Untergrund. Manche Moose bilden Polster, andere kriechen über den Boden. Sie pflanzen sich über Sporen fort, die in winzigen, gestielten Kapseln gebildet werden. Die Sporen wachsen zu neuen Laubmoosen heran. Auf ihnen entstehen männliche und weibliche Zellen, die verschmelzen und neue Kapseln bilden.

## Lebermoose

Lebermoose sind sehr ursprüngliche Pflanzen, die auf feuchten Böden oder Felsen vorkommen. Sie haben weder echte Blätter noch Wurzeln, sondern einen lappigen Körper, der sich wachsend im Boden verankert. Lebermoose vermehren sich, indem sich einzelne Lappen von der Mutterpflanze abtrennen; auch über Sporen können sich Lebermoose verbreiten.

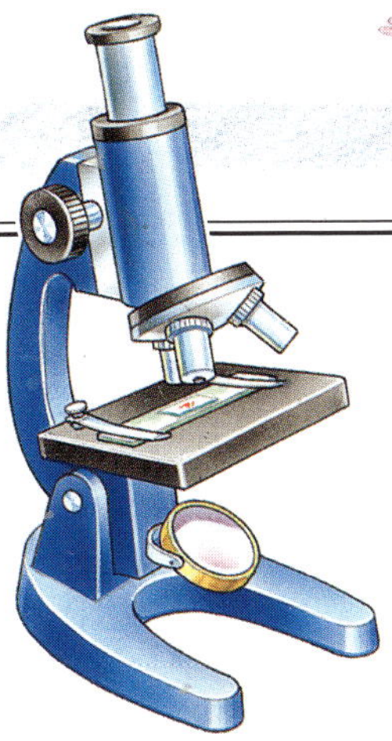

Algen und Protozoen kann man im Mikroskop sehen.

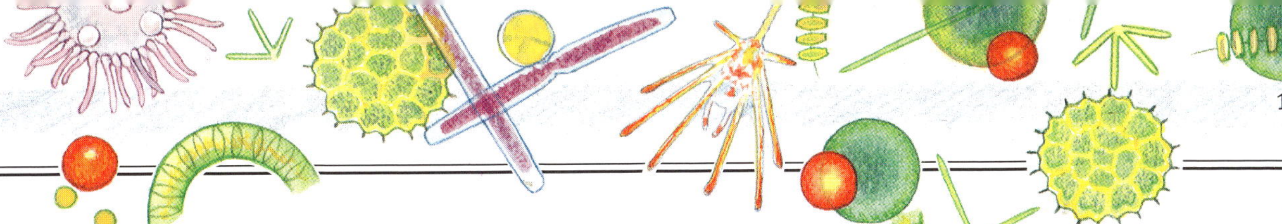

Stark vergrößerte Algen und Protozoen im Wasser

# Mikroorganismen

Überall in der Luft, im Boden und im Wasser leben tausende winziger Organismen. Die meisten sind sehr einfach gebaut und mit Lebensformen verwandt, die erstmals vor über drei Milliarden Jahren auftauchten. Dazu gehören die pflanzlichen Algen, die Protozoen (auch Urtierchen genannt) sowie Bakterien und Viren. Bakterien sind weder Pflanzen noch Tiere und Viren stehen an der Grenze zwischen belebter und unbelebter Natur.

## Algen

Algen sind einfache, im Wasser lebende Pflanzen. Sie sind ganz unterschiedlich aufgebaut: Manche bestehen nur aus einer Zelle und können nur mit dem Mikroskop gesehen werden. Andere Algen, z. B. die Tange, bestehen aus vielen Zellen. Die meisten einzelligen Algen kommen im Meer als Teil des Planktons vor und dienen vielen Tieren als Nahrung.

Meeresalgen im Mikroskop

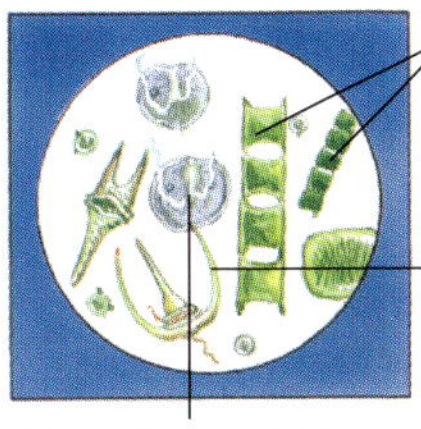

Die gelbgrünen Kieselalgen werden durch eine Schale aus Kieselsäure geschützt.

Dinoflagellaten (Panzergeißler) haben zwei peitschenartige Geißeln.

Dieser Dinoflagellat kann Licht erzeugen und im Meer leuchten.

Algen besitzen weder Blätter noch Wurzeln. Alle Stoffe, die sie brauchen, holen sie sich direkt aus dem Wasser. Da sie den grünen Farbstoff Chlorophyll enthalten, können sie durch Fotosynthese ihre eigene Nahrung erzeugen. Manche Algen enthalten zusätzlich braune oder rote Farbstoffe.

Süßwasseralgen im Mikroskop

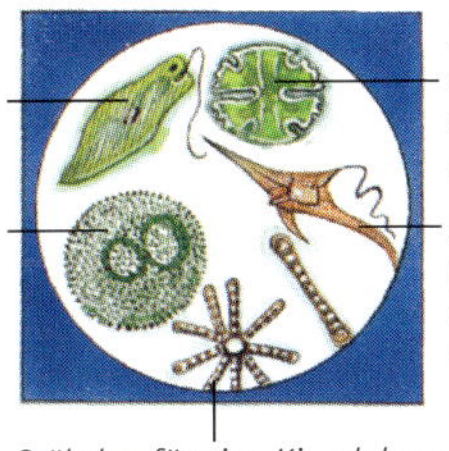

Geißelalge

Kugelförmige Alge

Schmuck- oder Zieralgen sind hellgrün.

Algen mit peitschenartigen Geißeln

Stäbchenförmige Kieselalgen

Manche einzellige Algen können sich bewegen. Sie besitzen Geißeln; das sind peitschenartige Fortsätze, die vor- und zurückschwingen und die Alge so ins Licht treiben. Einige Kleinstalgen leben in Kolonien zusammen. Man kann sie als grünen Schleim unter Wasser sehen.

## Protozoen

Man kennt mehr als 30.000 Arten von Protozoen, der Name bedeutet „Urtiere". Es sind sehr einfach gebaute, einzellige Organismen, die im Wasser leben und sich von Algen und anderen Protozoen ernähren.

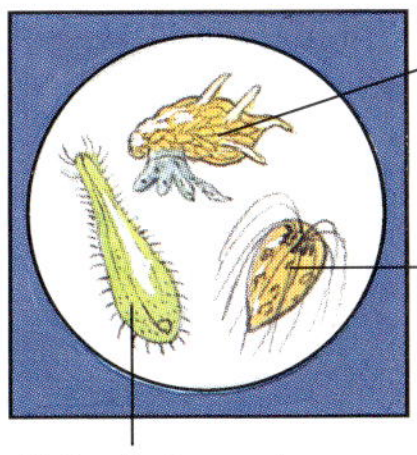

Manche Amöben haben eine harte Schale.

Viele Protozoen haben lange, peitschenartige Geißeln.

Einige Protozoen bewegen sich mit Hilfe vieler winziger Härchen (Cilien).

## Amöben

Amöben gehören zu den Protozoen. Sie leben im Wasser und im Körper von Tieren, wo sie Krankheiten hervorrufen können.

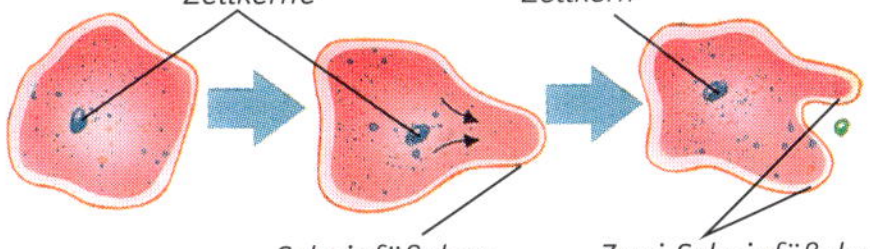

Zellkerne

Zellkern

Scheinfüßchen

Zwei Scheinfüßchen

Amöben bewegen sich, indem sie ihre Form verändern. Ein Teil ihrer Zelle fließt nach vorn und bildet ein „Scheinfüßchen"; der Rest der Zelle fließt in das Füßchen nach. Bildet sie zwei Scheinfüßchen, kann die Amöbe Nahrungspartikel umfließen und aufnehmen. Innerhalb der Zelle bleibt die Nahrung von einem Bläschen umschlossen, bis sie verdaut ist. Zur Fortpflanzung teilt sich eine Amöbe einfach in zwei gleiche Hälften.

## Bakterien

Bakterien sind noch einfacher und völlig anders gebaut als einzellige Tiere oder Pflanzen.

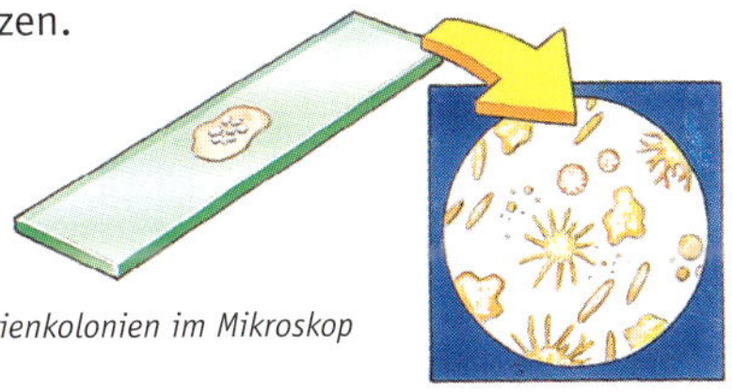

Bakterienkolonien im Mikroskop

Es gibt tausende von unterschiedlichen Bakterienarten. Viele leben auf oder in anderen Lebewesen und können Krankheiten hervorrufen. Streptokokken z. B. sind für Halsschmerzen und Scharlach verantwortlich. Es gibt aber auch nützliche Bakterien: Darmbakterien helfen uns dabei, die Nahrung zu verdauen, und Käse und Jogurt entstehen erst durch die Einwirkung von Bakterien.

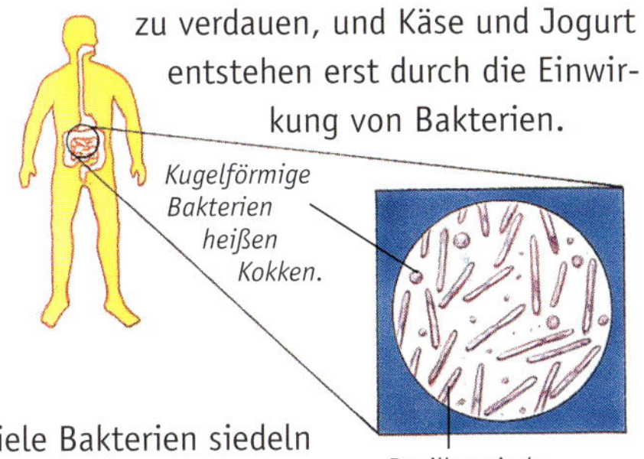

Kugelförmige Bakterien heißen Kokken.

Bazillen sind stäbchenförmige Bakterien.

Viele Bakterien siedeln sich auf toten Pflanzen und Tieren an und zersetzen sie. Auf diese Weise schleusen Bakterien organisches Material wieder in den Kreislauf des Lebens ein.

## Viren

Viren sind die kleinsten bisher bekannten Organismen. In manchen Eigenschaften gleichen sie den Lebewesen, sie können sich z. B. vermehren, allerdings fehlen ihnen andere wichtige Merkmale. Daher stehen sie an der Grenze zwischen belebter und unbelebter Natur.

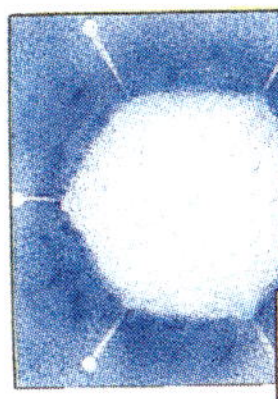

Ein Grippevirus im stark vergrößernden Elektronenmikroskop

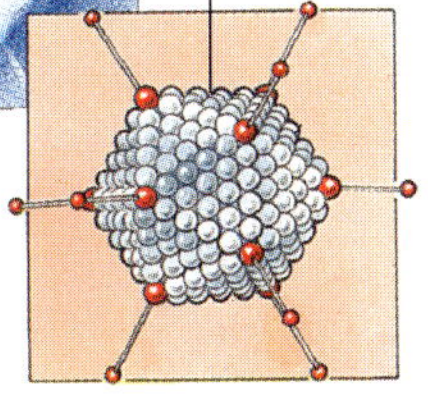

Mit solchen Modellen studieren Forscher die Viren.

Viren können nicht ohne die Hilfe lebender Zellen existieren. Sie dringen in eine Zelle ein und zwingen sie, neue Viren zu bilden, die dann weitere Zellen befallen. Viren verursachen verschiedenste Krankheiten, von der Grippe über Masern bis hin zu AIDS.

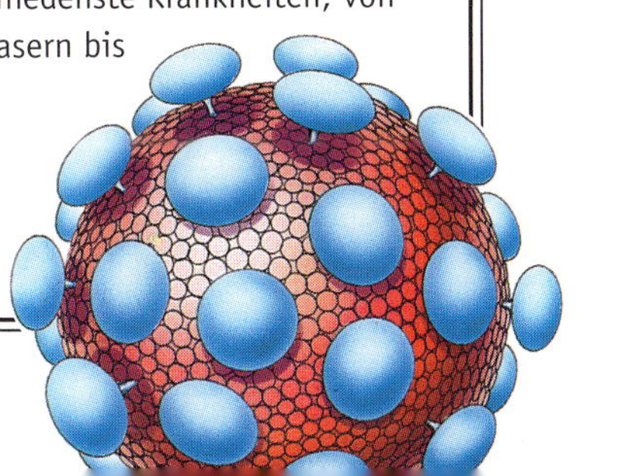

Modell des AIDS-Virus

Zum Weiterlesen: Fotosynthese S. 5; Tang S. 25; Plankton S. 82

Der giftige Fliegenpilz wächst in Laub- und Nadelwäldern.

# Pilze

Die Hefe, die man zum Bierbrauen verwendet, ist ebenso ein Pilz wie der Champignon oder der Fliegenpilz. Obwohl die meisten Pilze in der Erde wachsen, gehören sie nicht zu den Pflanzen, denn sie können ihre Nahrung nicht selbst herstellen. Im Kreislauf der Natur bauen Pilze tote Pflanzen und Tiere bis zu ihren Grundbausteinen ab. Diese stehen anderen Organismen wieder als Nahrung zur Verfügung.

Der Amethystblaue Lacktrichterling ist braun-violett, bei feuchtem Wetter violett.

## Wachstum

Hauptbestandteil der meisten Pilze ist ein verzweigtes Netzwerk (Myzel), das aus zahlreichen Pilzfäden (Hyphen) besteht. Andere, wie die Hefe, bestehen nur aus einer Zelle.

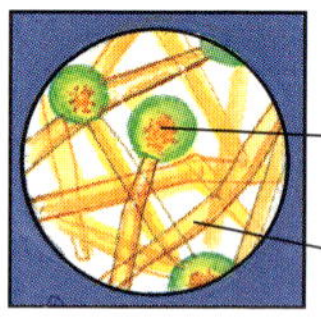


Pilz, der auf Brot wächst (vergrößert)

Vergrößerte Hefezellen

Zur Vermehrung bilden die Pilze Fruchtkörper, in denen Millionen staubfeiner Sporen heranreifen. Die gestielten Pilzhüte, z. B. beim Champignon, sind solche Fruchtkörper. Bei anderen Pilzen sind die Fruchtkörper mikroskopisch klein.

Trichterling

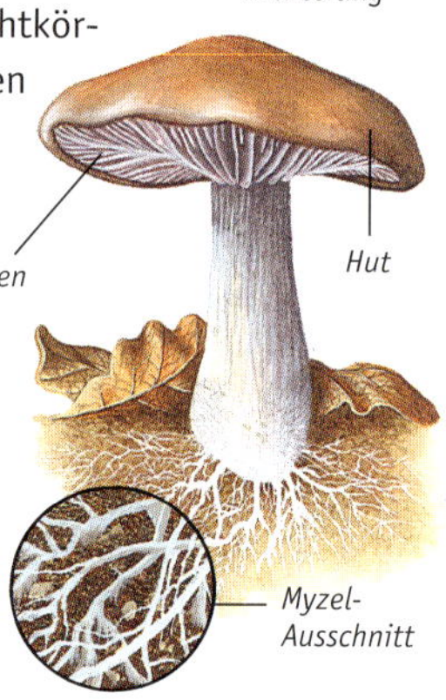


Die Sporen entstehen auf den Lamellen.

Verschiedene Pilzsporen

Pilzsporen sind überall – in der Luft und im Boden. Wenn sie auf einer nährstoffreichen, feuchten und warmen Unterlage landen, z. B. toten Pflanzen oder Tieren, wachsen aus ihnen neue Hyphen aus.
Pilze scheiden Substanzen aus, die organisches Material in seine kleinsten Bestandteile zerlegen. Diese Stoffe dienen teilweise den Hyphen als Nahrung, der Rest steht anderen Pflanzen zur Verfügung, die sie mit den Wurzeln aufnehmen.

Der Körper des toten Käfers wird von einem Pilz zersetzt

## Nützliche Pilze

Viele Pilze beziehen ihre Nährstoffe aus toten Lebewesen (Pflanzen oder Tieren). Man nennt sie Saprophyten (Fäulnisbewohner). Während sie wachsen, zerlegen sie das organische Material in kleinste Bestandteile, die als Nährstoffe wieder in den Boden gelangen. Es gibt aber auch Pilze, wie den Fliegenpilz, die auf lebenden Pflanzen wachsen, ohne ihnen zu schaden. Wenn diese Verbindung für beide Partner von Vorteil ist, spricht man von einer Symbiose.

## Schädliche Pilze

Pilze, die sich von lebenden Organismen (Wirten) ernähren, heißen Parasiten. Sie können ihrem Wirt schaden oder ihn sogar töten. Mehltau kann ganze Ernten vernichten und das Ulmensterben wird durch einen Pilz verursacht, der den Wassertransport des Baumes blockiert. Auf der warmen, feuchten Haut zwischen den Zehen von Menschen kann Fußpilz wachsen.

Der Baum, an dessen Wurzeln die Fliegenpilze wachsen, liefert ihnen Zucker. Dafür wird er vom Pilz mit anderen Nährstoffen versorgt. Eine solche Symbiose zwischen Baum und Pilz nennt man Mykorrhiza.

## Hefe

Die nützlichen Hefepilze ernähren sich vom Zucker in Früchten (z. B. Trauben oder Getreide), den sie in Alkohol und das Gas Kohlendioxid umwandeln. Hefe wird seit tausenden von Jahren genutzt, um alkoholische Getränke und Brot herzustellen.
Das Kohlendioxid lässt den Brotteig aufgehen.

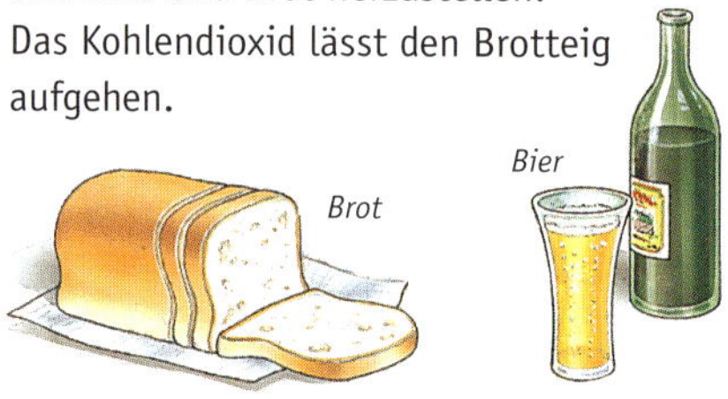


## Penizillin

Penizillin ist eine Substanz, die von dem Pilz *Penicillium* (Pinselschimmel) produziert wird, um schädliche Bakterien abzutöten. Wir verwenden Penizillin als Medikament (Antibiotikum), um Krankheiten zu behandeln, die von Bakterien verursacht werden. Andere Arten von Penicillium brauchen wir für die Käseherstellung.

## Sehen und verstehen

Wenn du untersuchen möchtest, wie viele Pilzsporen die Luft enthält und unter welchen Bedingungen sie wachsen, dann lege eine Scheibe frisches Brot ein paar Minuten an die Luft. Schneide die Scheibe in vier Teile. Drei davon kommen je in einen Plastikbeutel (B, C, D); gut verschließen.

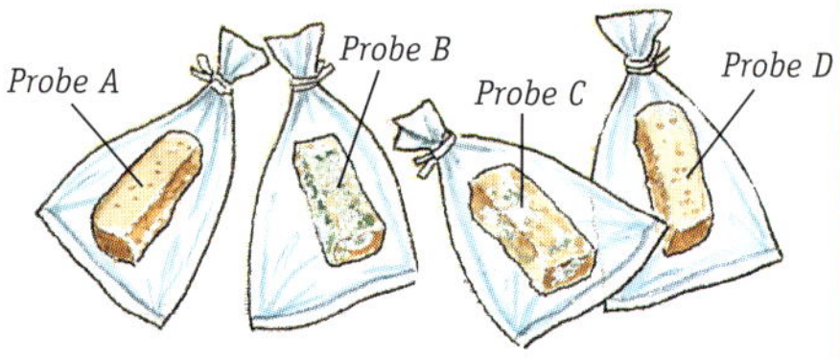


Das vierte Stück wird völlig getrocknet und kommt dann in Beutel A. Probe A und B bleiben in einem warmen Raum, Probe C kommt in den Kühlschrank, D ins Tiefkühlfach. Wenn du die Proben nach einer Woche untersuchst–Beutel nicht öffnen!–, sollten auf Brot A und D die wenigsten Pilze sein, denn Pilze brauchen Feuchtigkeit und Wärme für ihr Wachstum.

## Hutpilze

Die gestielten Pilzhüte sind die oberirdischen Fruchtkörper verschiedener Pilze. Sie erscheinen meist im Herbst, während die Pilzfäden im Boden das ganze Jahr über wachsen. Pilze kommen in feuchten Wiesen und in dunklen Wäldern vor. Sie brauchen, anders als die grünen Pflanzen, kein Sonnenlicht. Die Hutpilze auf dieser Seite sind nach der Form ihrer Fruchtkörper zusammengestellt.

*Viele Pilze sind äußerst giftig, manche sogar tödlich. Sammle niemals Pilze ohne die Hilfe eines Fachmannes!*

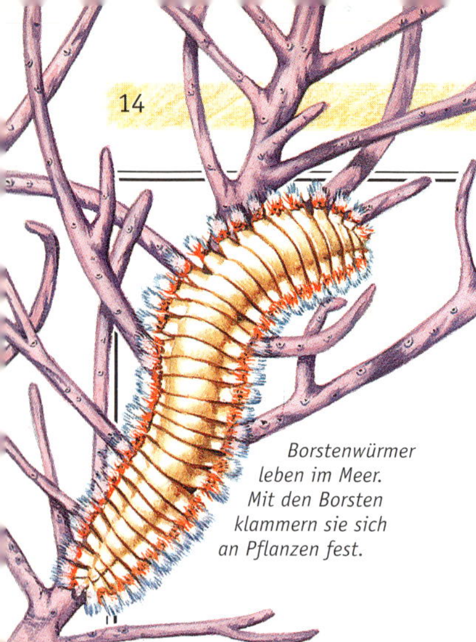

Borstenwürmer leben im Meer. Mit den Borsten klammern sie sich an Pflanzen fest.

# Würmer

Würmer leben im Boden, in Teichen, Flüssen sowie am und im Meer. Einige leben sogar als Parasiten in anderen Tieren. Man kann die Würmer in drei große Gruppen untergliedern: Ringel-, Faden- und Plattwürmer. Die Körper der Ringelwürmer, dazu gehören die Regen- und Borstenwürmer, sind in gleichartige Abschnitte unterteilt, Fadenwürmer sind lang und dünn, während die Plattwürmer, z. B. Bandwürmer, wie flache Bänder aussehen.

Regenwürmer ernähren sich von toten Pflanzen und Tieren.

## Regenwürmer

Die im Boden lebenden Regenwürmer kommen auf der ganzen Erde vor. Auf ihrem in ringartige Abschnitte unterteilten Körper sitzen kurze Borsten. Damit stoßen sie sich von den Wänden ab, wenn sie durch ihre Erdröhren kriechen.

Regenwurm

Regenwürmer leben von den Überresten toter Pflanzen und Tiere im Boden: Sie verschlucken Erde und verdauen die darin enthaltenen Nährstoffe; diese stammen von abgestorbenen Lebewesen. Die im Kot der Würmer enthaltenen Mineralsalze werden wieder von Pflanzen aufgenommen.

Die Röhren der Regenwürmer reichen bis zu 2 m tief in den Boden. Indem sie Blätter in ihre Röhren schleppen, reichern Regenwürmer auch tiefere Bodenschichten mit Nährstoffen an. Außerdem lockern sie die Erde. Luft und Wasser können durch die Röhren leichter bis zu den Pflanzenwurzeln gelangen.

## Egel

Egel sind Ringelwürmer, die das Blut von anderen Tieren und von Menschen saugen; einige sind auch Raubtiere. Pferdeegel fangen kleine Würmer, Schnecken, Insekten und Kaulquappen. Früher glaubten Ärzte, wenn Blutegel kranken Menschen Blut absaugten, würden die Patienten wieder gesund.

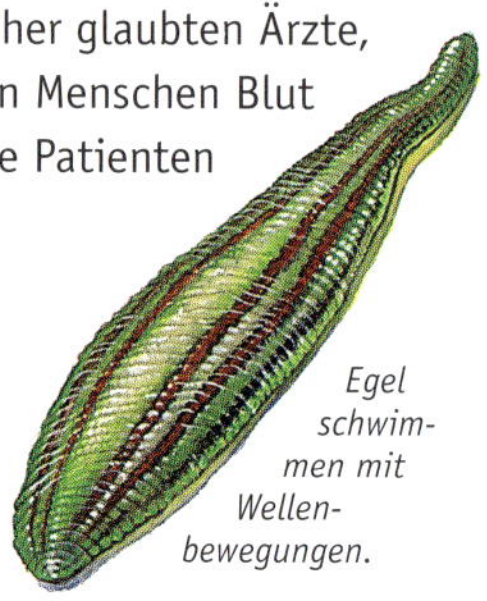

Egel schwimmen mit Wellenbewegungen.

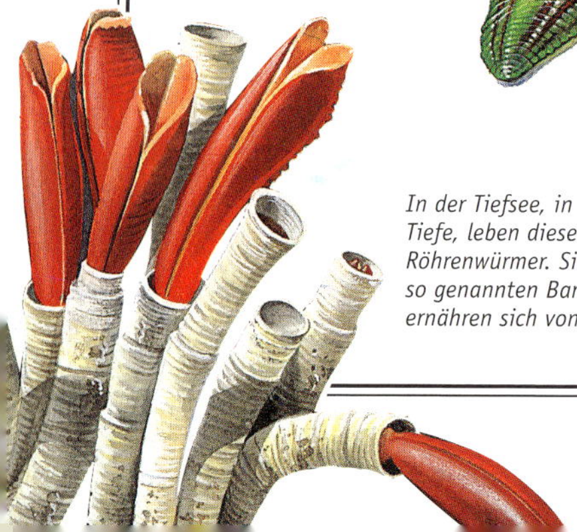

In der Tiefsee, in über 10.000 m Tiefe, leben diese riesigen Röhrenwürmer. Sie gehören zu den so genannten Bartwürmern und ernähren sich von Bakterien.

## Borstenwürmer

Unter den vielen tausend Arten der Borstenwürmer gibt es Nereiden, Sandwürmer, Kalkröhrenwürmer und die Seemäuse. Die Borstenwürmer, die zu den Ringelwürmern gehören, leben im Meer oder am Strand. Mit den Borsten halten sie sich an Meerespflanzen oder dem Sand fest. Die meisten ernähren sich von Pflanzen und toten Tieren.

Sandwürmer graben sich u-förmige Röhren in den Sand. Sie fressen Sand und ernähren sich von den darin enthaltenen Resten toter Pflanzen und Tiere. Den Sand scheiden sie am Röhrenausgang wieder aus.

Nereiden graben sich durch den Sand und fangen mit ihren Kiefern kleine Tiere. Ihre seitlich angeordneten Borsten sitzen auf winzigen Stummelfüßen.

Der Körper der 10 cm langen Seemaus ist dicht mit Borsten besetzt.

Kalkröhrenwürmer bauen auf Steinen oder Muschelschalen Röhren aus Kalk. Ihr Futter fangen sie mit Tentakeln, die sie aus den Röhren herausstrecken.

## Fadenwürmer

Manche der über 10.000 Fadenwurmarten sind so klein, dass man sie nur im Mikroskop sehen kann. Sie sind nicht in Abschnitte gegliedert und haben spitz zulaufende Enden. Viele Fadenwürmer sind Krankheitserreger: Man schätzt, dass ein Viertel aller Menschen an einer Krankheit leiden, die von Hakenwürmern verursacht wird.

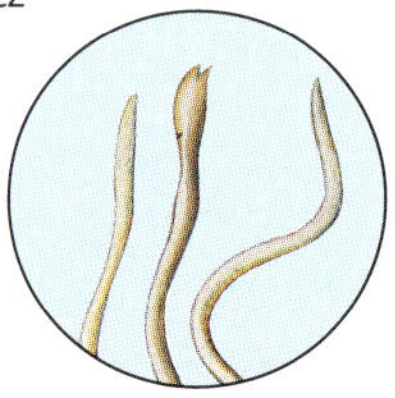

Auch Madenwürmer gehören zu den Fadenwürmern.

## Bandwürmer

Die flachen, bis zu 2 m langen Bandwürmer leben im Darm von Tieren und Menschen. Sie bestehen aus zahlreichen, völlig gleichen Abschnitten (nur der Kopfabschnitt sieht anders aus). Fällt am Hinterende ein Abschnitt ab, entwickelt sich daraus ein neuer Wurm.

Bandwürmer bohren sich mit dem Kopf in der Darmwand fest. Sie nehmen durch die Körperwand hindurch Nahrung auf.

Die Eier von Bandwürmern gelangen durch den Darm seines Wirtstieres ins Freie und werden von einem Tier einer anderen Art (Zwischenwirt) gefressen. Aus den Eiern schlüpfen Larven, die sich im Fleisch festsetzen. Wird das Tier gefressen, gelangen die Bandwürmer wieder in einen Darm und können neue Eier erzeugen.

## Leberegel

Leberegel sind parasitische Plattwürmer. Wie die Bandwürmer brauchen sie für ihre Entwicklung zwei verschiedene Wirtstiere: Sie leben in der Leber von Säugetieren; die Eier werden mit dem Kot ausgeschieden und die geschlüpften Larven befallen kleine Wassertiere, wie Teichschnecken.

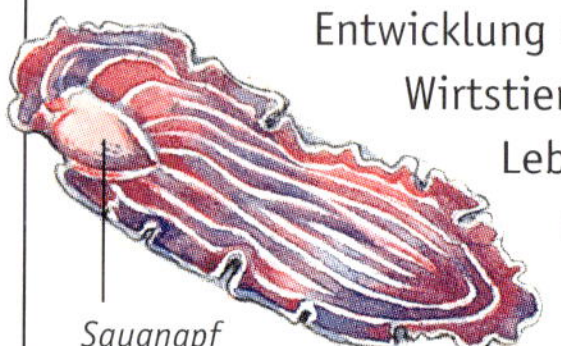


Leberegel

### Sehen und verstehen

Wenn du sehen möchtest, wie Regenwürmer den Boden durchwühlen, fülle abwechselnd Sand- und Erdschichten in ein großes Glas. Gib einige Regenwürmer und Blätter dazu und dunkle das Glas ab. Nach ein paar Tagen haben die Würmer alle Schichten vermischt. Bringe die Würmer vorsichtig dorthin zurück, wo du sie gesammelt hast.

Oben links: Laubschnecke; oben rechts: Egelschnecke

Gartenschnecke

# Schnecken, Hundert- und Tausendfüßer, Asseln

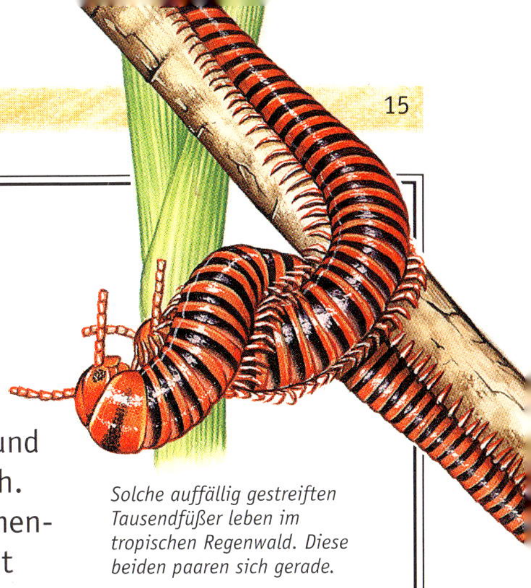

Solche auffällig gestreiften Tausendfüßer leben im tropischen Regenwald. Diese beiden paaren sich gerade.

Forscher nennen die Schnecken „Gastropoda“, d. h. Bauchfüßer. Hundert- und Tausendfüßer sowie die Asseln gehören dagegen zu den „Arthropoda“, d. h. Gliederfüßer. Ihre Körper sind aus einzelnen Abschnitten (Gliedern) zusammengesetzt. Alle diese Tiere leben an feuchten Orten, damit ihre Körper nicht austrocknen, einige Schnecken sogar im Wasser.

## Gehäuseschnecken

Gehäuseschnecken leben an feuchten Orten, zwischen Pflanzen, unter Steinen oder in der Erde. Sie sind Weichtiere (Mollusken) wie die Muscheln.

*Bei sehr heißem Wetter ziehen sich die Schnecken in ihr Haus zurück und verschließen es mit einem Schleimpfropf.*

Am Tag verstecken sich die Gartenschnecken im feuchten Schatten. Erst nachts kommen sie heraus, um zu fressen. Bei Morgendämmerung verstecken sie sich wieder. Ihre Wege kann man an den Schleimspuren erkennen. Mit einer rauen Zunge raspeln Schnecken Pflanzenblätter ab.

*Landschnecken legen kugelige weiße Eier in die Erde.*

Fast alle Schnecken sind Zwitter, d. h. sie haben männliche und weibliche Geschlechtsorgane. Sie legen Eier, aus denen nach vier Wochen junge Schnecken schlüpfen. Die dünne Gehäuseschale wächst mit, wenn die Schnecke größer wird.

*Das Haus dieser Afrikanischen Riesenschnecke wird bis zu 20 cm lang. Sie ernährt sich von Pflanzen, Früchten und toten Tieren. Neben der erwachsenen ist eine Babyschnecke abgebildet.*

## Nacktschnecken

Nacktschnecken sind Schnecken ohne Haus. Sie kommen an Land wie im Meer vor. Während die Landschnecken Pflanzen fressen, sind die Meeresschnecken Fleischfresser.

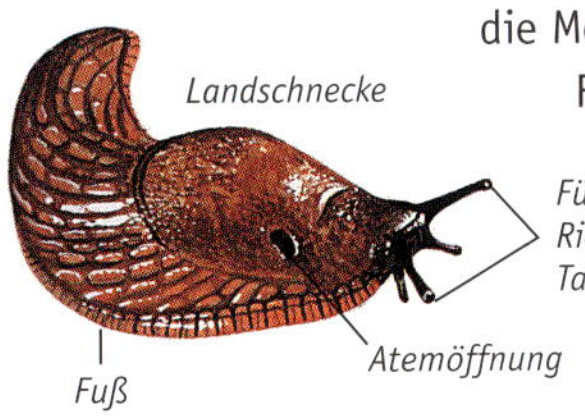


Bei kaltem oder sehr trockenem Wetter graben sich die an Land lebenden Nacktschnecken im Boden ein. In feuchten, regnerischen Nächten kriechen sie hervor; sie bewegen sich, indem sie den Fuß strecken und wieder zusammenziehen. Auch sie gleiten wie die Gehäuseschnecken auf einer Schleimspur.

Meeresschnecke

*Meeresschnecken kommen in allen Weltmeeren vor. Sie ernähren sich von kleinen Tieren. Ihre grellen Farben wirken wie ein Signal: Vorsicht! Ich bin giftig.*

## Hundertfüßer

Hundertfüßer sind flinke Jäger, die nachts aus ihrem Versteck kommen und Schnecken, Asseln und Ohrwürmer fressen. Sie packen ihre Beute mit kräftigen Kiefern und töten sie mit Gift. Weibliche Tiere legen ihre Eier in den Boden und verteidigen sie hartnäckig gegen Räuber. Hundertfüßer leben überall auf der Erde, es gibt insgesamt 2.800 Arten. Im Regenwald kommen über 30 cm lange Riesenhundertfüßer vor.

*Der Name „Hundertfüßer“ ist irreführend; die meisten Arten haben nur 30 Beine.*

Riesenhundertfüßer

## Tausendfüßer

Es gibt rund 8.000 Arten von Tausendfüßern. Sie leben im Boden, wo sie sich vor allem von Pflanzenresten ernähren. Die einzelnen Glieder der harten Körperhülle sind durch Häute verbunden und überlappen sich etwas. So ist der Körper durch eine bewegliche Rüstung geschützt. Die meisten Tausendfüßer bringen es nur auf 750 Beine.

Tausendfüßer

*Einige Arten rollen sich bei Gefahr zusammen.*

*Saftkugler (rechts) sehen wie Asseln aus, haben aber mehr Beine.*

## Asseln

Asseln sind Krustentiere, wie Krebse oder Krabben, und gehören zur großen Gruppe der Gliederfüßer. Sie leben unter Steinen oder Blättern und kommen nachts heraus, um abgestorbene Pflanzen zu fressen. Asseln haben 14 Beine und zwei weitere als Mundwerkzeuge. Bei Gefahr rollen sich viele Arten zusammen.

Assel

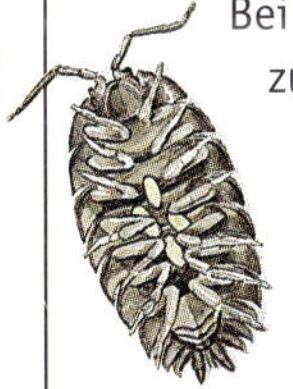

*Links: Weibliche Asseln tragen ihre Jungen in Taschen auf der Unterseite des Körpers.*

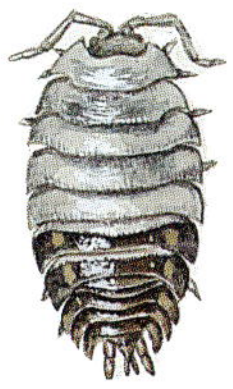

*Rechts: Wachsende Asseln werfen ihre zu eng gewordene Hülle ab und bilden eine neue.*

### Sehen und verstehen

Asseln mögen es gern dunkel: Setze ein paar in eine flache Schale. Wenn du die Schale zur Hälfte abdunkelst, wandern die Asseln in den Schatten. Bringe die Tiere anschließend dahin zurück, wo du sie gesammelt hast.

*Asseln kriechen in den Schatten.*

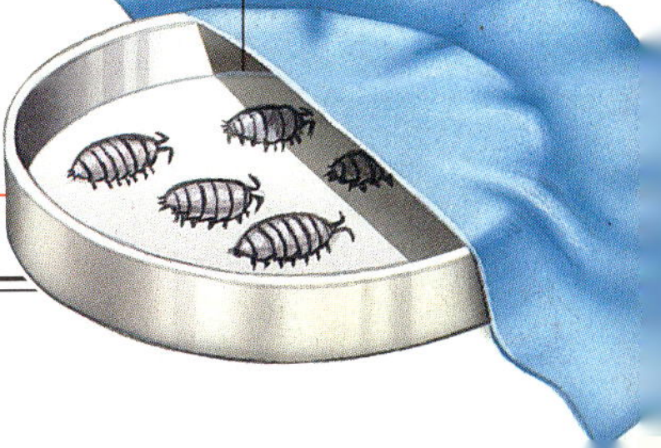

Zum Weiterlesen: Krustentiere S. 24; Krebse, Krabben S. 24

Wenn sie auf einem Zweig sitzen, gibt die lang gestreckte Körperform der Stabheuschrecken eine perfekte Tarnung ab.

# Insekten

Wir kennen fast zwei Millionen Insektenarten, die in allen Lebensräumen der Erde vorkommen. Die Arten werden in etwa 30 Gruppen (Ordnungen) eingeteilt – einige Beispiele werden auf der nächsten Seite vorgestellt. Insekten bestäuben die Blüten, sind Nahrung für andere Tiere und vernichten Schädlinge. Viele sind allerdings selbst Schädlinge, die Ernten vernichten und Krankheiten verbreiten können.

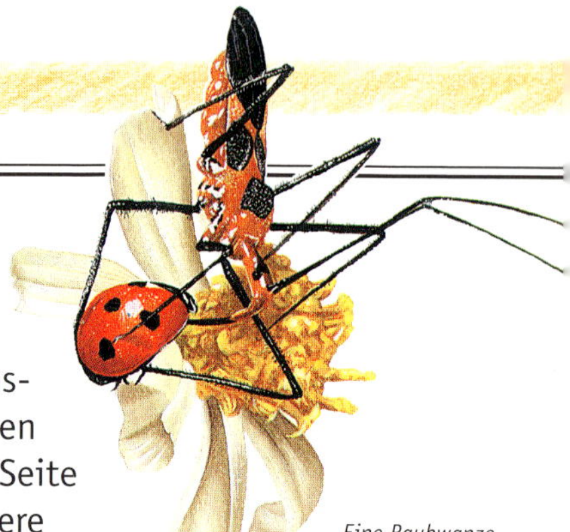

Eine Raubwanze spritzt Verdauungsflüssigkeit in ihr Opfer, dann saugt sie es aus.

## Merkmale der Insekten

Ausgewachsene Insekten haben sechs Beine und einen dreigeteilten Körper – Kopf, Brust und Hinterleib. Alle Beine sitzen am Brustabschnitt, während der Kopf zwei Fühler trägt. Die meisten Insekten haben zwei Paar Flügel und ihr Körper wird von einer festen Hülle, dem Außenskelett, geschützt.

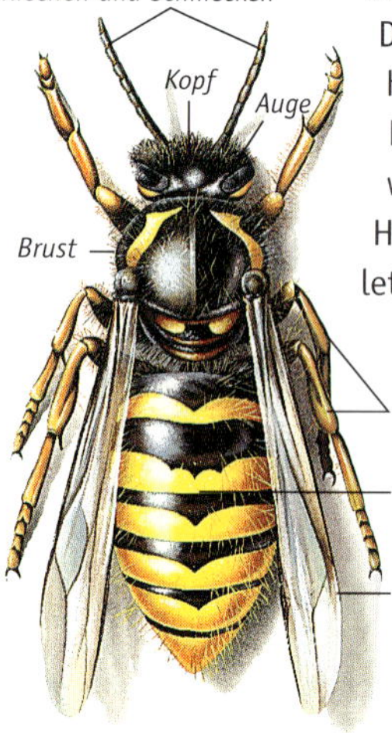


Königin der Waldwespe (bis zu 2 cm lang)

## Ernährung

Die meisten Insekten sind auf eine einzige Nahrung spezialisiert, ändern ihre Vorlieben aber während der Entwicklung. Ihre Mundwerkzeuge sind an ihr jeweiliges Futter angepasst. Mehr als die Hälfte aller Insekten frisst und schädigt Pflanzen. Insekten spielen aber auch eine wichtige Rolle im Kreislauf der Nährstoffe: Sie fressen und zersetzen tote Pflanzen und Tiere und führen so dem Boden Nährsalze zu, die von den Pflanzen aufgenommen werden.

Aaskäfer verbuddeln tote Tiere (Aas) und legen ihre Eier darin ab.

Pflanzen fressende Insekten ernähren sich von Blättern, Wurzeln, Samen, saugen Saft aus den Pflanzen oder holen sich Nektar oder Pollen aus den Blüten. Saft oder Nektar saugende Insekten haben Mundwerkzeuge, die einem langen Rüssel gleichen.

Manche Insektenlarven graben gewundene Gänge durch ein Blatt.

Blattläuse saugen den Saft von Pflanzen, z. B. von Rosen.

Larven der Blattwespe fressen das Blatt.

Insekten, die von Tieren leben, saugen Blut, fressen andere Insekten oder tierische Überreste. Die Mundwerkzeuge von Blut saugenden Insekten sind wie eine Injektionsnadel geformt. Insekten, die feste Nahrung fressen, haben scharfe Kauwerkzeuge.

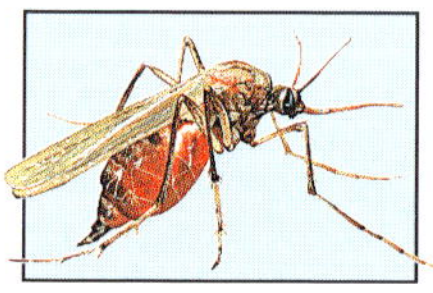

Weibliche Stechmücken trinken Blut, die Männchen sammeln Nektar aus Blüten.

Grabwespen betäuben ihre Opfer mit einem Stich, legen Eier hinein und vergraben sie als Futter für die Larven.

Pillendreher ernähren sich vom Kot anderer Tiere. Sie rollen den Dung zu Kugeln und lagern sie in unterirdischen Höhlen.

## Entwicklung der Insekten

Alle Insekten schlüpfen aus Eiern. Man kann sie je nach der weiteren Entwicklung in zwei Untergruppen einteilen. Die Jungtiere der ersten Gruppe heißen Larven; sie müssen mehrere Entwicklungsstufen durchlaufen: Die Larven fressen, wachsen und werden schließlich zu Puppen, die sich in einer Hülle in das ausgewachsene Insekt verwandeln. Dieser Vorgang wird Metamorphose genannt.

Nach der Paarung legt ein weiblicher Marienkäfer winzige Eier auf ein Blatt. Nach einigen Tagen schlüpft aus jedem Ei eine Larve.

Die Larven ernähren sich von Blattläusen und wachsen schnell heran. Ab und zu müssen sie ihre harte Hülle abwerfen, um wachsen zu können.

Nach einigen Wochen hören sie auf zu fressen und verwandeln sich in eine Puppe. Darin entwickeln sie sich zu einem Marienkäfer.

Ein erwachsener Fünf-Punkt-Marienkäfer legt Eier.

Die Jungen der zweiten Insektengruppe sind auch Larven, werden aber Nymphen genannt. Sie sehen ihren Eltern schon beim Schlüpfen ähnlich, haben aber noch keine Flügel. Nymphen werden nicht zu Puppen, sondern wachsen langsam zu Erwachsenen heran. Sie werfen mehrmals ihre Hülle ab; die Flügel werden mit jeder Häutung größer. Man spricht hier von unvollständiger Metamorphose.

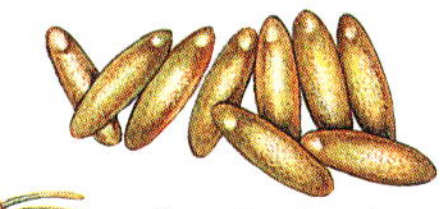

Heuschreckeneier

Die Nymphen der Heuschrecken haben noch keine Flügel.

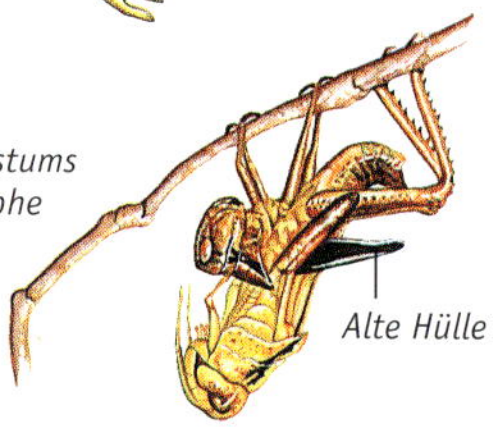


Während des Wachstums muss sich die Nymphe mehrmals häuten.

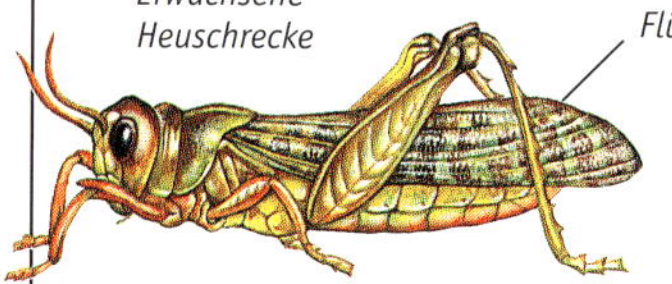


Nach der letzten Häutung werden sie zu Heuschrecken mit voll entwickelten Flügeln.

*Zum Weiterlesen: Schmetterlinge S. 18–19; Bienen, Wespen S. 20; Ameisen, Termiten S. 21; Stickstoffkreislauf S. 69; Libellen S. 71; Feldheuschrecken S. 75*

## Die Welt der Insekten

Wir kennen fast zwei Millionen Insektenarten, wahrscheinlich warten aber noch viele Millionen auf ihre Entdeckung. Die Bilder auf dieser Seite zeigen Beispiele aus den wichtigsten Insektengruppen (Ordnungen). Die Tiere sind nicht im gleichen Maßstab gezeichnet.

Manche Schnellkäfer springen 30 cm hoch.

Ein glänzender, Holz bohrender Käfer aus Nordamerika

Käfer sind die artenreichste Tiergruppe. Sie haben feste Flügeldecken über ihren Flügeln. Ihre Mundwerkzeuge eignen sich gut zum Kauen und Beißen. Manche fressen Pflanzen, andere sind Fleischfresser.

Maikäfer

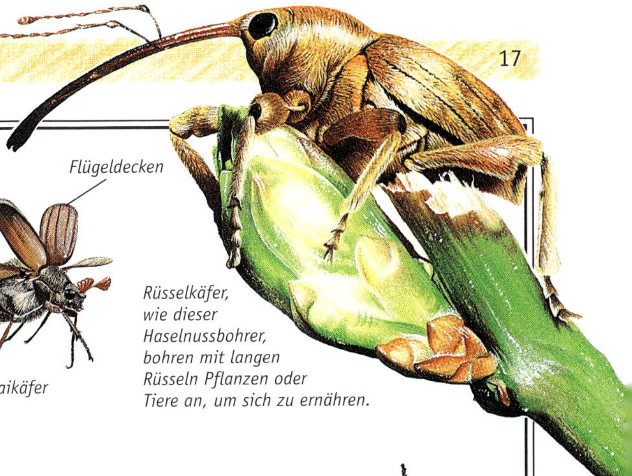

Rüsselkäfer, wie dieser Haselnussbohrer, bohren mit langen Rüsseln Pflanzen oder Tiere an, um sich zu ernähren.

Gebänderte Prachtlibelle

Mosaikjungfer

Libellen leben am Wasser, ihre Nymphen im Wasser. Libellen jagen andere Insekten und sogar kleine Fische und Kaulquappen.

Glühwürmchen und Leuchtkäfer erzeugen Licht in einem speziellen Teil ihres Hinterleibes, um einen Paarungspartner anzulocken.

Weibliche Glühwürmchen (links) haben keine Flügel.

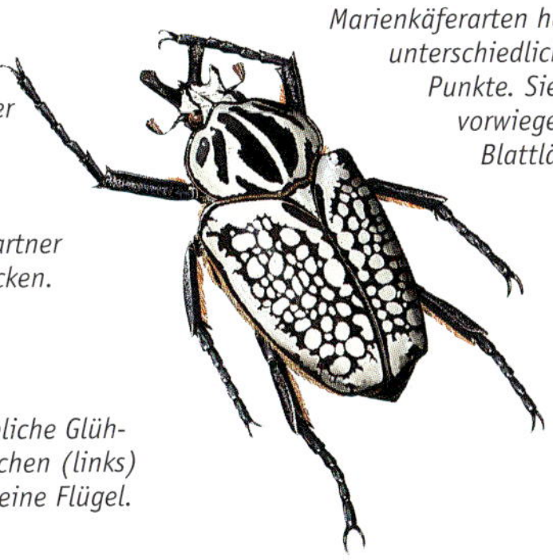

Die verschiedenen Marienkäferarten haben unterschiedlich viele Punkte. Sie fressen vorwiegend Blattläuse.

Der Goliathkäfer (links) ist das schwerste fliegende Insekt. Er wird bis zu 13 cm lang und wiegt bis zu 100 g.

Es gibt etwa 1.200 Ohrwurmarten. Sie ernähren sich von Pflanzen und kleinen Fliegen. Mit den Klammern am Hinterleib können sie ihre Beute packen und sich verteidigen.

Ohrwurm

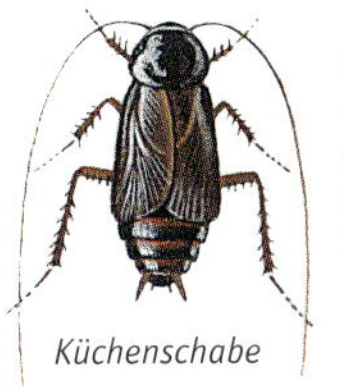

Küchenschabe

Die meisten Schaben leben in den Tropen, aber man findet sie in Gebäuden überall auf der Welt. Es gibt etwa 4.000 Schabenarten.

Die Flügel von Tag- und Nachtschmetterlingen sind mit feinen Schuppen besetzt. Die oft auffälligen Muster dienen als Tarnung oder als Warnung, dass die Tiere giftig sind.

Ein Morphofalter aus Südamerika

Stachelbeerspanner

Wir kennen 85.000 Fliegenarten. Bei allen Fliegen ist ein Flügelpaar zu Schwingkölbchen (Halteren) reduziert, mit denen sie die Balance halten.

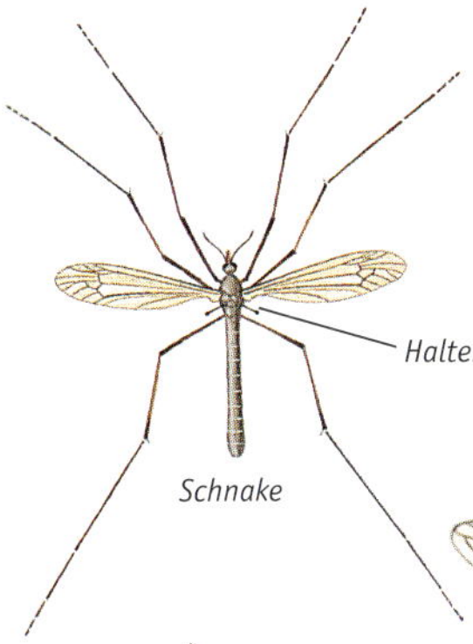


Schnake

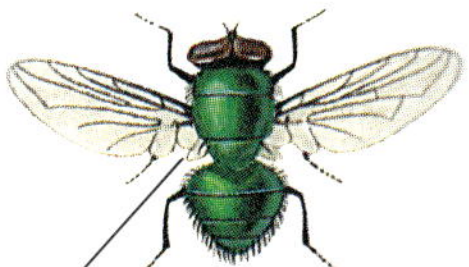

Goldfliege – eine Schmeißfliegenart

Stubenfliege

Schwebfliege

Es gibt 1.400 Floharten, die alle das Blut von Tieren saugen. Flöhe sind seitlich abgeflacht, sodass sie gut zwischen den Haaren herumkriechen können. Kräftige Hinterbeine dienen zum Springen.

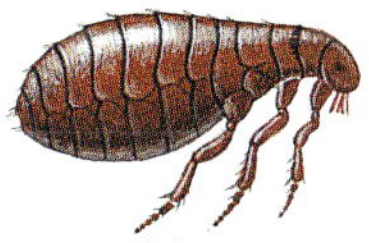

Katzenfloh (2–3 mm lang)

Blutzikade

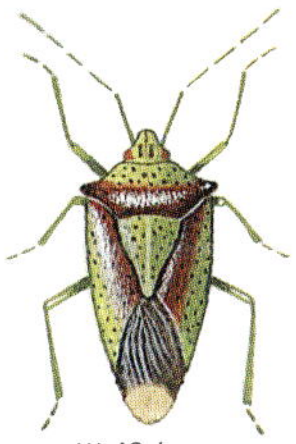

Weißdorn-Schildwanze

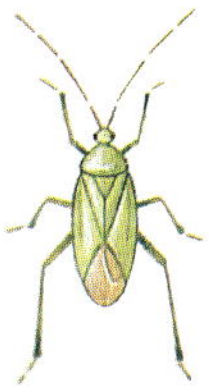

Blattwanze

Es gibt 60.000 Wanzenarten; einige saugen Pflanzensäfte, andere Blut.

Laubheuschrecken und Grillen können zwar springen und mit geöffneten Flügeln gleiten, aber nicht aktiv fliegen. Sie erzeugen Geräusche, indem sie die Flügel aneinander reiben. Feldheuschrecken können fliegen und reiben geräuschvoll Beine und Flügel aneinander.

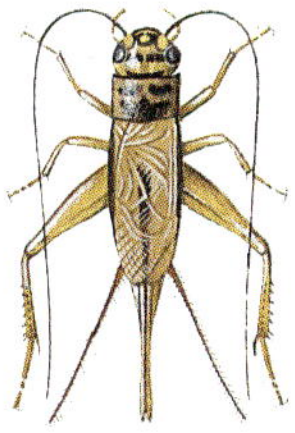

Grillen haben lange Fühler.

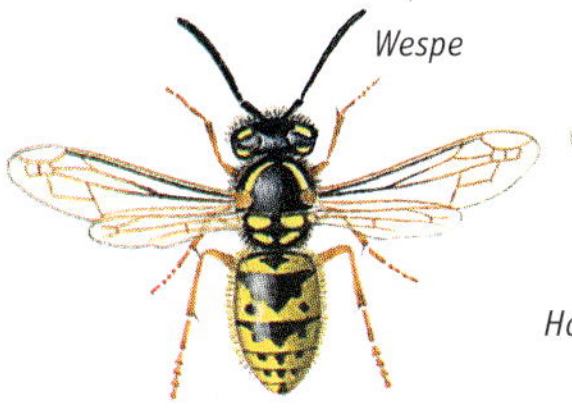

Wespe

Honigbiene

Bienen ernähren sich von Pollen und Nektar, Wespen fressen andere Insekten oder Pflanzen. Manche Arten leben allein, andere bilden riesige Kolonien mit tausenden von Tieren.

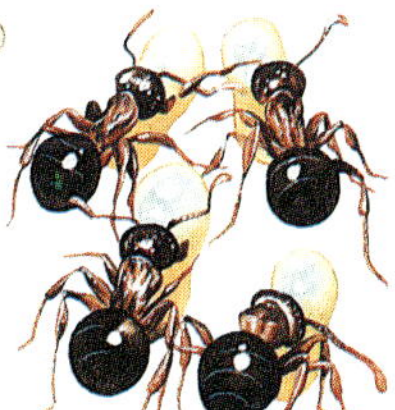

Wir kennen 10.000 Ameisenarten. Ameisen sind soziale Insekten, die in Nestern zusammenleben und sich alle Arbeiten teilen.

Laubheuschrecken haben kurze Fühler.

Die pelzigen Ameisenwespen legen ihre Eier in die Nester anderer Wespen oder von Bienen.

Das Wandelnde Blatt lebt in den Wäldern Südostasiens. Es ist zur Tarnung wie ein Blatt geformt.

Ein Termiten-Soldat packt eine Ameise.

Termiten bauen riesige Nester, in denen tausende von Tieren zusammenleben.

Termitennest

Bläuling

Mauerfuchs

# Schmetterlinge

Stachelbeerspanner

Gelbspanner

Biologen nennen die Schmetterlinge Lepidoptera, „Schuppenflügler". Die meisten ernähren sich von dem zuckerhaltigen Nektar der Blüten – die Tagfalter am Tag, die Nachtschmetterlinge oder Motten bei Nacht. Wie alle Insekten durchlaufen auch die Schmetterlinge mehrere Entwicklungsstadien. Ihre Larven oder Jungtiere heißen Raupen.

## Tagfalter

Tagfalter haben wie alle Insekten sechs Beine. Ihr Körper ist in drei Abschnitte gegliedert: Kopf, Brust und Hinterleib. Die Beine sitzen am Brustabschnitt. Mit den beiden Fühlern am Kopf können sie tasten und riechen.

*Die Fühler der meisten Tagfalter sind am Ende verdickt.*

*Während ruhende Tagfalter ihre Flügel meist aufrichten, halten sitzende Motten sie flach ausgebreitet.*

## Nachtschmetterlinge

Zwischen Tag- und Nachtschmetterlingen gibt es keine biologischen Unterschiede. Die Motten sind aber der dunklen Tageszeit angepasst: Ihre haarigen Körper halten sie warm und Motten sind meist nicht so bunt wie Tagfalter.

*Die meisten Motten haben federartige Fühler.*

## Ernährung

Tag- und Nachtschmetterlinge saugen mit ihren langen Rüsseln den Nektar aus Blüten. Wenn sie nicht saugen, rollen sie ihren Rüssel ein. Manche Motten saugen auch Pflanzensäfte und eine Art trinkt sogar Blut.

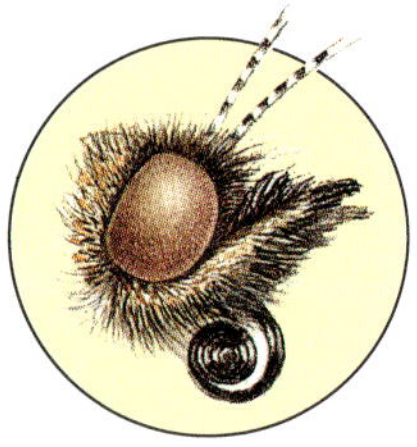

*Wenn Schmetterlinge gerade keinen Nektar saugen, rollen sie ihren Rüssel ein.*

## Entwicklung eines Schmetterlings

Fast alle Schmetterlinge leben nur ein paar Wochen, dann paaren sie sich und legen Eier, aus denen die Raupen schlüpfen. In einigen kalten Regionen überwintern manche Schmetterlinge und legen ihre Eier erst im Frühling. Andere überstehen den Winter als Raupen oder in Form der Puppe.

*Eier von Tag- und Nachtschmetterlingen*

*Im Frühling suchen männliche und weibliche Scheckenfalter einen Partner und paaren sich. Dann legt das Weibchen seine Eier auf eine kleine Pflanze.*

*Nach einigen Tagen schlüpfen die braunen, haarigen Raupen aus. Sie fressen den Sommer über an Blättern dick und fett.*

*Im Herbst wächst ihnen eine harte Außenhülle und sie werden zur Puppe. So sind sie im harten Winter gut geschützt.*

*Im Innern der Hülle verwandelt sich die Raupe in einen Schmetterling. Im Frühling schlüpft er aus und sucht nach einem Partner.*

Einige Schmetterlinge wandern im Winter in wärmere Regionen. Die Monarchfalter fliegen rund 4.000 km weit von Nordamerika bis nach Mexiko. Sinkt die Temperatur unter 15 °C ab, lassen sie sich zu tausenden auf Baumstämmen nieder. Distelfalter fliegen aus Europa 5.000 km weit bis nach Afrika, wo sie den Winter verbringen.

*Tausende von wandernden Monarchfaltern machen Rast auf einem Baum.*

*Distelfalter*

## Raupen

Junge Schmetterlinge, die Schmetterlingslarven, werden Raupen genannt. Die meisten Raupen fressen Blätter, einige Raupen von Motten ernähren sich aber auch von unserer Kleidung aus Baumwolle und Wolle. Da ihre Hülle nicht mitwächst, müssen Raupen sich ab und zu häuten. Die alte Hülle reißt auf und die Raupen zwängen sich heraus. Nach mehreren Häutungen sind sie ausgewachsen und verwandeln sich in Puppen.

*Raupe des Ligusterschwärmers*

## Puppen

Nachdem sie mehrere Monate lang nur gefressen hat, gräbt sich die Raupe in die Erde ein oder hängt sich an einen Zweig. Sie wirft ihre Hülle ab und wird zur Puppe. Während der Puppenruhe verwandelt sich die Raupe in einen Schmetterling (Metamorphose): Form und Organe verändern sich und langsam entsteht der Falter. Manche Schmetterlingsraupen, z. B. die Seidenraupen, spinnen sich im Puppenstadium in eine Schale aus seidigen Fäden (Kokon) ein.

*Ein Schmetterling schlüpft aus der Puppenhülle.*

### Sehen und verstehen

Die meisten Schmetterlinge sind auf eine Blütenform spezialisiert. Beobachte im Sommer im Garten oder auf einer Wiese, welche Schmetterlinge welche Blüten anfliegen.

*Kleiner Fuchs auf einer Fetthenne*

*Zum Weiterlesen: Entwicklung der Insekten S. 16; Biologische Namen S. 88*

Zipfelfalter mit falschem Kopf und Fühlern

Die Anhängsel am Flügelende mancher Zipfelfalter (oben) sehen aus wie ein Kopf. Vögel picken dadurch auf die falsche Stelle.

## Schmetterlinge und Raupen der Welt

Es gibt etwa 150.000 Arten von Schmetterlingen. Viele tarnen sich durch ihre Muster, andere warnen Fressfeinde durch auffällige Signalfarben vor Gift. Die Muster entstehen durch winzige Flügelschuppen, in denen sich das Licht bricht.

Einige harmlose Schwalbenschwanzarten tragen Farben und Muster, die denen giftiger Arten gleichen. Vögel lernen schnell, dass manche Schmetterlinge giftig sind und lassen sie – wie auch die ganz ähnlich aussehenden Artgenossen – in Frieden.

Giftiger Acraeidae-Falter

Ungiftiger Schwalbenschwanz

Giftiger afrikanischer Monarchfalter

Ungiftiger Schwalbenschwanz

Der Papilio homerus (rechts) ist heute sehr selten.

Auch Alypia octomaculata kommt selten vor.

Viele Schmetterlingsarten sind heute sehr selten. Ihre natürlichen Lebensräume wurden zerstört oder die Blumen, von denen sie lebten, durch Spritzmittel vernichtet. Manche Falter wurden auch zu stark gesammelt.

Viele Schmetterlinge und Raupen tragen Tarnfarben. Damit sind sie auf den Pflanzen, die sie regelmäßig besuchen, kaum zu sehen. Von ihren Feinden, z. B. Vögeln, werden sie so nur schwer entdeckt.

Falsches Auge

Schwärmerraupe

Iofalter

Caligofalter

Viele Schmetterlinge und Raupen schrecken Fressfeinde, wie z. B. Vögel, durch auffallende „falsche" Augen (Augenflecke) ab.

Die Flügelmuster des Mondvogels sind kaum von Baumrinde zu unterscheiden.

Augenfleck

Großes Ochsenauge

Ein Vogel hat auf das falsche Auge (Augenfleck), nicht auf den Körper gepickt (oben) – der Schmetterling überlebte.

Tagpfauenauge

Augenflecke

Nachtpfauenauge

Dunkle Flügel erwärmen sich leichter als helle. Das ist z. B. wichtig für den arktischen Waldvogel, der in einer kalten Region lebt.

Im tropischen Regenwald gibt es unzählige Schmetterlinge. Viele haben nicht einmal einen deutschen, sondern nur einen biologischen Namen; hier sechs Beispiele:

Callicore cyllene

Papilio karna

Callithea optima

Agrias claudina

Callicore mengeli

Agrias aedon

Auch die grünen Flügel des Grünwidderchens dienen der Tarnung.

Die braunen, gezackten Flügel des C-Falters sehen auf dem Waldboden wie abgestorbene Blätter aus.

Bärenspinner (links) erzeugen sehr hohe, klickende Töne, um die Ultraschall-Orientierung von Fledermäusen zu verwirren. Am Tag schrecken sie Fressfeinde durch die grellen Farben ab.

Raupen sind eine nahrhafte Mahlzeit für Vögel und können, wie die Falter, ihre Feinde abschrecken und irritieren. Manche sind haarig, was Vögel nicht mögen, andere tarnen sich als Zweige, Blätter oder sogar als Vogelkot.

Bärenspinnerraupen (unten) schützen sich durch kratzende Haare.

Die Abbildung unten zeigt den größten und den kleinsten Schmetterling der Erde im richtigen Verhältnis aber nicht in natürlicher Größe.

Zwergbläuling

Die Flügelspannweite des Alexandra-Vogelfalters (rechts) beträgt bis zu 28 cm.

Werden Raupen des Großen Gabelschwanzes (unten) bedroht, spucken sie ihren Mageninhalt aus.

Die Raupen des Großen Gabelschwanzes tragen falsche Augen am Kopf und abschreckende, lange „Peitschen" am Hinterleib.

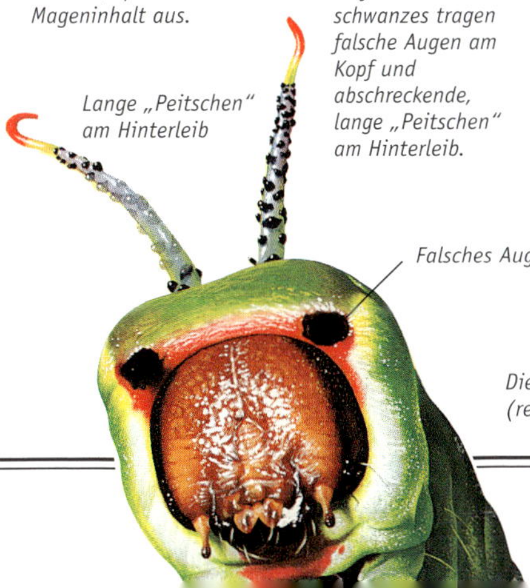

Lange „Peitschen" am Hinterleib

Falsches Auge

Die Raupen des Jakobskrautbären sind giftig. Ihre kräftigen Streifen werden von Vögeln als Warnung verstanden. Die Raupen nehmen das Gift mit der Nahrung auf – sie fressen das giftige Jakobsgreiskraut.

Die Raupe des Pappelschwärmers (rechts) sieht aus wie ein Blatt.

# Bienen und Wespen

*Kleiner Hummelschwarm*

Es gibt zahlreiche Bienen- und Wespenarten. Einige davon, etwa die Honigbienen oder Gemeinen Wespen, sind soziale Tiere, die in Kolonien leben: Tausende von Insekten suchen gemeinsam nach Nahrung und ziehen die Jungen auf. Andere Arten, z. B. die Blattschneiderbienen, leben allein. Als Insekten durchlaufen Bienen und Wespen mehrere Entwicklungsstadien. Aus ihren Eiern schlüpfen Larven, die zu Puppen werden und sich dann in ausgewachsene Insekten verwandeln.

*Lehmwespen leben allein, sie bauen Nester aus Ton.*

## Bienen

Bienen ernähren sich von Nektar und Pollen aus Blüten. Soziale Bienen tragen Nektar und Pollen in das gemeinsame Nest. Aus dem Nektar stellen sie Honig her.

*Hummel beim Sammeln von Nektar und Pollen*

Die Bienen im Nest haben unterschiedliche Aufgaben: Die männlichen Drohnen paaren sich beim Hochzeitsflug mit der Bienenkönigin, danach sterben sie. Die Königin legt Eier und die Arbeiterinnen (junge Weibchen) suchen Nahrung und kümmern sich um die Jungen.

*Honigbienen*

Honigbienen bauen ihr Nest in Mauern oder Baumstämmen – oder in Bienenstöcken, die ihnen die Menschen geschaffen haben, um Honig zu gewinnen. Die Nester bestehen aus tausenden von Zellen aus Wachs. Darin lagern die Bienen Vorräte und ziehen ihre Jungen auf.

*Jede Zelle hat sechs Wände. In einigen Zellen werden Vorräte gespeichert, in andere legt die Königin je ein Ei. Daraus schlüpfen später die Larven.*

Alle Bienen, die man draußen beobachten kann, sind Arbeiterinnen. Mit Hilfe verschiedener Tänze können Bienen Entfernung und Richtung einer Futterquelle genau mitteilen: Es gibt den Rundtanz im Kreis und den Schwänzeltanz, eine Achterfigur, auf der die Bienen sich z. T. schwänzelnd bewegen.

*Ein „Rundtanz" zeigt den anderen, dass die Futterquelle nicht weiter als 8 m vom Nest entfernt ist.*

Im Frühling legt eine Königin bis zu 1.500 Eier am Tag. Die daraus schlüpfenden Larven werden von den Arbeiterinnen mit Honig und Pollen gefüttert. Nach sechs bis sieben Tagen sind die Larven groß und fett und werden durch einen Wachsdeckel in der Zelle eingeschlossen. Darin werden sie zu Puppen und verwandeln sich in ausgewachsene Bienen. Die meisten Larven werden zu Arbeiterinnen, manchmal kommt eine neue Königin zur Welt. Ist die Jungkönigin ausgewachsen, gründet die alte Königin ein neues Nest.

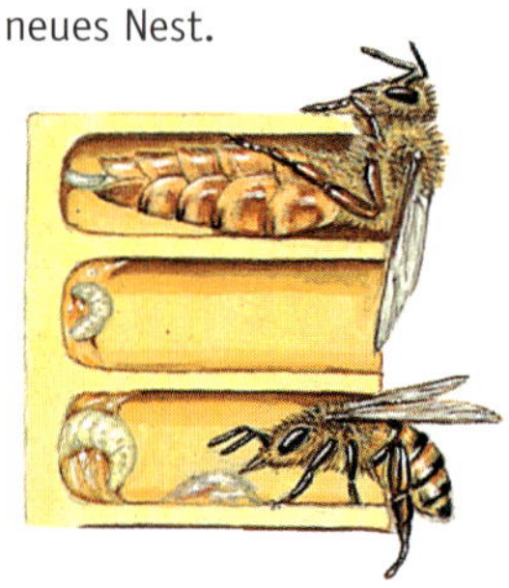

*Die Königin legt ein Ei in jede Zelle.*

*Aus dem Ei schlüpft eine Larve.*

*Arbeiterinnen füttern die Larven mit Honig und Pollen.*

Wird eine Biene angegriffen, sticht sie zu. Ihr Stachel ist mit Widerhaken besetzt und bleibt in der Wunde stecken. Beim Versuch, ihn herauszuziehen, stirbt die Biene. Mit dem Stich konnte sie zwar nicht ihr eigenes, vielleicht aber das Leben vieler anderer Bienen im Stock retten.

## Wespen

Wespen stellen keinen Honig her. Manche füttern ihre Larven mit zerkauten Insekten. Einige Larven sind Parasiten, die im Körper anderer Tiere leben.

*Die Sandwespe betäubt eine Raupe durch einen Stich und schleppt sie ins Nest.*

Einige Wespen, z. B. die Gallwespen, legen ihre Eier in Pflanzen. Die Larven ernähren sich von der Pflanze und rufen Wucherungen, so genannte Gallen, hervor.

*Gallen von Eichengallwespen*

*Im Innern der Galle verwandelt sich die Larve in eine Wespe.*

*Aufgeschnittene Galle mit einer Larve*

Die Gemeinen Wespen sind soziale Insekten. Sie bauen ein etwa fußballgroßes Nest aus einer papierartigen Masse, die sie aus zerkautem Holz herstellen. Ein großes Nest kann 15.000 Zellen mit Larven und Vorräten enthalten. Auch bei den Wespen gibt es Drohnen, die sich mit der Königin paaren, und Arbeiterinnen, die Insekten als Nahrung für die Jungen erjagen.

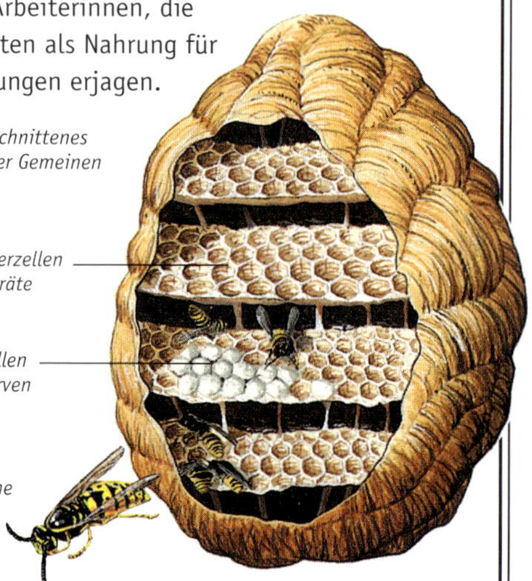


*Aufgeschnittenes Nest der Gemeinen Wespe*

*Zum Weiterlesen: Entwicklung der Insekten S. 16*

# Ameisen und Termiten

Ameisen und Termiten sind soziale Insekten: Sie leben zu tausenden in Kolonien oder Staaten zusammen. Wie alle andere Insekten legen sie Eier. Daraus schlüpfen Larven, die sich in ausgewachsene Tiere verwandeln. Die unterschiedlichen Aufgaben werden jeweils von bestimmten Gruppen, den Kasten, ausgeführt: Die Königin legt Eier, Arbeiterinnen sammeln Nahrung und pflegen die Larven, Soldaten (ebenfalls Weibchen) bewachen das Nest, Männchen paaren sich mit künftigen Königinnen.

*Wenn Arbeitsameisen ihr Nest verlassen, hinterlassen sie eine Duftspur für die anderen Arbeiterinnen.*

*Rote Waldameisen sammeln Samen, Blätter, Insekten und Würmer.*

## Ameisen

Wir kennen über 10.000 Ameisenarten. Außer in sehr kalten Regionen, wie der Antarktis, Island oder Grönland, oder auf abgelegenen Inseln kommen sie überall auf der Erde vor.

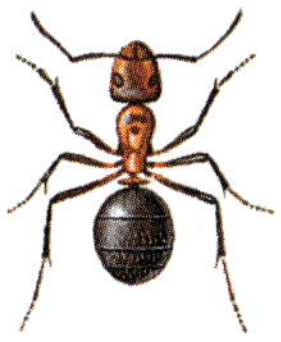

*Die Rote Waldameise lebt in kühlen, bewaldeten Regionen. Sie frisst Insekten und kann Beute schleppen, die größer ist als sie selbst.*

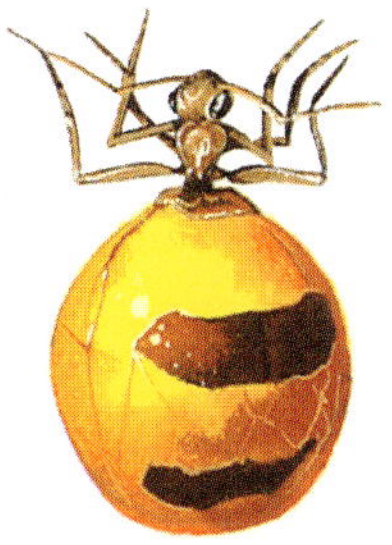

*Honigtopfameisen leben in trockenen Steppen und ernähren sich von Nektar. Einige der Arbeiterinnen fressen so viel Nektar, dass ihr Leib anschwillt. Dann hängen sie als lebende Vorratsbehälter an der Decke des Nestes.*

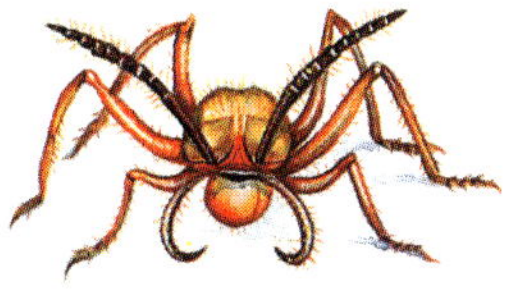

*Die Treiberameisen des tropischen Regenwaldes jagen Insekten und kleine Tiere.*

*Blattschneiderameisen sammeln Blätter und zerkauen sie zu Brei. Auf dem Brei züchten sie Pilze, die ihnen als Nahrung dienen.*

Alle Ameisen leben in riesigen Staaten zusammen. In jedem Nest gibt es meist nur eine Königin, die alle Eier legt. Arbeiterinnen sammeln Futter, machen sauber und bauen Gänge, um das Nest zu kühlen. Die Soldaten, wie die Arbeiterinnen weibliche Tiere, verteidigen das Nest: Sie stehen mit geöffneten Kieferzangen am Eingang.

*Eine Arbeiterin räumt Abfall weg.*

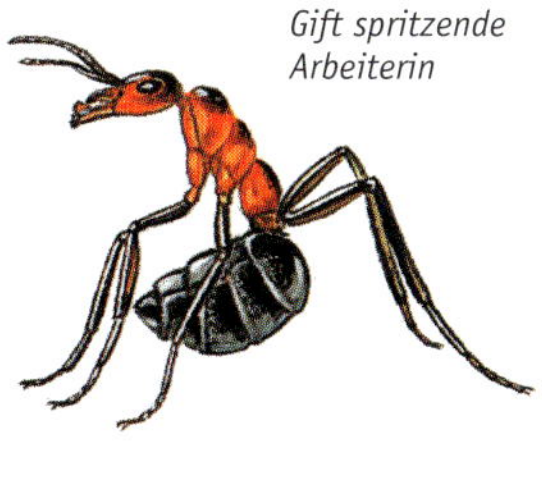

*Gift spritzende Arbeiterin*

*Geflügelte Männchen paaren sich mit der Königin.*

Im Sommer oder zur Regenzeit verlassen geflügelte Männchen das Nest. Nach der Paarung mit einer jungen Königin, die zu dieser Zeit ebenfalls Flügel trägt, sterben sie. Die Königin legt Eier und die schlüpfenden Larven werden von den Arbeiterinnen versorgt, bis sie sich verpuppen.

*Aufgeschnittenes Nest der Roten Waldameise mit Kammern für Eier, Larven und Vorräte*

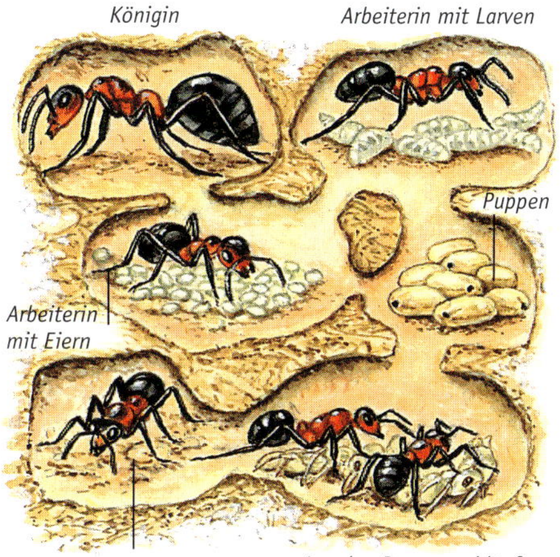


## Termiten

Termiten leben in tropischen Wäldern und Savannen. Einige kommen in morschem Holz vor, andere bauen mächtige Hügel aus Sand und Ton; das Material verkleben sie mit Speichel. In einem dieser Hügel können über eine Million Termiten leben. Auf den afrikanischen Savannen gibt es Termitenhügel, die höher sind als eine Giraffe. Im Innern des Nestes gibt es zahllose Gänge und ein ausgeklügeltes Kühlsystem.

Anders als bei den übrigen sozialen Insekten gibt es bei den Termiten einen König, der sich mit der Königin paart. Die beiden leben in einer Kammer tief unten im Nest. Die Königin produziert in ihrem angeschwollenen Leib täglich bis zu 36.000 Eier. Arbeiter säubern und füttern sie und schleppen die Eier in Brutkammern. Soldaten mit größeren Köpfen und Kiefern verteidigen das Nest.

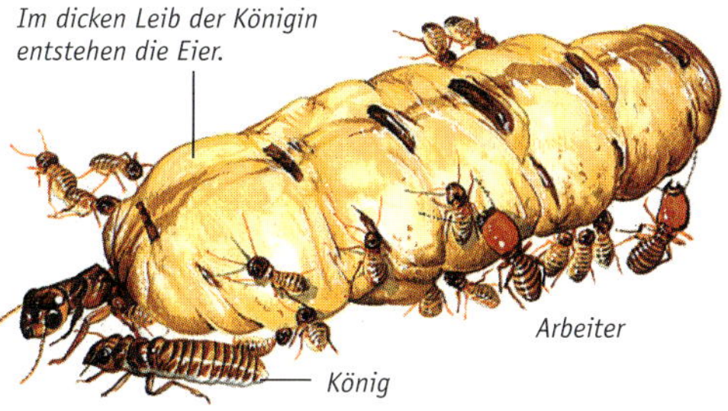


Arbeiter und Soldaten sind fortpflanzungsunfähige Männchen und Weibchen. Arbeiter sind blind und füttern und pflegen Soldaten, Königin, König und die Jungen. Termiten fressen zerkautes Holz und Insekten, manche Arten züchten auch Pilze in ihren Nestern. Die Pilze wachsen auf den Ausscheidungen der Termiten.

*Arbeiter füttert einen Soldaten.*

### Sehen und verstehen

Leg ein Blatt Papier mit etwas Futter in die Nähe eines Ameisennestes. Hat eine das Futter gefunden, verschieb es. Die folgenden Ameisen nehmen den gleichen Weg wie die erste; sie folgen der Duftspur.

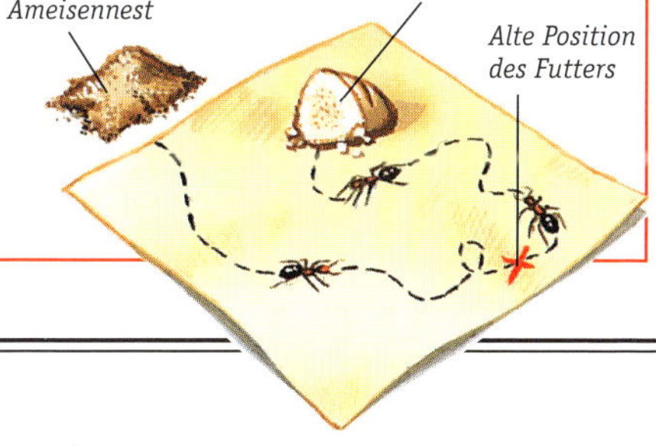

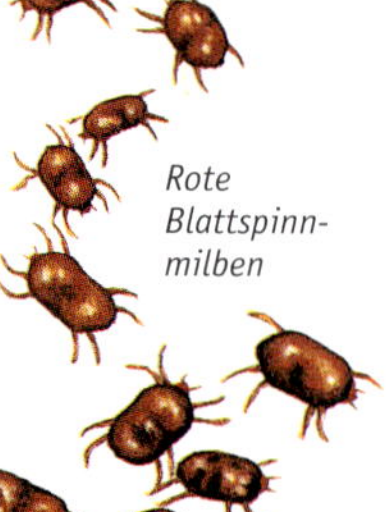

# Spinnen, Milben, Skorpione

Spinnen, Milben und Skorpione gehören zur Gruppe der Spinnentiere. Während Spinnen und Milben überall auf der Erde leben, kommen Skorpione vorwiegend in heißen, trockenen Gegenden vor. Als Fleischfresser ernähren sie sich von anderen Spinnen, Insekten und sogar Vögeln.

*Rote Blattspinnmilben*

*Springspinnen haben acht Augen, die sie beim Anpirschen an die Beute in verschiedenen Kombinationen einsetzen.*

## Spinnen

Mit ihren acht Beinen und zwei Körperabschnitten (Kopf-Bruststück, Hinterleib) kann man Spinnen leicht von Insekten unterscheiden, denn Insekten haben sechs Beine und drei Körperabschnitte. Spinnen sind Fleischfresser, die Fliegen und andere Insekten jagen. Sie betäuben ihre Beute durch einen Biss. Nur wenige werden dem Menschen gefährlich.

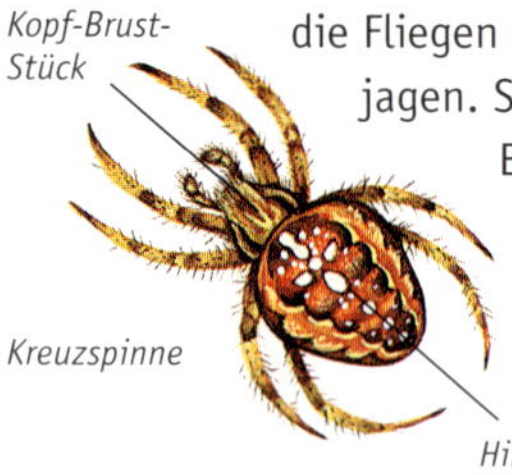


Die meisten Spinnen fangen ihre Opfer in Netzen, aber einige, z. B. die Springspinne, brauchen kein Netz. Springspinnen sehen hervorragend und springen ihre Beute an. Krabbenspinnen lauern gut getarnt zwischen den Kronblättern einer Blüte und überfallen dort ihre Opfer.

*In einer Blüte versteckte Krabbenspinne*

Nachdem sie ein Insekt gefangen haben, beißen die Spinnen zu und betäuben es mit dem Gift ihrer Mundwerkzeuge. Spinnen saugen ihre Opfer aus und hinterlassen nur die trockene Körperhülle. Einige Spinnen umwickeln ihre Beute mit Seidenfäden.

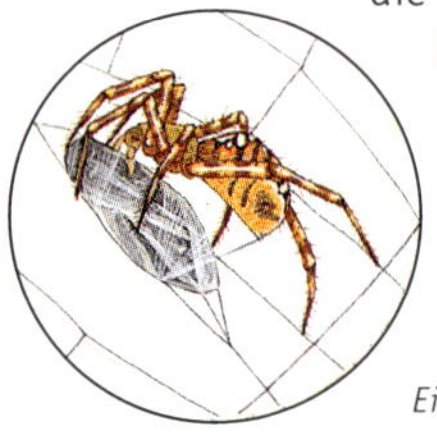

*Eine Spinne umspinnt ihr Opfer.*

## Spinnennetze

Spinnen erzeugen die seidenähnlichen, eiweißhaltigen Fäden für ihre Netze in Drüsen am Hinterleib. Sie haben eine eigene Drüse für jeden Fadentyp: Klebfäden für den Beutefang mit Netz, trockene Fäden zur Verankerung des Netzes, auf denen sie sich fortbewegen, und Kokonfäden, mit denen sie ihre Eier einspinnen. Die einzelnen Spinnenarten bauen unterschiedliche Netze bzw. fangen ihre Beute mit besonderen Fäden.

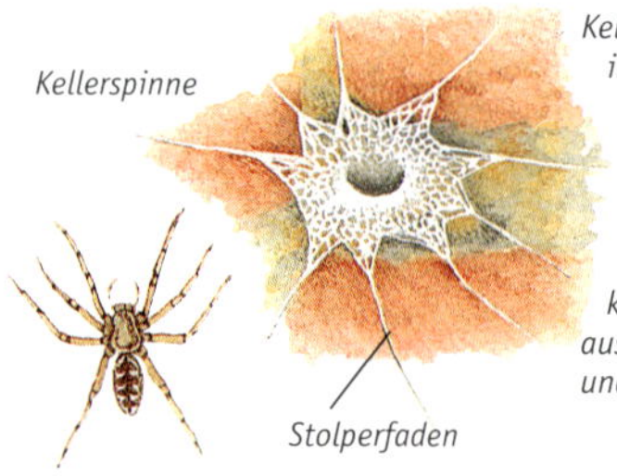


*Kellerspinnen bauen ihre Netze in Mauerritzen und legen Stolperfäden. Berührt ein Insekt die Stolperfäden, kommt die Spinne aus dem Versteck und packt zu.*

*Falltürspinnen leben in den warmen Ländern der Erde. Sie graben sich kleine, schmale Höhlen mit einem Deckel. Das Innere ihrer Höhlen kleiden sie mit Seide aus.*

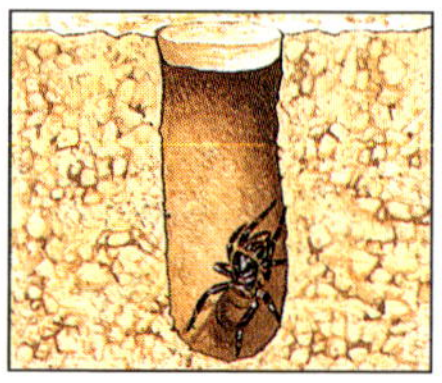

*Wenn die Spinnen in ihren Höhlen lauern, schauen nur die Beine heraus. Sie warten, bis ein Käfer oder ein anderes Insekt vorbeikommt. Manche ziehen auch Stolperfäden vor der Höhle.*

*Spüren sie die Schritte eines Insekts auf dem Boden, rennen sie aus dem Versteck und packen mit den giftigen Mundwerkzeugen zu. Dann schleppen sie ihr Opfer in die Höhle und fressen es auf.*

Kreuzspinnen bauen Radnetze aus Speichen und Spiralen (links). Versteckt im Blattwerk warten sie auf Beute. Über einen Verbindungsfaden spüren sie jede Bewegung im Netz. Ist es so weit, rennt die Spinne heraus und tötet ihr Opfer. Da Netze austrocknen, staubig werden oder kaputtgehen, müssen Spinnen täglich ein neues Netz bauen.

*Links: Radnetz einer Kreuzspinne*

## Fortpflanzung

Spinnen legen Eier und spinnen sie in eine Hülle aus seidigen Fäden (Kokon) ein. Frisch geschlüpfte Spinnen ernähren sich zuerst von den Reservestoffen im Ei, dann verlassen sie den Kokon. Während sie wachsen, müssen sie sich mehrfach häuten. Manchmal findet man alte Hüllen in den Netzen.

*Weibliche Kreuzspinnen legen ihre Eier in einen Kokon aus gelben Fäden. Sie tarnen ihn mit Rinde und Staub.*

*Wolfsspinnen bauen zum Schutz ihrer Jungen ein Seidenzelt um den Kokon mit den Eiern. Kurz bevor die Jungen schlüpfen, zerreißen die Alten das Zelt.*

*Diese Kreuzspinne hat sich gerade gehäutet und kann nun wieder ein Stück wachsen. Jede Spinne häutet sich mehrmals während des Wachstums.*

Vor der Paarung vollführen Spinnen komplizierte Balzrituale, z. B. Tänze. Oft bringen die Männchen aber auch Futter mit, um nicht von den Weibchen aufgefressen zu werden.

### Sehen und verstehen

Um eine Spinne beim Netzbau zu beobachten, fängst du vorsichtig eine Haus- oder Kreuzspinne. Bring sie zusammen mit einem Ast (aufrecht festkleben) in einem Pappkarton unter, bohre einige Luftlöcher in die Rückwand und verschließe die Vorderfront mit Frischhaltefolie. Nach einigen Tagen kannst du die Spinne wieder freilassen.

Zum Weiterlesen: Biologische Namen S. 88

## Spinnen der Welt

Auf der ganzen Welt leben mehr als 30.000 Spinnenarten. Die meisten sind nützlich, da sie Fliegen und schädliche Insekten fressen.

*Schwarze Witwen sind kleine, sehr giftige Spinnen, deren Biss einen Menschen töten kann. Sie leben in Europa, Nordamerika, Afrika und Australien.*

*Schwarze Witwe*

*Die australische Schwarze Witwe (links) ist an der roten Rückenzeichnung zu erkennen.*

*Eine giftige Trichternetzspinne aus Australien (rechts).*

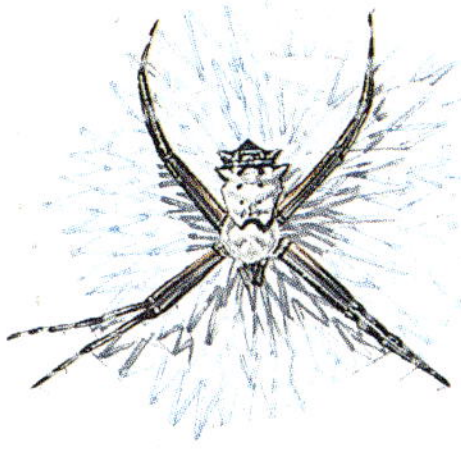

*Manche Argiope-Arten (links), die in Regenwäldern leben, bauen blütenartige Netze, um Insekten anzulocken.*

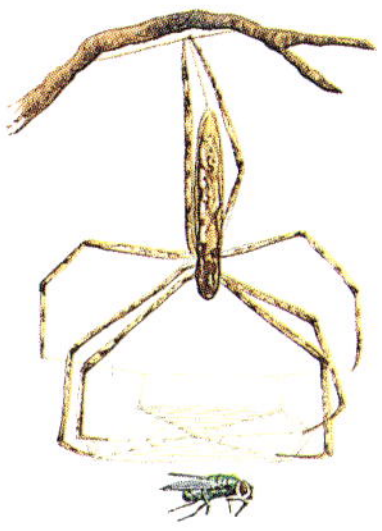

*Netz werfende Spinnen (rechts) bauen Fangnetze aus klebrigen Fäden. Sie warten, bis eine Beute vorbeiläuft und stülpen ihr Netz darüber.*

*Vogelspinnen leben in den heißen Regionen von Nord- und Südamerika. Sie fangen kleine Säugetiere, Insekten und Schlangen. Ihr Biss ist giftig, aber nicht tödlich für Menschen.*

*Vogelspinne frisst eine Heuschrecke.*

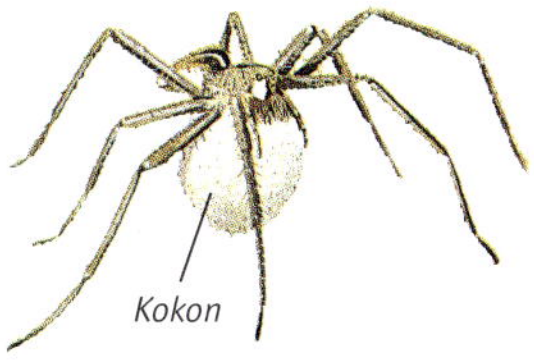


*Wolfsspinnen tragen ihren Eierkokon ständig mit sich herum.*

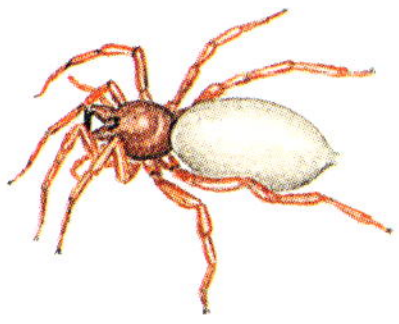

*Drysdera-Arten (rechts) spießen mit ihren großen Mundwerkzeugen Asseln auf. Sie jagen nachts.*

*Hausspinnen (links) bauen ihre verwickelten Nester in ruhigen Ecken.*

*Die Harlekinspinne (rechts) baut keine Netze, sondern springt ihre Beute an. Die Streifen dienen der Tarnung.*

*Die südamerikanischen Vogelspinnen fressen kleine Vögel, Säugetiere und Insekten. Sie erreichen Durchmesser von bis zu 25 cm.*

*Diese Radnetzspinne, die in Mittel- und Südamerika lebt, baut ein Netz aus äußerst starken Fäden, in denen sich sogar Tiere wie Eidechsen verfangen können. Manchmal flechten Fischer die Spinnseide in ihre Netze ein.*

*Wasserspinnen tragen Luftblasen in ein dichtes Netz unter Wasser. Sie fangen Wasserinsekten, Kaulquappen und kleine Fische, die sie in ihren Luftblasen oder an Land fressen.*

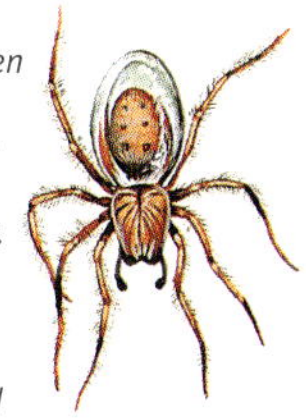

*Wasserspinne*

*Luftblase*

*Die bis zu 8 cm großen Kammspinnen der Regenwälder jagen nachts. Sie fangen Insekten und andere Kleintiere, z. B. Baumfrösche. Wie andere Spinnen, die ohne Netze jagen, sehen sie hervorragend und sind auf kurzen Strecken sehr schnell.*

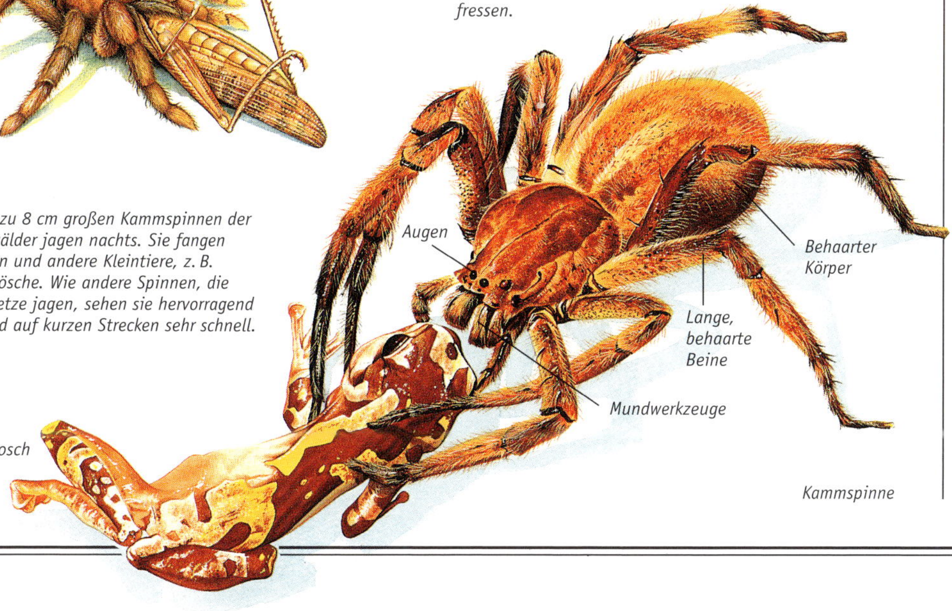


*Kammspinne*

## Milben und Zecken

Es gibt viele tausend Milben- und Zeckenarten. Die meisten sind winzig klein. Sie haben acht Beine und einen einteiligen Körper. Einige Milben leben im Boden und zersetzen abgestorbene Blätter. Die meisten sind jedoch Parasiten, die das Blut von Tieren oder Pflanzensäfte saugen.

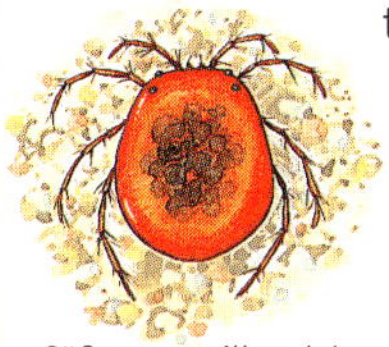

*Süßwassermilben leben in Teichen und fressen Wasserinsekten.*

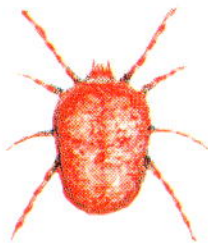

*Samtmilben werden nur 2 mm groß.*

Alle Zecken sind Parasiten, die das Blut von Tieren saugen und häufig auch Krankheiten übertragen. Durch das Blut schwillt ihr Leib stark an. Dann lassen sie von ihrem Wirt ab, fallen auf den Boden und verdauen dort ihre Mahlzeit. Zecken können lange ohne Nahrung überleben.

*Eine Zecke steckt in der Haut eines Hirsches (Vergrößerung). Solche Zecken kommen stets zusammen mit Hirschen vor, sie übertragen die Lyme-Krankheit.*

## Skorpione

Skorpione kommen vorwiegend in Wüsten und warmen Ländern vor. Sie haben acht Beine und kräftige Scheren, mit denen sie ihre Beute packen. In der Nacht verlassen sie ihr Versteck unter Steinen oder Blättern und warten geduldig auf Beute. Ihre Opfer betäuben sie mit einem Stich des Schwanzstachels. Der Stich mancher Skorpione kann sogar Menschen töten. Die meisten Skorpionmännchen nähern sich den Weibchen äußerst vorsichtig, um nicht gestochen zu werden. Die Jungen werden lebend geboren und von ihrer Mutter herumgetragen.

*Skorpionpaar beim Werbungsritual*

*Junge Skorpione auf dem Rücken der Mutter*

# Leben am Meeresstrand

Die Pflanzen und Tiere auf diesen beiden Seiten leben im Flachwasser und am Ufer des Meeres. Die Krustentiere, dazu gehören Krebse, haben gegliederte Beine und einen harten Panzer. Wegen ihres weichen Körpers werden Muscheln und Napfschnecken Weichtiere (Mollusken) genannt, während Seesterne, Schlangensterne, Seegurken und Seeigel wegen der stacheligen Hülle zu den Stachelhäutern gehören.

## Krebse

Die Krebse bilden als „Zehnfüßer" eine Untergruppe der Krustentiere. Ihre harte Hülle dient als Außenskelett. Das erste Beinpaar endet jeweils in einer kräftigen Schere. Damit können sie graben, Beute packen und sich verteidigen. Krebse leben auf dem Meeresgrund oder in Gezeitentümpeln und fressen kleine Fische und andere Meerestiere. Aus den Eiern der Krebse schlüpfen winzige Larven, die sich erst später zu Krebsen entwickeln. Zunächst leben sie im Plankton, das als Nahrung für viele Fische dient. Krebse und andere Krustentiere müssen während des Wachstums regelmäßig ihre alte Hülle abwerfen und bilden eine neue weiche, dehnbare Hülle, die später erhärtet.

*Strandkrabben (rechts) leben auf Sand oder Fels im Flachwasser.*

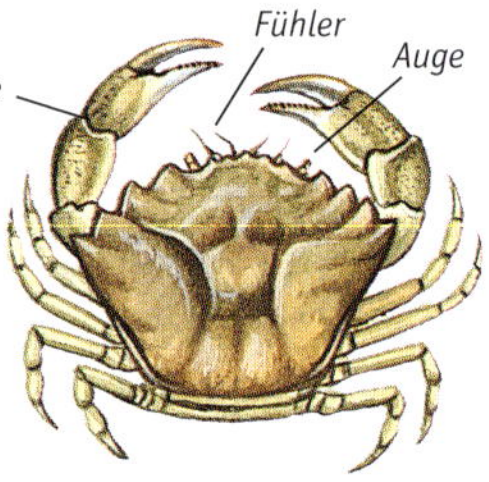

*Mit ihrer übergroßen Schere locken Winkerkrabben (links) Weibchen an und verteidigen sich.*

*Einsiedlerkrebse haben eine weiche Hülle; zu ihrem Schutz leben sie in den leeren Gehäusen anderer Tiere. Werden sie zu groß, suchen sie sich ein neues Heim.*

## Hummer

Auch die Hummer haben zehn Beine und kräftige Scheren. Sie leben im Flachwasser unter Steinen und krabbeln auf der Suche nach toten Fischen und anderem Aas auf dem Boden umher. Die nahe verwandten Flusskrebse leben im Süßwasser, Langusten im Meer.

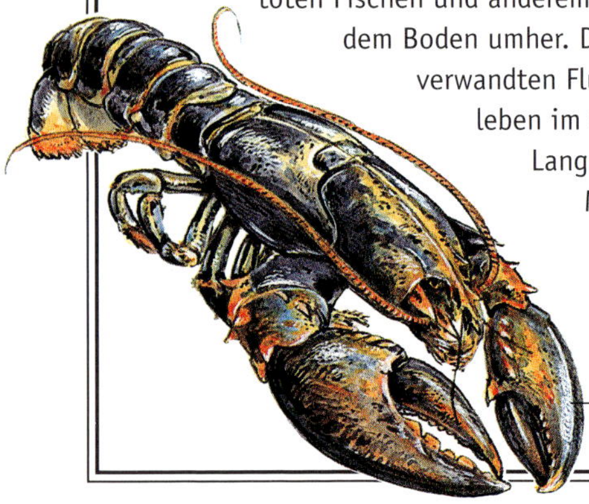


*Hummer*

## Krabben und Garnelen

Krabben und Garnelen gehören ebenfalls zu den „zehnfüßigen" Krustentieren. Als Aasfresser ernähren sie sich von toten Tieren und Pflanzen. Wie alle Krustentiere können sie nur wachsen, wenn sie ab und zu ihre harte Hülle abwerfen und eine neue, größere bilden. Einige Arten sind fast durchsichtig; sie sind auf dem hellen Sand kaum zu erkennen.

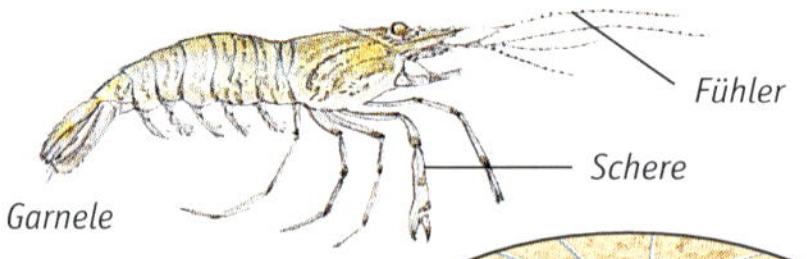


*Garnele*

*Putzergarnelen leben in Korallenriffen; sie befreien Fische von lästigen Parasiten.*

## Seepocken

Seepocken sind Krustentiere, die sich auf Felsen, manchmal auch auf großen Tieren, wie Walen, festsetzen. Sobald sie mit Wasser bedeckt sind, strecken sie federartige Rankenfüße aus, an denen winzige Wasserpflanzen – ihre Nahrung – haften bleiben. Seepockenlarven schwimmen frei im Meer herum, bis sie sich irgendwo festsetzen und als Schutz die festen Schalen ausbilden.

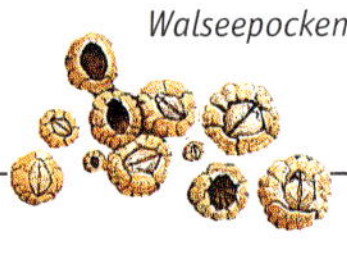

*Walseepocken*

*Walseepocken auf einem Grauwal*

## Seegurken

Diese merkwürdigen Tiere sind mit den Seesternen verwandt. Sie bewegen ihren weichen Körper mit Röhrenfüßchen über den Meeresboden. Mit den langen, klebrigen Tentakeln ergreifen sie Pflanzen und Tiere.

*Eine Seegurke verteidigt sich gegen einen Krebs.*

## Seesterne

Seesterne haben meistens fünf Arme, deren Unterseiten mit saugenden Röhrenfüßchen besetzt sind. Damit können sie laufen und Nahrung ergreifen. Sie können sogar Muschelschalen auseinander ziehen. Dann stülpen sie ihren Magen zwischen die Schalen und nehmen das Muschelfleisch auf. Bricht ein Arm ab, wächst ihnen ein neuer.

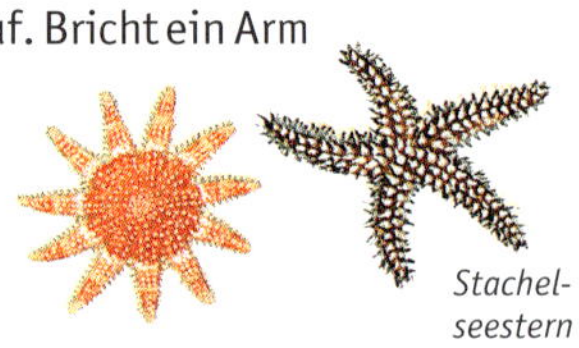

*Stachelsonnenstern mit mehreren Armen*

*Stachelseestern*

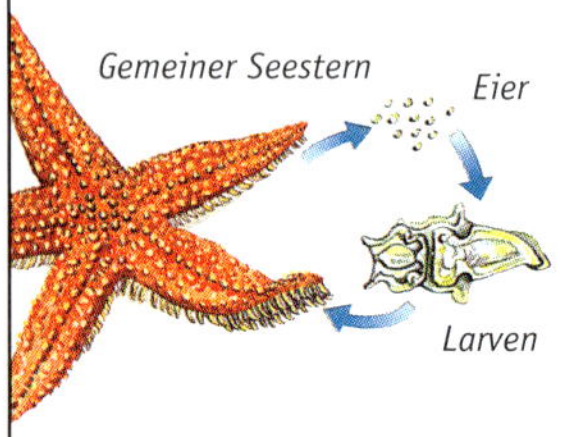


*Seesterne legen tausende von Eiern, aus denen Larven schlüpfen. Bis sie zu einem Seestern heranwachsen, treiben sie im Plankton umher.*

*Seesterne packen die Schalen einer Muschel, ziehen sie auseinander und verspeisen den Inhalt.*

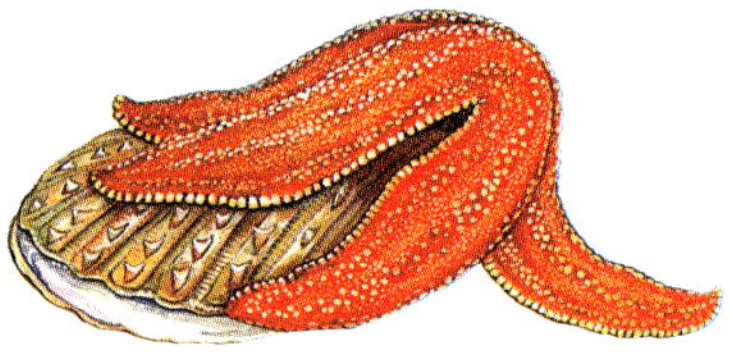

## Schlangensterne

Schlangensterne leben in tiefem und flachem Wasser. Mit den langen, dünnen, biegsamen Armen, die ihre Mundöffnung umgeben, schwimmen sie umher. Werden sie angegriffen, werfen sie einen Arm ab, ein neuer wächst dann nach. Sie ernähren sich von toten Pflanzen und Tieren.

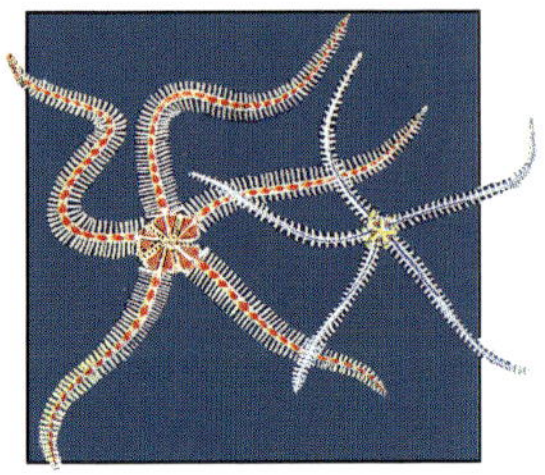

*Die meisten Schlangensterne fressen nachts.*

*Zum Weiterlesen: Fotosynthese S. 5; Algen S. 11; Korallen, Plankton S. 82; Biologische Namen S. 88*

## Seeigel

Seeigel gehören wie die Seesterne zu den Stachelhäutern. Ihr kugeliges bis abgeflachtes Skelett ist mit langen Stacheln besetzt. Mit der nach unten gerichteten Mundöffnung, in der fünf meißelartige Zähne sitzen, schaben sie Algen von Felsen oder Korallen ab.

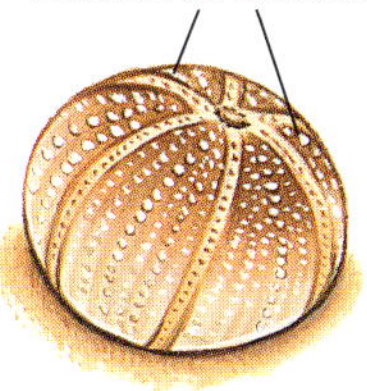


*Oben: Lebender Seeigel mit Stacheln. Rechts: Skelett eines toten Seeigels.*

## Seeanemonen

Seeanemonen sind mit den Quallen und Korallen verwandt und werden auch Polypen genannt. Sie haben einen einfachen, sackförmigen Körper und verankern sich auf Felsen. Ihre Tentakel lassen sie in der Strömung treiben. Wenn sie einen kleinen Fisch oder eine Krabbe erwischen, töten sie das Beutetier mit winzigen Giftpfeilen und schieben es mit den Tentakeln zum Mund. Bei Ebbe ziehen die Seeanemonen die Tentakel ein.

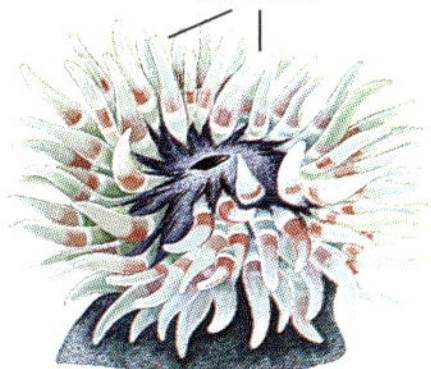


*Dahlien-Seeanemone*

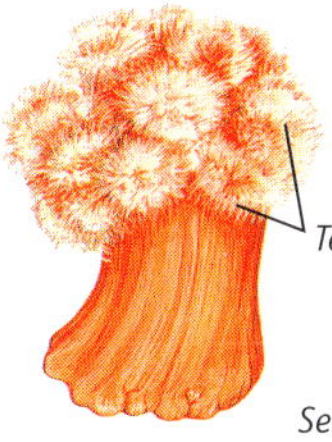


*Seenelke*

*Pferdeaktinie*

*Seeanemonen fangen ihre Beute mit Tentakeln.*

*Sie töten sie und ziehen sie in den Mund.*

*Sie können ihre Tentakel zurückziehen.*

## Tang

Tange gehören zu den Algen, das sind Wasserpflanzen ohne Wurzeln und Stängel. Alles, was sie brauchen, entziehen sie dem Wasser. Da sie den grünen Farbstoff Chlorophyll enthalten, können sie durch Fotosynthese eigene Nahrung herstellen. Manche Tange sehen durch zusätzliche Farbstoffe rot oder braun aus. Sie verankern ihre blattartigen Körper fest an Felsen. Einige haben mit Luft gefüllte Blasen, wodurch sie aufrecht treiben.

*Blasentang*

*Essbare Rhodymenia*

*Hauttang*

*Meersalat*

## Schwämme

Schwämme sind sehr einfache Tiere, die sich auf Felsen, Korallen oder dem Meeresboden verankern und ihre Nahrung aus dem Meerwasser filtern. Schwämme leben aber auch in Flüssen und Seen. Sie bestehen aus zahlreichen Zellen, die in eine weiche Masse eingebettet sind. Diese wird von einer Art Skelett gestützt.

*Eine Gruppe Schwämme*

Einige Zellen schwingen peitschenartige Geißeln. Der dadurch entstehende Sog treibt Wasser durch den Schwamm, aus dem er seine Nahrung filtert. Zur Fortpflanzung bilden die Schwämme Larven, die im Plankton leben und sich später festsetzen. Auch abgebrochene Stücke wachsen zu neuen Schwämmen heran.

## Muscheln und Schnecken

Viele Weichtiere (Mollusken) bilden eine schützende, sehr stabile Schale aus. Sie kann, wie bei Napfschnecken, aus einem Stück bestehen, oder, wie bei Muscheln, zweiteilig sein. Muscheln können ihre Schalen aktiv öffnen und schließen.

*Blaustrahlige Napfschnecke*

*Die beiden Schalen der Miesmuscheln passen genau aufeinander.*

Einschalige Weichtiere, wie Napf-, Strand- oder Purpurschnecken, halten sich mit ihrem muskulösen Fuß am Felsen fest. Sind sie von Meerwasser bedeckt, kriechen sie umher und schaben mit ihrer rauen Zunge Algen ab. Bei Ebbe drücken sie sich fest an den Felsen an. So kommt keine Luft an den Körper und sie trocknen nicht aus.

*Wellhornschnecke*

Auch manche Muscheln klammern sich am Felsen fest. Andere, wie die Scheiden- und Herzmuscheln, vergraben sich mit Hilfe ihres Muskelfußes im Sand. Werden sie vom Wasser überspült, öffnen sie die Schalen und filtern winzig kleine Lebewesen aus dem Meerwasser.

*Herzmuschel*

Weichtiere legen Eier, aus denen Larven oder bereits winzige Weichtiere schlüpfen. Ihre Schale wächst mit. Sie besteht aus Kalk, der von Drüsen in der Haut der Weichtiere ausgeschieden wird. Manche Tiere bilden im Innern der Schale Perlmutt.

### Sehen und verstehen

Um die Wanderung von Napfschnecken zu verfolgen, musst du sie und ihre Position mit Buchstaben bzw. Ringen markieren (Öl- oder Acrylfarbe). Bei der nächsten Ebbe wirst du sehen, ob und wie weit sie gewandert sind.

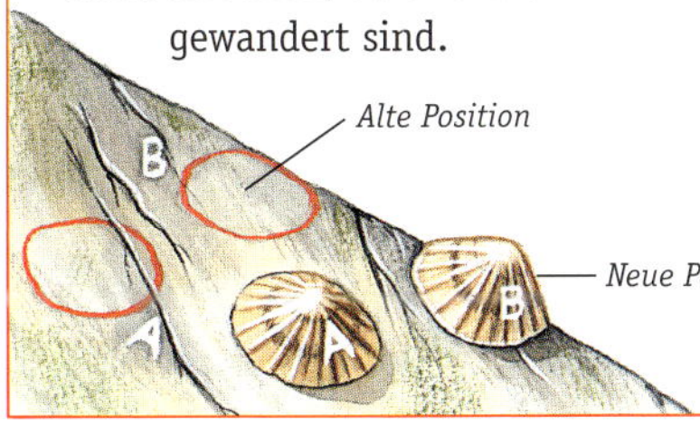

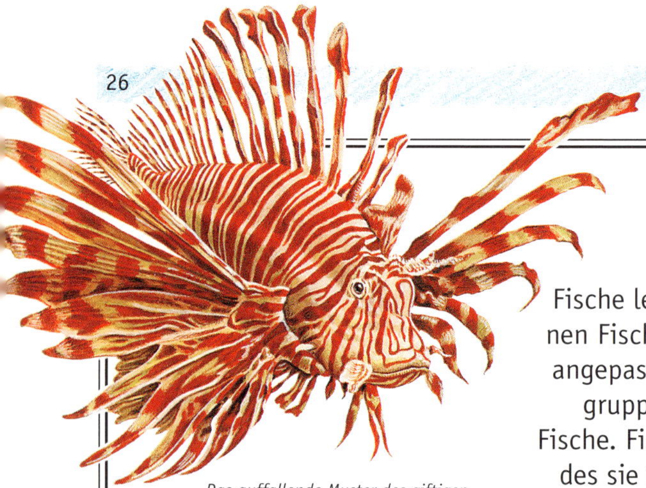

Das auffallende Muster des giftigen Rotfeuerfisches dient als Warnsignal für Fressfeinde.

# Fische

Fische leben im Meer, in Flüssen, Seen und Teichen. Die einzelnen Fischarten sind den verschiedenen Lebensräumen im Wasser angepasst. Man kann die über 25.000 Fischarten in drei Hauptgruppen untergliedern: Knochen-, Knorpel- und Kieferlose Fische. Fische sind wechselwarme Tiere, die immer die Temperatur des sie umgebenden Wassers annehmen, denn sie können ihre Körpertemperatur nicht aktiv beeinflussen.

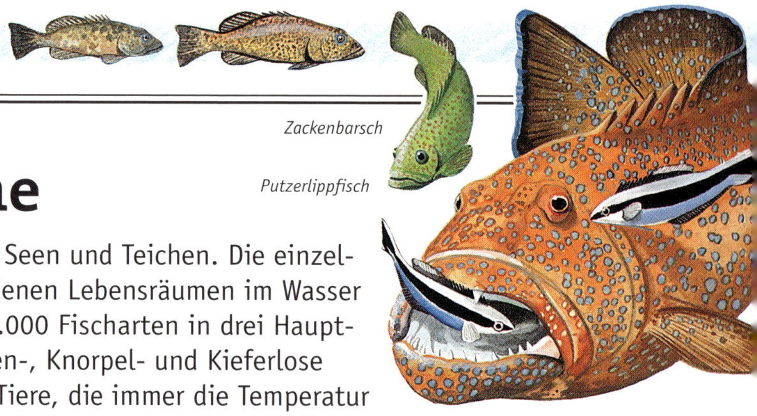


Putzerfische reinigen größere Fische von Parasiten.

## Knochenfische

Sie stellen die größte Fischgruppe dar und haben ein Knochenskelett. Auch die dünnen, überlappenden Schuppen bestehen aus Knochenmaterial. Ihre Atmungsorgane, die Kiemen, sind durch bewegliche Deckel verschlossen. Weder Knorpel- noch Kieferlose Fische haben solche Kiemendeckel.

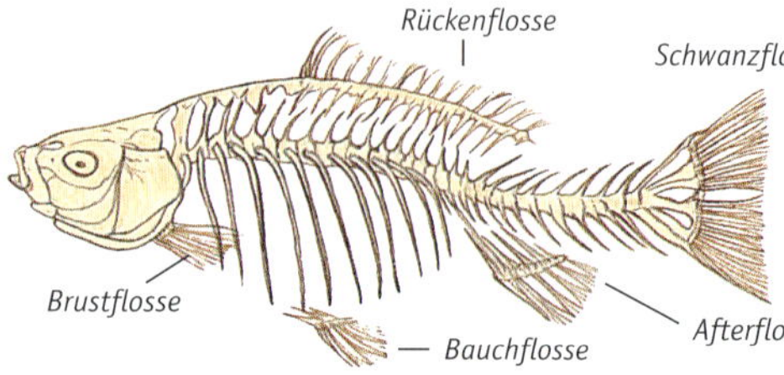

Der Barsch ist ein Knochenfisch.

## Knorpelfische

Das Skelett der Knorpelfische besteht aus Knorpel. Dieses Material ist zwar sehr stabil, aber nicht so steif wie Knochen. Haie und Rochen sind typische Knorpelfische. Ihre Haut ist mit scharfen, nach hinten zugespitzten Schuppen besetzt und über ihren Kiemenspalten befindet sich kein Kiemendeckel.

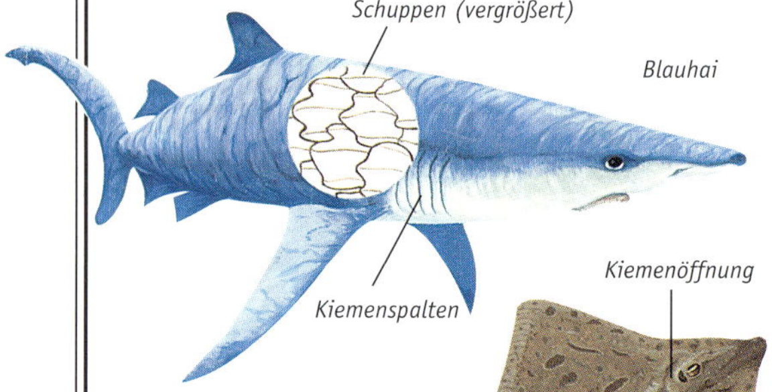


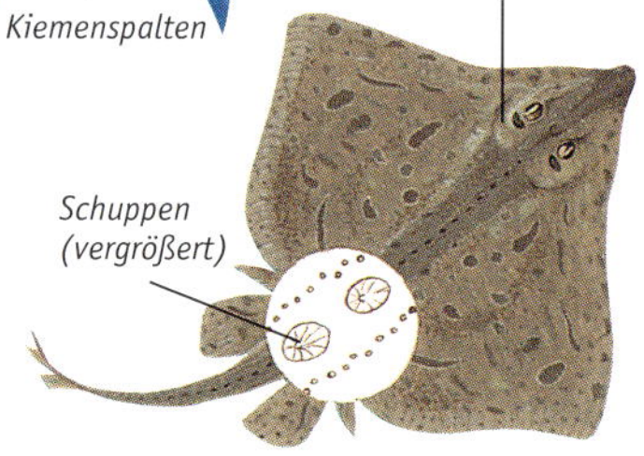


Echter Rochen (rechts)

## Kieferlose Fische

Diese Fischgruppe gleicht den ersten Fischen, die vor 500 Millionen Jahren lebten. Sie saugen sich mit ihrem Maul fest und trinken die Körperflüssigkeiten anderer Tiere. Kieferlose haben weder Schuppen noch Kiemendeckel und ihr Skelett besteht aus Knorpel.

Flussneunaugen werden etwa 30 cm lang.

Flussneunaugen haben scharfe Zähne in ihrem saugnapfartigen Maul.

## So atmen Fische

Wie alle anderen Tiere müssen auch die Fische atmen. Die meisten nehmen den im Wasser enthaltenen Sauerstoff durch Kiemen auf. Nur sehr wenige Arten, z. B. die Lungenfische, die in Seen und Flüssen Afrikas, Australiens und Südamerikas leben, haben Lungen und Kiemen.

Während der Fisch umherschwimmt, nimmt er immer wieder einen Schluck Wasser ins Maul und schließt es dann.

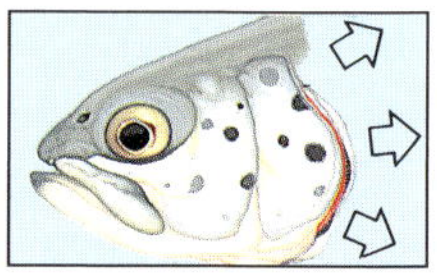

Das Wasser streicht über die Kiemen im Halsbereich und fließt über die Kiemenspalten wieder ab.

Kiemen bestehen aus dünner Haut mit vielen Blutgefäßen. Der lebensnotwendige Sauerstoff tritt aus dem Wasser direkt in das Blut über.

Die afrikanischen Lungenfische vergraben sich im Schlamm, wenn ihr See auszutrocknen beginnt. Dann atmen sie mit ihren Lungen Sauerstoff, der durch feine Risse in den Schlamm eindringt. Lungenfische sind mit den ersten Landtieren verwandt, die vor 400 Millionen Jahren lebten.

## Ernährung

Manche Fische ernähren sich von Pflanzen, andere fressen kleine Fische, Schnecken, Garnelen und sogar Enten. Ein paar der größten Fische ernähren sich nur vom Zooplankton – winzige Tiere, die an der Oberfläche der Meere schweben. Fast alle Fische, außer den Kieferlosen, haben Kiefer mit Zähnen.

Schützenfische schießen mit Wassertropfen Insekten ab. Fallen die Beutetiere ins Wasser, werden sie vom Fisch geschnappt. Die Schützenfische, die in tropischen Flüssen leben, treffen Ziele in fast 2 m Entfernung.

Mit einem leuchtenden Köder, der auf ihrem Kopf sitzt, locken Anglerfische ihre Beute vor das Maul.

Der Gründling, ein Flussfisch, saugt Insekten, Würmer und Schnecken vom Boden auf und zerkaut sie mit seinen kräftigen Zähnen.

## So schwimmen Fische

Fische schlagen ihre Schwanzflosse hin und her. So wird ein Schub erzeugt, der sie durch das Wasser vorwärts treibt. Mit den anderen Flossen können sie steuern, bremsen, die Balance halten und genau manövrieren.

Dank ihres stromlinienförmigen Körpers bewegen sich Fische leicht durch das Wasser.

Im Körper der Knochenfische sitzt die Schwimmblase, ein mit Luft gefüllter Sack. Die Fische können sie mit Luft füllen oder entleeren und so mühelos in verschiedene Tiefen schweben. Knorpelfische und Kieferlose Fische haben keine Schwimmblasen, sie müssen ständig schwimmen, um nicht abzusinken.

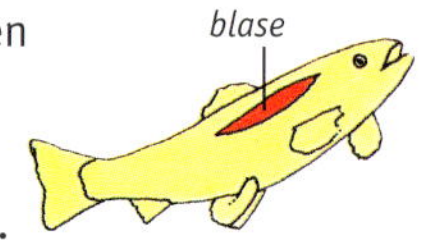


Zum Weiterlesen: Haie und Rochen S. 28; Wechselwarme Tiere S. 29; Plankton S. 82

## Die Sinne der Fische

Die meisten Fische können riechen, sehen, schmecken und hören. Sie haben aber auch noch andere Möglichkeiten, um Beute aufzuspüren und sich zu orientieren.

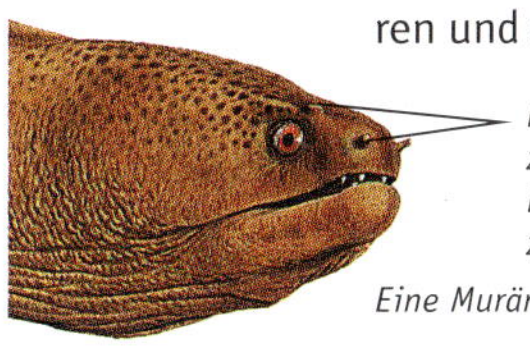

*Fast alle Fische haben zwei Nasenlöcher zum Riechen, aber nicht zum Atmen.*

*Eine Muränenart*

An den Flanken der meisten Fische sitzt das Seitenlinienorgan: Von den Kiemen bis zur Schwanzflosse zieht sich eine Linie von winzigen Löchern, durch die Wasser in dünne Röhren eindringt. Bewegt sich etwas in der näheren Umgebung des Fisches, gibt es Turbulenzen. Diese werden von den Nerven des Fisches wahrgenommen.

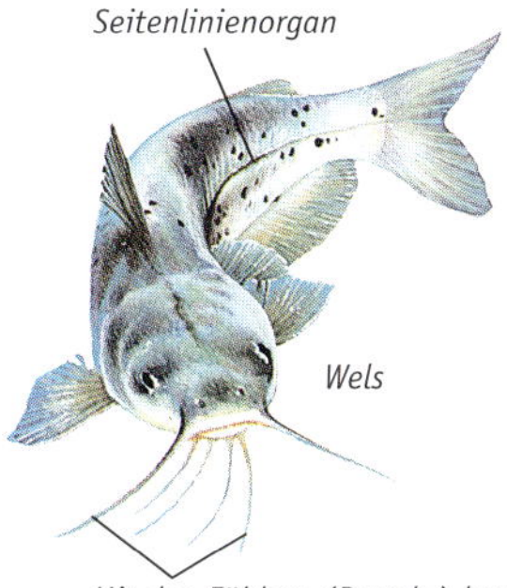


*Mit den Fühlern (Barteln) kann der Wels tasten.*

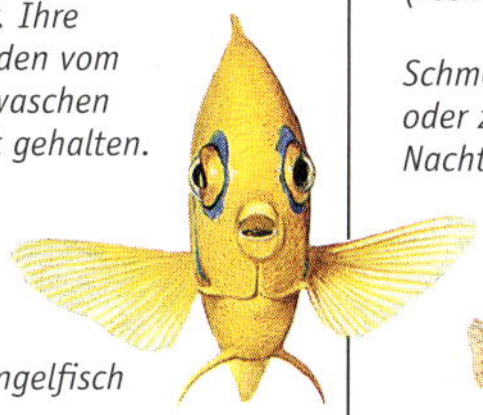

*Fische haben keine Augenlider. Ihre Augen werden vom Wasser gewaschen und feucht gehalten.*

*Engelfisch*

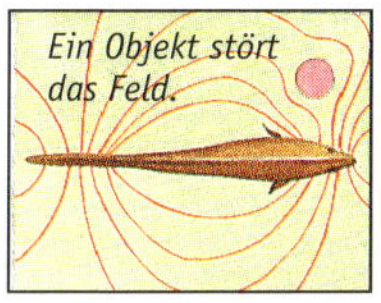


*Messerfische, die im trüben Flusswasser leben, senden Stromstöße aus und erzeugen so ein elektrisches Feld. Sie erkennen Hindernisse und Beute, die das elektrische Feld ihrer Umgebung stören.*

## Fortpflanzung

Die meisten Fische legen Eier (Rogen), nur wenige Arten, z. B. die Guppys, bringen lebende Junge zur Welt. Fischweibchen legen ihre winzigen Eier ins Wasser, auf den Boden oder kleben sie an Pflanzen fest. Nur wenige Arten bauen ein Nest, die meisten kümmern sich nicht mehr um die Eier.

*Jungfische im Ei ernähren sich vom Eidotter.*

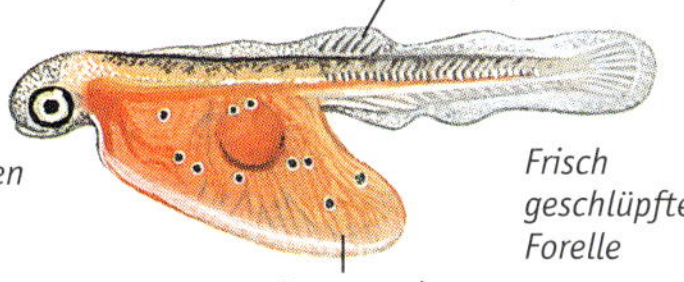


*Auch nach dem Schlüpfen leben die Jungfische vom Dotter.*

*Frisch geschlüpfte Forelle*

*Der Dottersack bleibt erhalten, bis die Flossen ausgewachsen sind.*

## Fische in Salz- und Süßwasser

Um im Meerwasser zu überleben, müssen Salzwasserfische sehr viel trinken, denn das stark salzhaltige Wasser zieht Flüssigkeit aus dem Fischkörper ab. Dieses Problem haben die Süßwasserfische der Flüsse und Seen nicht.

*Fliegende Fische (oben) können ihre Flossen ausbreiten und bis zu 400 m weit durch die Luft fliegen.*

*Stachelrochen (oben) verteidigen sich mit Giftstacheln an ihren langen Schwänzen.*

*Goldfische lebten ursprünglich in den Flüssen Europas und Russlands.*

*Die blinden Höhlensalmler leben in Unterwasserhöhlen Mexikos. Sie nehmen die Bewegungen ihrer Beute durch einen ausgeprägten Vibrationssinn wahr.*

*Viele Forellenarten legen ihre Eier in Flüsse und wandern dann ins Meer. Sie fressen Insekten und andere Fische.*

*Schnelle Schwimmer, wie Schwert- (oben links) oder Tunfisch (rechts), haben schlanke Schwanzflossen.*

*Kleine Fische, wie die Schnapper, leben häufig in Schwärmen oder Schulen. Sie bewegen sich gleichförmig, werden gemeinsam langsamer oder schneller und können so ihre Feinde irritieren.*

*Auch die aufrecht schwimmenden Seepferdchen sind Fische. Ihre Schuppen bilden eine feste Hülle. Die Jungen wachsen in einer Bauchtasche des Männchens heran.*

*Schmerlen verstecken sich unter Steinen oder zwischen Pflanzen auf dem Flussgrund. Nachts gehen sie auf Insektenjagd.*

## Lachse

Lachse verbringen einen Teil ihres Lebens im Meer. Zur Fortpflanzung kehren sie in fließende Gewässer zurück. Sie schwimmen flussaufwärts, bis sie die Bäche erreichen, in denen sie zur Welt kamen. Ihr Geruchssinn weist ihnen den beschwerlichen Weg, auf dem sie sogar Wasserfälle überwinden.

*Lachse kehren in die Bäche zurück, in denen sie geboren wurden. Beim Sprung über Steine und Wasserfälle erreichen sie Höhen bis zu 3 m.*

*Sobald sie den Ort ihrer Geburt erreicht haben, graben die Weibchen mit dem Schwanz eine flache Grube und legen rund 15.000 Eier hinein.*

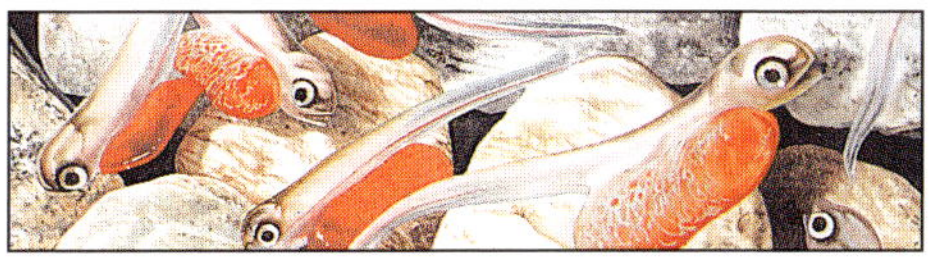

*Die kleinen Lachse leben rund drei Jahre in dem Bach, dann machen sie sich auf den Weg ins Meer.*

## Aale

Die Flussaale leben in den Flüssen Europas und Nordamerikas, bis sie etwa zehn Jahre alt sind. Dann wandern sie ins Meer und schwimmen zur Sargassosee im Westen des Atlantiks. Dort legen die Weibchen ihre Eier, dann sterben die Elterntiere.

*Aale haben kleine Flossen.*

Aus den Eiern schlüpfen kleine Larven, die sich von den Meeresströmungen zurück zu den Flussmündungen treiben lassen. Während ihrer dreijährigen Reise verwandeln sich die Larven in Glasaale, die die Flüsse hinaufschwimmen und wieder zu Aalen heranwachsen.

*Es gibt zahlreiche Aalarten, darunter über hundert Arten von Riffmuränen. Hier lässt sich eine von einer Putzergarnele säubern.*

# Haie und Rochen

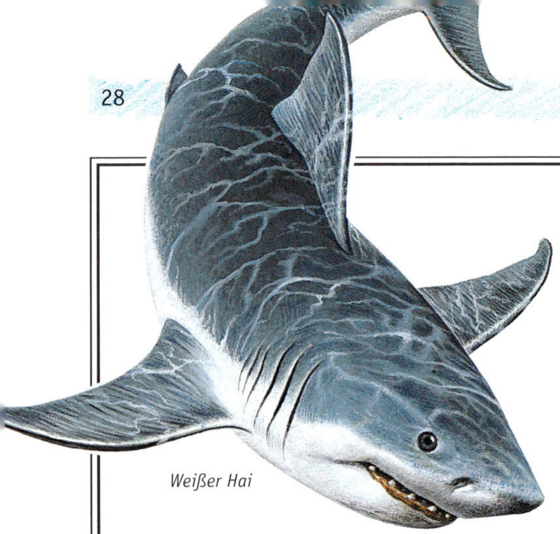

Weißer Hai

Haie und Rochen gehören zu den Knorpelfischen. Ihr Knorpelskelett besteht aus demselben Material wie unsere Nasen und Ohrmuscheln. Nicht alle Haie sind gefährliche Jäger. Der Walhai, der größte Fisch der Meere, ernährt sich ausschließlich von Plankton.

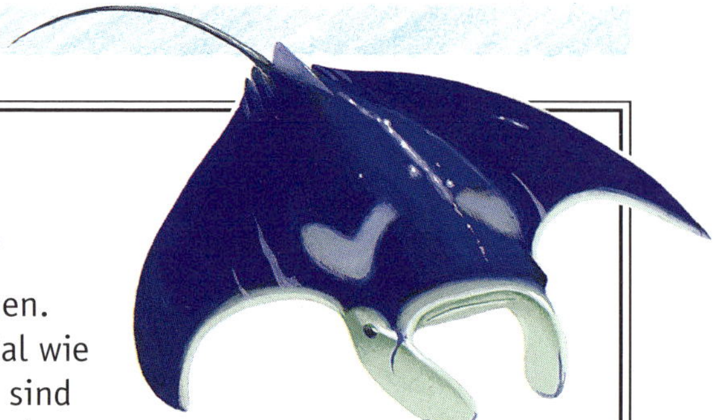

*Mit hornförmigen Fortsätzen am Kopf leiten Riesenrochen Wasser und Plankton in ihr Maul.*

## Haie

Von den über 350 Haiarten können nur 12 dem Menschen gefährlich werden. Der kleinste Hai misst gerade 15 cm. Die meisten Haie fressen Fische und Kalmare, manche auch Robben, Schildkröten, kleine Wale, andere Haie und einige nur Plankton.

Haie haben sehr scharfe, nach hinten weisende Schuppen, die alles zerreißen, was sie berühren. Wie andere Fische auch, nehmen sie den Sauerstoff über die Kiemen aus dem Wasser auf. Sie besitzen jedoch keine Schwimmblase, mit deren Hilfe andere Fische im Wasser schweben können. Deshalb müssen Haie ständig schwimmen, um nicht abzusinken. Die Zähne eines Hais sind seine Jagdwaffen. Sie nutzen sich zwar rasch ab und fallen aus, doch wachsen ihm ständig neue Zahnreihen nach.

*Links: Zähne eines Tigerhais. Die beiden oberen Reihen werden genutzt, die unteren sind Reserve.*

*Ein Weißer Hai erreicht bis zu 9 m Körperlänge und kann 50 Jahre alt werden. Er frisst Schildkröten und Säugetiere, wie Robben, Otter und Delfine.*

*Ein Walhai wiegt bis zu 20 Tonnen und wird über 18 m lang.*

*Junge Walhaie schlüpfen aus Eiern, die in riesigen Eihüllen liegen.*

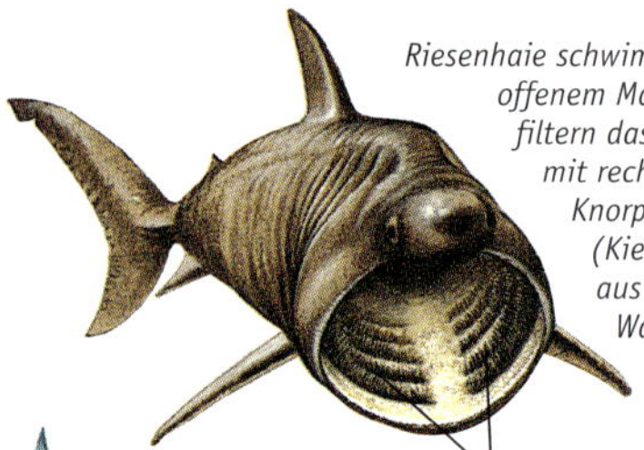


*Riesenhaie schwimmen mit offenem Maul. Sie filtern das Plankton mit rechenartigen Knorpelplatten (Kiemenkorb) aus dem Wasser.*

*Die Nasenlöcher der Hammerhaie sitzen an den Seiten des hammerförmigen Kopfes. Hammerhaie können hervorragend riechen.*

*Die bis zu 3,80 m langen Blauhaie kommen in den nördlichen Meeren vor. Sie fressen Fische, Kalmare und Schiffsabfälle.*

*Der Gemeine Meerengel lebt auf dem Meeresboden im Sand oder Schlamm. Er lebt von Plattfischen und Rochen.*

*Die scharfen, 7,5 cm langen Zähne des Weißen Hais sind gezackt wie eine Säge. Haie können ausgezeichnet riechen – ein einziger Blutstropfen im Wasser macht sie neugierig. Haie jagen allein, auch wenn sich oft mehrere um ein Opfer versammeln.*

## Rochen

Es gibt rund 350 Rochenarten, darunter Riesen- und Stachelrochen. Bis auf die Riesenrochen leben die meisten auf dem Meeresboden, wo sie sich von Weichtieren, toten Pflanzen und Tieren ernähren. Ihre Zähne sind zu Kauleisten verschmolzen, mit denen sie Schalen von Weichtieren knacken.

*Nagelrochen leben im Sand oder Schlamm; sie fressen Krustentiere und Fische.*

*Stachelrochen verteidigen sich mit einem Stachel auf ihrem Schwanz.*

*Kiemenspalten und Maul der Rochen liegen auf der Körperunterseite, daher können sie beim Schwimmen Nahrung vom Meeresgrund aufnehmen.*

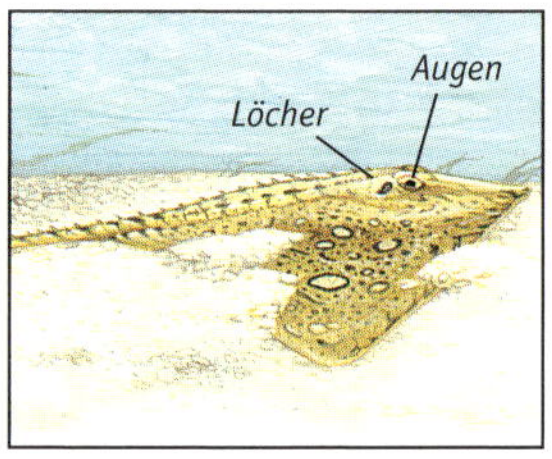


*Liegende Rochen nehmen das Atemwasser nicht durch das Maul, sondern durch zwei Löcher am Kopf auf.*

*Riesenrochen schwimmen mit offenem Maul nahe an der Wasseroberfläche, wo sie Plankton aus dem Wasser filtern. Ihre flügelartigen Flossen können eine Spannweite von 6,50 m erreichen. Werden sie angegriffen, können sie bis zu 2 m hoch aus dem Wasser springen.*

*Die mächtigen Flossen schlagen wie Flügel und dienen der Fortbewegung.*

*Zum Weiterlesen: Knorpelfische, So atmen Fische, So schwimmen Fische S. 26; Plankton S. 82*

Meeresschildkröten, Seeschlangen, Meerechsen und Salzwasserkrokodile sind Kriechtiere, die im Meer leben. Bis auf die Seeschlangen legen jedoch alle ihre Eier an Land ab.

# Kriechtiere

Kriechtiere oder Reptilien, z. B. Schlangen, Eidechsen oder Krokodile, haben eine schuppige Haut. Sie legen Eier und gehören zu den wechselwarmen Tieren, die ihre Körpertemperatur nicht selbst regulieren können. Man unterscheidet vier Hauptgruppen: Echsen, Schlangen, Schildkröten und Krokodile. Obwohl die meisten Kriechtiere in warmen Ländern leben, kommen einige Schlangen und Echsen auch in kühleren Regionen vor.

*Alle Kriechtiere haben eine schuppige Haut, wie diese Königsnatter, die in Nordamerika vorkommt.*

## Wechselwarme Tiere

Anders als Vögel und Säugetiere haben wechselwarme Tiere, die auch Kaltblüter genannt werden, keine gleich bleibende Körpertemperatur. Ihr Blut hat immer die Temperatur der Umgebung. Während Vögel und Säugetiere ihren Körper durch chemische Reaktionen in den Zellen aufwärmen, sind die wechselwarmen Kriechtiere, wie auch Fische und Lurche, auf die Wärme der Sonne angewiesen.

*Der Taggecko (eine Echsenart) wärmt sich in der Sonne auf.*

Nachts oder bei kühlem Wetter werden wechselwarme Tiere träge, weil ihre Körpertemperatur zu stark absinkt. Am Morgen nehmen sie ein Sonnenbad, um sich aufzuwärmen, dann gehen sie auf die Suche nach Nahrung.

*Eine Eidechse sucht den Schatten eines Steins, um die Körpertemperatur zu senken.*

In der Wüste kann es wechselwarmen Tieren zu heiß werden. Dann legen sie sich in den Schatten oder in den Wind, um ihren Körper abzukühlen. Kriechtiere können an sehr heißen Orten überleben, da sie kaum Wasser verlieren. Ihre schuppige Haut schützt sie vor Austrocknung.

*Kriechtiere haben eine dicke, wasserdichte, schuppenbedeckte Haut. Die Schuppen bestehen aus demselben Material wie unsere Fingernägel.*

Obwohl die meisten Kriechtiere in warmen Regionen leben, halten einige Schlangen und Echsen sogar Temperaturen knapp über 0 °C aus.

## Ernährung

Krokodile, Schlangen und einige Echsen und Meeresschildkröten fressen Fleisch, während Landschildkröten Pflanzenfresser sind. Kriechtiere brauchen viel weniger Nahrung als Säugetiere, weil sie keine Energie für die Regulierung ihrer Körpertemperatur verbrauchen.

*Chamäleons fangen Insekten mit ihrer langen, klebrigen Zunge.*

*Krokodile (unten) warten geduldig auf ein Opfer; sie ziehen es unter Wasser und ertränken es.*

Säugetiere und Vögel verbrauchen rund 90 % ihrer Energie zur Erhaltung der Körpertemperatur, daher müssen sie viel fressen. Schlangen und Krokodile benötigen nur alle sechs Wochen eine gute Mahlzeit. Krokodile legen sich oft auch Vorräte unter Wasser an, die sie später verzehren.

*Eierschlangen verschlucken ganze Eier und spucken die Schale wieder aus.*

Da sie nur wenig fressen, können Kriechtiere auch dort überleben, wo die Nahrung knapp ist. Schlangen und Echsen brauchen zudem nur wenig Wasser.

*In den afrikanischen Savannen nützen Schlangen und Echsen die Morgensonne und wärmen sich auf einem Felsen. Wird es zu heiß, verkriechen sie sich in die Ritzen des Gesteins.*

## Fortpflanzung

Alle Kriechtiere legen Eier. Die Eier von Schlangen und Echsen haben eine weiche Schale, die von Landschildkröten und Krokodilen sind härter, fast wie Vogeleier.

*Viele Schlangen legen ihre Eier in flache Gruben, bedecken sie mit Erde und ziehen sich zurück. Sobald die Jungen geschlüpft sind, müssen sie sich selbst durchschlagen. Das Bild zeigt junge, giftige Taipane aus Australien, die gerade aus dem Ei schlüpfen.*

Die meisten Kriechtiere bauen Nester zum Schutz ihrer Jungen. Krokodile und einige Schlangen bewachen ihre Nester sogar. Meeresschildkröten vergraben ihre Eier im Sand. Wenn die Jungen schlüpfen, müssen sie sich selbst freigraben und den Weg ins Meer finden.

*Alligatoren (rechts) bauen Nester aus Schlamm und Blättern. Sie kümmern sich um ihre Jungen, bis sie drei Jahre alt sind.*

*Kragenechsen (links) stellen ihren Kragen auf, um Feinde abzuschrecken und Weibchen anzulocken.*

In der Paarungszeit kämpfen die männlichen Kriechtiere um ein Revier und Weibchen, einige locken ihre Partnerin mit Werbungsritualen (Balz). Krokodile z. B. brüllen und bellen, klappen das mächtige Maul auf und zu und schwimmen in engen Kreisen umher.

Karettschildkröten leben in tropischen Meeren.

# Schildkröten

Auf der Suche nach Nahrung legen Panterschildkröten große Strecken zurück.

Schildkröten gehören zu den Kriechtieren und leben seit über 200 Millionen Jahren auf der Erde. Da sie perfekt an ihre Umgebung angepasst und durch einen stabilen Panzer geschützt sind, haben sie sich kaum verändert. Die mehr als 200 Arten kommen an Land oder im Meer vor, Schmuckschildkröten auch im Süßwasser.

## Wasserschildkröten

Während die Meeresschildkröten nur in den Ozeanen vorkommen, leben Schmuckschildkröten in Flüssen, Seen und Teichen. Die Grüne Schildkröte wurde fast bis zur Ausrottung gejagt – früher nannte man sie Suppenschildkröte. Zu Beginn der Brutzeit legt sie weite Strecken zurück bis zu dem Strand, an dem sie geboren wurde. Manche schwimmen rund 4.500 km von Brasilien bis zur Insel Ascension mitten im Atlantik. Sie paaren sich im Wasser, dann legen die Weibchen etwa 100 Eier in den Sand des Strandes.

Weibliche Schildkröten verbuddeln ihre Eier im Sand, dann kehren sie ins Meer zurück.

Zwei bis drei Monate später schlüpfen die jungen Schildkröten, graben sich durch den Sand und krabbeln ins Meer. Meist schlüpfen sie nachts, dann drohen ihnen weniger Gefahren von Ratten und Katzen.

Europäische Sumpfschildkröten leben in Teichen und Sümpfen Europas. Sie überwintern, indem sie sich im Schlamm eingraben.

Die nordamerikanische Rotbauch-Schmuckschildkröte sucht ihr Futter an Seeufern.

Die Matamata-Schildkröte liegt lauernd im Flussbett. Wenn sie eine Bewegung spürt, reißt sie ihr Maul auf und saugt den Fisch hinein.

Zu Beginn der Paarungszeit gehen südamerikanische Süßwasserschildkröten auf eine lange Wanderschaft. Sie suchen nach sandigen Flussufern oder Sandbänken, wo sie ihre Eier legen.

## Landschildkröten

Landschildkröten fressen vorwiegend Pflanzen und Insekten. Sie bewegen sich sehr langsam fort und kommen in einer Minute gerade 8 m weit. Die meisten Arten leben in heißen, trockenen Ländern. In kühleren Regionen fallen sie in Winterschlaf. Während der Paarungszeit wandern die Männchen umher und suchen nach einer Partnerin. Treffen zwei Männchen aufeinander, stoßen sie sich gegenseitig mit ihren Panzern.

Beim Paarungsritual zischen männliche Griechische Landschildkröten und rempeln das Weibchen an, bevor es zur Paarung kommt.

Trifft das Männchen auf eine weibliche Schildkröte, rempelt es sie an und beißt in ihre Beine. Nach der Paarung legt das Weibchen die Eier in eine Grube und überlässt sie sich selbst.

Die Riesenschildkröten der Galapagosinseln wiegen über 150 kg und haben bis zu 150 cm lange Panzer. Manche sind über 100 Jahre alt. Sie leben in den Küstenregionen, wandern aber auf der Suche nach Wasser die Hänge hinauf. Dabei folgen sie uralten Pfaden, die schon ihre Vorfahren benutzten.

Darwin-Finken befreien die Riesenschildkröten von Flöhen und Zecken. Wenn die Schildkröten Hals und Beine strecken, gelangen die Vögel unter den Panzerrand.

## Schildkrötenpanzer

Die Panzer der Schildkröten bestehen aus Knochenplatten, die mit Horn überzogen sind. Schon die Babys haben einen kompletten Panzer, der mitwächst. Der Panzer ist mit den Rippen, der Wirbelsäule, Schultern und Hüften verwachsen. Leder- und Weichschildkröten haben einen weicheren Panzer.

Griechische Landschildkröte

Fast alle Schildkröten können Kopf und Beine in den Panzer zurückziehen. Dadurch sind sie vor Angriffen fast völlig geschützt. Die Dosenschildkröte kann sogar die Enden ihres Bauchschildes hochklappen und so den Panzer völlig verschließen. Nur die Großkopfschildkröte schafft es nicht, ihren Kopf zurückzuziehen.

Schildkröten können nicht fliehen, doch sie sind durch den harten Panzer geschützt.

Noch immer werden Schildkröten wegen ihrer Panzer getötet; aus den Hornplatten (Schildpatt) stellt man Kämme, Ohrringe und Schmuck her. Die Karettschildkröten stehen deshalb kurz vor dem Aussterben.

Solche Gegenstände kann man heute auch aus Kunststoff herstellen.

Echte Karettschildkröte

Südamerikanische Wasserschildkröten sonnen sich auf einem Baumstamm.

Zum Weiterlesen: Kriechtiere S. 29

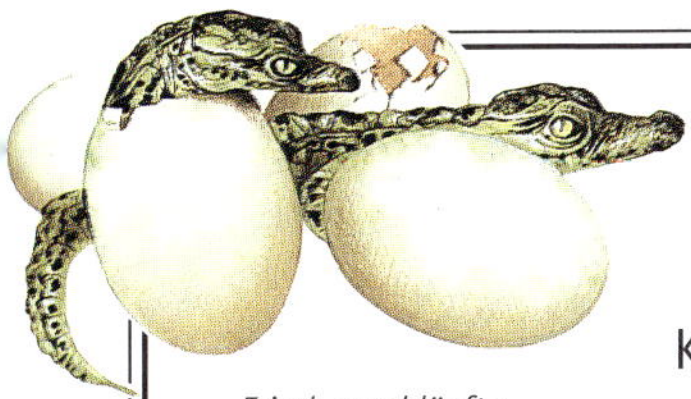

Frisch geschlüpfte Krokodilbabys können bereits schwimmen und jagen.

# Krokodile und Alligatoren

Krokodile, Alligatoren und ihre Verwandten – Kaimane und Gaviale – sind Kriechtiere, die von den gleichen Vorfahren abstammen wie die Dinosaurier. Alle sind Fleischfresser, die am Ufer tropischer Flüsse hausen und Fische, Landtiere, manchmal auch Menschen erbeuten, die sich zu nahe heranwagen.

Mississippi-Alligator

## Krokodile

Das Nilkrokodil, das im tropischen Afrika lebt, gehört zu den größten der 13 Krokodilarten. Es wird bis zu 6 m lang und kann 1.000 kg wiegen.

*Die Haut der Krokodile wird durch eingelagerte Knochenschuppen verstärkt. Diese schützenden Schuppen sind am Bauch kleiner als auf dem Rücken.*

Krokodile leben allein oder in kleinen Gruppen. Während der heißen Tagesstunden ruhen sie im Wasser oder am schattigen Ufer. Erst am Abend gehen sie auf Jagd.

*Krokodile schwimmen, indem sie mit ihren Füßen paddeln und den Schwanz hin- und herschlagen. Augen und Nasenlöcher sitzen oben auf dem Kopf.*

*Durch ein durchsichtiges Augenlid können sie auch unter Wasser sehen. Eine Klappe über der Kehle verhindert, dass sie Wasser schlucken.*

*Krokodilweibchen bauen ihre Nester am Ufer. Diese Hügel bestehen aus Sand und Schlamm und sind 2–3 m hoch.*

*Sumpfkrokodile (rechts) leben in den Sümpfen und Feuchtgebieten Indiens und Sri Lankas. Sie werden bis zu 5 m lang.*

*Nilkrokodil*

Krokodile lauern völlig bewegungslos auf ihre Beute, z. B. Zebras, Fische, Gazellen und sogar Löwen. Kommt ein Tier nahe genug heran, schnappen sie blitzschnell zu. Sie ziehen ihr Opfer mit dem mächtigen Maul unter Wasser und ertränken es. Krokodile zerreißen ihre Beute mit scharfen Zähnen und fressen alles auf, auch Fell, Knochen, Hufe und Hörner. Sie haben eine gute Verdauung. Kleine Steine zerreiben die Nahrung im Magen.

*Krokodile sind gut getarnt und im schlammigen Wasser oder am Ufer kaum zu entdecken.*

Nach der Paarung legt ein weibliches Nilkrokodil bis zu 100 Eier in ein Nest am Ufer. 6–14 Wochen lang wird das Gelege bewacht. Sobald die jungen Krokodile zu piepsen beginnen, gräbt es die Kleinen aus und trägt die Babys ins Wasser.

*Ein Krokodil trägt ein Baby im Maul.*

Krokodilbabys sind rund 30 cm lang. Sie können sofort schwimmen und jagen, halten sich zu ihrem Schutz aber noch zwei Jahre lang in der Nähe ihrer Mutter auf. Dennoch werden viele der Jungtiere von Mungos, Schlangen, Greifvögeln oder großen Fischen gefressen.

*Gaviale sind indische Flusskrokodile. Mit ihrem langen, spitzen Maul, in dem viele kleine Zähne stehen, fangen sie Fische.*

## Alligatoren

Der weit verbreitete Mississippi-Alligator lebt in Sümpfen im Südosten der USA. Der China-Alligator, der im Jangtse-Fluss von China vorkam, ist heute stark bedroht, vielleicht sogar bereits ausgestorben.

*Junger China-Alligator*

Alligatoren sind nicht nur bedroht, weil man viele Feuchtgebiete trockengelegt hat, sondern auch wegen ihrer Häute. Seit 1969 ist die Alligatorenjagd verboten, daher nimmt die Zahl in Amerika wieder zu. Das Alligatorenleder für Schuhe und Taschen stammt heute von Tieren, die in Farmen gezüchtet wurden.

## Kaimane

Wir kennen mindestens fünf Kaimanarten. Sie leben in Südamerika, am Amazonas. Kaimane sind mit den Alligatoren verwandt, werden aber nicht so groß. Da man auch sie wegen ihrer Häute und Eier gejagt hat, sind sie heute selten geworden.

*Eine Anakonda verschlingt einen Kaiman.*

# Schlangen, Echsen
## und Brückenechse

Schlangen und Echsen sind die wahrscheinlich erfolgreichsten Kriechtiere: Es gibt mehrere tausend Arten, von denen viele – anders als sonstige Kriechtiere – sogar die kühlen Regionen der Erde erobert haben. Vermutlich entwickelten sich die Schlangen vor 120 Millionen Jahren aus Echsen. Von einer Kriechtiergruppe, die vor 220–150 Millionen Jahren lebte, hat einzig die Brückenechse, die nur in Neuseeland vorkommt, überlebt.

*Eine Boomslang holt junge Vögel aus ihrem Nest.*

*Die Boomslangs leben in den Savannen von Südafrika.*

*Webervogel im Nest*

*Geckos, wie dieser Tokee, haben riesige Augen. Sie gehen nachts auf Insektenjagd.*

### Schlangen

Die mehr als 2.400 Schlangenarten leben auf der ganzen Erde, außer in der Antarktis. Sie sind gute Jäger und deshalb nützlich für Bauern, da sie die Zahl der Schädlinge senken.

*Die Gewöhnliche Lanzenotter ist die giftigste Schlange Südamerikas.*

Alle Schlangen sind Fleischfresser; kleine Arten jagen Insekten und Würmer, größere Vögel und Säugetiere. Sie schlucken ihre Beute als Ganzes hinunter. Dazu können sie ihre Kiefer aushaken und das Maul sehr weit dehnen.

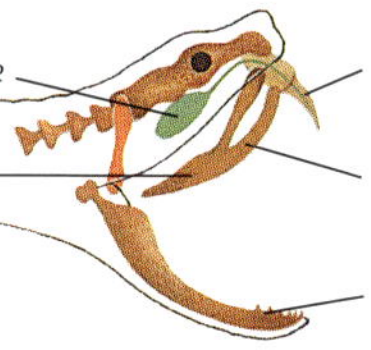


Manche Schlangen töten ihre Opfer durch Gift. Würgeschlangen, wie die Boas und Pythons, umschlingen ihre Beute und quetschen sie langsam zu Tode. Giftschlangen haben hohle Zähne, die mit einer Giftdrüse in Verbindung stehen. Damit spritzen sie das Gift in ihre Beute. Manche der Gifte lähmen, andere rufen innere Blutungen hervor.

*Der Felsenpython umschlingt sein Beutetier und drückt so lange zu, bis es keine Luft mehr bekommt und erstickt. Er schluckt sein Opfer als Ganzes. Körper und Haut einer Schlange sind äußerst dehnbar.*

Schlangen können schlecht sehen und sind taub. Ihre Beute erkennen sie an den Vibrationen des Bodens und am Geruch – mit ihrer gespaltenen Zunge fangen sie Duftmoleküle aus der Luft ein. Klapperschlangen können auch die Wärmestrahlung von Beutetieren wahrnehmen.

*Seitlich des Kopfes haben Klapperschlangen Temperatursinnesorgane. Damit können sie selbst in völliger Dunkelheit jagen. Diese Schlange hat die Körperwärme einer Maus wahrgenommen.*

*Die Klapperschlange gleitet auf ihr Opfer zu, öffnet das Maul und beißt mit den beiden Giftzähnen zu. Sie spritzt ein tödliches Gift in den Körper der Maus. Diese wird in kürzester Zeit gelähmt sein und sterben.*

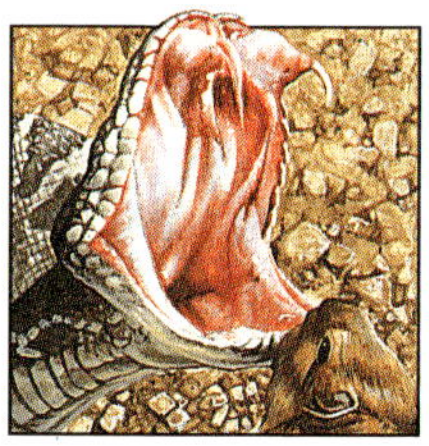

*Auch wenn die Maus noch fliehen kann, wird sie zu Grunde gehen. Die Schlange wartet die Wirkung ihres Giftes ab, sucht die Beute und verschluckt sie als Ganzes.*

Schlangen sind wechselwarme Tiere. Sie brauchen also wenig Nahrung, da sie keine Energie für die Erhaltung ihrer Körperwärme aufwenden müssen. Nach einer guten Mahlzeit braucht eine Schlange wochen- oder sogar monatelang nicht mehr zu fressen.

Schlangen bewegen sich mit s-förmigen Biegungen, sie stoßen sich mit dem Körper ab und schieben sich nach vorn. Aufstellbare Schuppen am Bauch verleihen Halt auf dem Untergrund.

*Schlangen strecken sich, krümmen sich und stoßen den Körper wieder nach vorn.*

*Gabunviper*

Das Muster der Schlangen dient als Tarnung und ist an Blätter, Felsen oder den Boden angepasst. Einige Schlangen tragen jedoch eine Signalfarbe, sie warnt andere Tiere vor dem Gift.

*Königsnatter*

*Trotz ihrer Signalfarbe sind Königsnattern ungiftig. Da sie den sehr giftigen Korallenschlangen gleichen, werden sie aber von Feinden in Ruhe gelassen.*

*Korallenschlange*

Schlangen haben verschiedene Möglichkeiten, sich zu verteidigen: Giftschlangen können zubeißen, die afrikanische Speikobra spuckt Angreifern ihr Gift ins Gesicht und die Klapperschlange klappert warnend mit dem Schwanz.

*Klapper*

*Die Klapper besteht aus trockenen Abschnitten der alten Haut.*

Etwa im Alter von zwei bis drei Jahren paaren sich die Schlangen und die Weibchen legen Eier. In kühleren Regionen entwickeln sich die Eier im Körper der Mutter, bis die Jungen schlüpfen. Schlangen kümmern sich nicht um ihren Nachwuchs, nur einige Boas und Pythons wickeln sich schützend um ihre Eier.

*Ringelnatter mit Eiern*

Zum Weiterlesen: Kriechtiere, Wechselwarme Tiere S. 29

## Echsen

Die meisten Echsen sind kleine, lebhafte Kriechtiere, die auf dem Boden, zwischen Felsen oder auf Bäumen leben. Der Komodowaran, der auf einer indonesischen Insel vorkommt, wird jedoch bis zu 3 m groß und kann Ziegen und Hirsche jagen.

*Chamäleons leben vorwiegend auf Bäumen. Sie schleudern ihre lange, klebrige Zunge sehr zielsicher auf Insekten.*

Eidechsen, wie z. B. die in Europa beheimatete Zauneidechse, jagen hauptsächlich Insekten, während die größeren Echsenarten, z. B. manche Leguane, oft Pflanzenfresser sind. Echsen können ihre Kiefer aushaken und das Maul sehr weit öffnen.

*Es gibt zahlreiche Leguanarten. Die meisten leben auf Bäumen und fressen Insekten, Schnecken und Würmer. Einige größere Leguane sind jedoch Pflanzenfresser.*

Echsen legen weichschalige Eier in Erdgruben oder zwischen Steinen ab. In kühleren Regionen reifen die Eier manchmal im Körper der Weibchen heran, bis die Jungen schlüpfen. Zur Verteidigung können viele Echsen ihren Schwanz abwerfen. Er fällt an einer bestimmten Bruchstelle ab und lenkt den Angreifer durch lebhafte Bewegungen ab. Innerhalb weniger Wochen wächst den Tieren ein neuer Schwanz.

*Der junge Streifenskink wirft den blauen Schwanz ab. Der Schwanz bewegt sich noch und irritiert so den Angreifer.*

*Skinke und Eidechsen können ihren Schwanz abwerfen.*

Dank ihrer grünen oder braunen Färbung sind die meisten Echsen in Bäumen oder im Gras gut getarnt. Chamäleons können ihre Farbe sogar dem jeweiligen Untergrund anpassen. So sind sie von Angreifern und Beutetieren kaum zu sehen.

*Die Verteilung der Farben Gelb und Grün auf der Chamäleonhaut kann sich je nach Umgebung verändern. Sogar die Abbildung eines Blattes ist möglich.*

## Schlangen und Eidechsen der Welt

*Der Dornteufel lebt in der australischen Wüste. Die Stacheln auf seiner Haut sind ein Schutz vor Schlangen und anderen Feinden. Wird er angegriffen, steckt er den Kopf zwischen die Beine und krümmt den Rücken.*

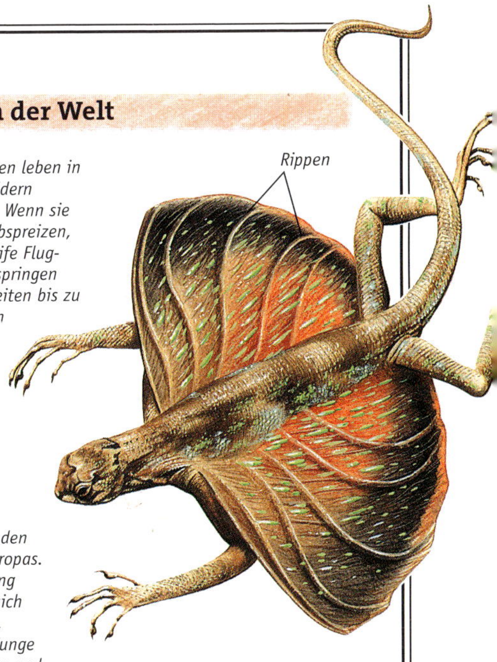


*Die Flugdrachen leben in den Regenwäldern Südostasiens. Wenn sie ihre Rippen abspreizen, entstehen steife Flughäute. Dann springen sie ab und gleiten bis zu 15 m weit von Baum zu Baum.*

*Eine Ringelnatter stellt sich tot.*

*Ringelnattern leben in den Feuchtgebieten Europas. Zur Verteidigung rollen sie sich zusammen, lassen die Zunge heraushängen und stellen sich tot.*

*Eine Zwergpuffotter gräbt sich im kühlenden Sand der Wüste ein. Hier lauert sie auch auf kleinere Beutetiere.*

*Männliche Anolis-Leguane spreizen ihre Kehllappen, um zur Paarungszeit ein Weibchen zu beeindrucken oder männliche Konkurrenten zu verjagen.*

*Gila-Krustenechsen speichern Fett in ihrem Schwanz.*

*Gila-Krustenechsen sind gute Schwimmer.*

*Gila-Krustenechsen leben in den Wüsten Nordamerikas. Sie fressen kleine Tiere, wie Mäuse, die sie mit einem Gift aus einer Drüse im Maul töten.*

*Speikobra*

*Um größer zu wirken und um Feinde abzuschrecken, richten sich Kobras auf und spreizen die von den Rippen gestützte Nackenregion scheibenförmig auf.*

*Schmuckbaumnattern leben im Regenwald. Sie gleiten im Flug von Ast zu Ast.*

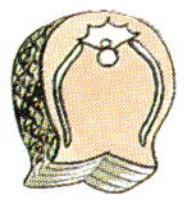

*Rippen der Natter in Ruhe*

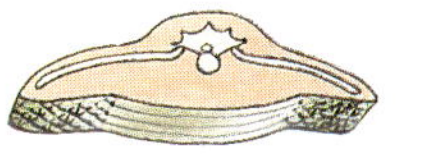

*Ausgebreitete Rippen im Flug*

*Schmuckbaumnattern können ihre Rippen ausbreiten und so den Körper abflachen. Mit s-förmigen Bewegungen gleiten sie dann wie mit einem Fallschirm bis zu 50 m weit.*

## Die Brückenechse

Die Brückenechse ist ein echsenartiges Tier, das nur auf einigen kleinen Inseln vor der neuseeländischen Küste vorkommt. Sie geht nachts auf Jagd – sehr ungewöhnlich für ein Kriechtier – und wird schon bei einer Körpertemperatur von 12 °C aktiv. Am Tag ruht sie in einer Höhle. Brückenechsen fressen Schnecken, Würmer und manchmal Seevögel. Wegen ihres kalten Körpers bewegt sie sich sehr langsam, atmet nur einmal alle sieben Sekunden und sogar nur einmal pro Stunde, wenn sie ruht. Es dauert 20 Jahre, bis sie ihre endgültige Größe von etwa 60 cm erreicht hat.

*Brückenechsen*

# Frösche, Kröten, Salamander

Frösche, Kröten und Salamander gehören zur Tiergruppe der Lurche (Amphibien). Während die jungen Lurche im Wasser leben, verbringen die meisten erwachsenen ihr Leben an Land. Lurche sind wechselwarme Tiere, deren Körpertemperatur sich stets an die Temperatur der Umgebung anpasst.

*Frösche, wie der Laubfrosch, können hervorragend springen.*

## Entwicklung der Lurche

Alle Frösche, Kröten und Salamander legen ihre Eier, den Laich, im Wasser ab. Die daraus schlüpfenden Kaulquappen sehen ganz anders aus als ihre Eltern. Sie haben einen Ruderschwanz zum Schwimmen und atmen durch Kiemen. Wie bei den Insekten nennt man die Verwandlung der Jungtiere zu erwachsenen Tieren Metamorphose. Die Abbildungen zeigen die Entwicklung eines Frosches.

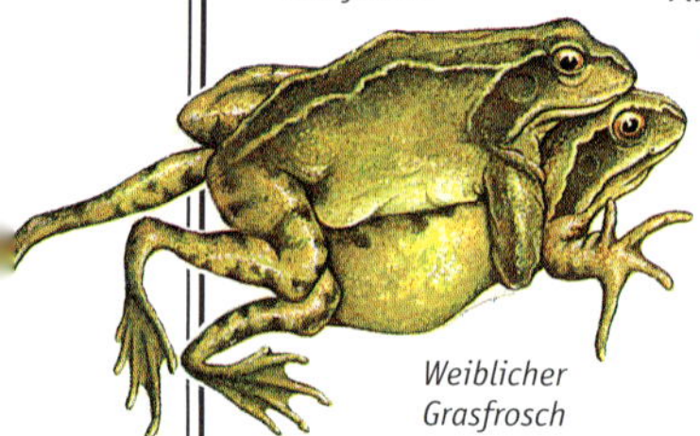


*Bei der Paarung umklammert das Männchen seine Partnerin mit den schwieligen Vorderfüßen. Sie legt einen großen Klumpen Laich ins Wasser, das Männchen befruchtet die Eier.*

*In den Eiern wachsen die Kaulquappen heran. Sie ernähren sich vom Dotter. Nach etwa zehn Tagen schlüpfen sie aus und klammern sich an Wasserpflanzen fest.*

*Nach vier weiteren Tagen beginnen die Kaulquappen zu schwimmen. Sie fressen zuerst Pflanzen, dann Insekten und kleine Fische.*

*Nach und nach verschwinden die Kiemen und eine Lunge entsteht. Nun muss der Jungfrosch zum Atmen auftauchen.*

*Nach rund 8 Wochen sind die Hinterbeine gewachsen.*

*Nach 10–11 Wochen sind die Vorderbeine entstanden.*

*Nach 12–13 Wochen verschwindet der Schwanz und der 1 cm lange, winzige Frosch verlässt das Wasser. Es dauert noch drei Jahre, bis er völlig ausgewachsen ist. Da die meisten Kaulquappen von Wassertieren gefressen werden, entwickeln sich nur aus sehr wenigen Eiern erwachsene Frösche.*

## Frösche

Außer in Grönland und der Antarktis leben Frösche überall auf der Welt. Die langen, kräftigen Hinterbeine dienen dem Springen und Schwimmen, außerdem haben sie Schwimmhäute zwischen den Zehen. Damit sie nicht austrocknen, muss die Haut von Fröschen ständig feucht bleiben. Obwohl Frösche keine äußeren Ohren haben, können sie hervorragend hören. Ihr Trommelfell zeichnet sich als Kreis unter den Augen ab.

*Mit Haftballen an den Zehen halten sich Laubfrösche an Rinde und Blättern fest. Einige können 12 m weit durch die Luft gleiten.*

*Südamerikanischer Laubfrosch im Flug*

Frösche fressen vorwiegend Insekten, aber auch Schnecken und Würmer. Meistens lauern sie bewegungslos auf ihre Beute, dann schleudern sie ihre lange, klebrige Zunge aus. Größere Froscharten fressen auch Eidechsen, Mäuse, Wühlmäuse und sogar Vögel.

*Grasfrösche fangen Insekten mit der langen, klebrigen Zunge.*

Im Winter oder während der Trockenzeit machen die Frösche eine Ruhephase durch – sie graben sich dazu im Schlamm ein. Im Frühling oder nach dem ersten Regen kommen sie heraus und paaren sich. Fast immer kehren sie dazu in den Teich zurück, in dem sie geboren wurden. Um ein Weibchen anzulocken, quaken die Männchen oder stellen ihre Farben zur Schau.

*Viele männliche Frösche, wie dieser Baumfrosch aus Neuguinea, verstärken ihr Quaken durch Schallblasen.*

Froschweibchen legen meist mehrere tausend Eier und kümmern sich nicht um ihren Nachwuchs. Die meisten Eier und Kaulquappen werden von anderen Tieren gefressen. Arten, die nicht viele Eier legen, betreuen ihre Jungen.

*Pfeilgiftfrösche leben in den Regenwäldern Südamerikas. Sie tragen ihre Kaulquappen in die mit Wasser gefüllten Blatttrichter von Bromelien, die auf Bäumen wachsen.*

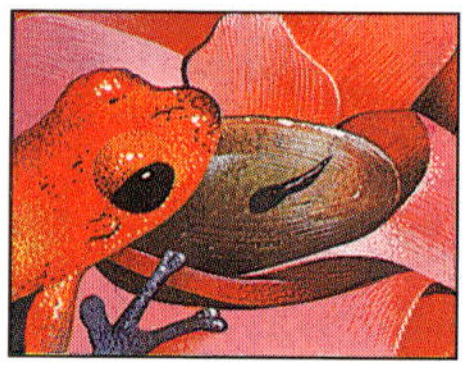

*Das Weibchen setzt jede Kaulquappe in einen eigenen „Mini-Teich" ein. Sie füttert ihre Jungen mit nicht entwickeltem Laich.*

*Nach 6–8 Wochen verwandeln sich die Kaulquappen in kleine Frösche. Sobald sie ausgewachsen sind, verlassen sie die Bromelien und leben im Wald.*

Pfeilgiftfrösche warnen durch kräftige Signalfarben vor ihrem Gift. Andere Frösche sind durch farbliche Tarnung an die Umgebung angepasst und so vor Feinden geschützt.

*Zipfelfrösche (oben) leben in tropischen Regenwäldern. Sie tragen Hautzipfel über den Augen, die zusammen mit der Färbung als Tarnung zwischen Blättern dienen.*

*Dieser südamerikanische Frosch (unten) schreckt Angreifer durch augenartige Flecken auf seinem Hinterteil ab. Er kann sich zudem aufblasen, um größer zu wirken.*

*Der Rotaugen-Laubfrosch lebt in den Regenwäldern Mittelamerikas. Er ist, obwohl er grell gefärbt ist, nicht giftig.*

Zum Weiterlesen: Wechselwarme Tiere S. 29

## Kröten

Kröten und Frösche bewohnen in etwa die gleichen Lebensräume. Kröten sind jedoch untersetzter und haben kürzere Beine. Ihre Haut ist trockener als die von Fröschen und warzig. Kröten lauern wie Frösche ihrer Beute auf und fangen kleine Tiere mit ihrer langen, klebrigen Zunge. Manche sind am Tag, manche nachts aktiv.

*Erdkröten jagen nachts Schnecken, Würmer und Insekten.*

Erwachsene Kröten leben wie Frösche an Land. Sie überstehen Winter und Trockenzeiten, indem sie sich eingraben oder in leere Tierbauten verkriechen. Im Frühling bzw. in der Regenzeit wandern sie weite Strecken zu dem Tümpel, in dem sie geboren wurden. Dort paaren sie sich und legen ihre Eier. Krötenwanderungen dauern oft mehrere Tage.

*In einigen Ländern weisen Verkehrsschilder Autofahrer auf die wandernden Kröten hin. Die Tiere folgen jedes Jahr denselben Pfaden zum Wasser und wieder zurück.*

Zur Paarungszeit sind die Männchen meist als Erste am Wasser. Sie quaken, um die Weibchen anzulocken – jede Art mit einem speziellen Ton.

*Die Männchen einiger Arten können nicht quaken. Bei dieser Kröte aus Costa Rica locken die männlichen Tiere Weibchen mit ihrer glänzenden, goldenen Haut an.*

Nach der Paarung legen die Weibchen ihre Eier in langen Laichschnüren ins Wasser. Bei manchen Arten kümmert sich das Männchen um die Eier. Aus den Eiern schlüpfen die Kaulquappen, die sich innerhalb mehrerer Monate in junge Kröten verwandeln.

*Anders als die Frösche legen Kröten ihre Eier in Laichschnüren ab.*

*Laichschnur*

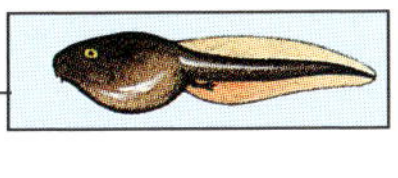

*Kaulquappe*

*Wird eine Kröte von einer Ringelnatter bedroht, bläst sie sich auf und streckt die Beine, um groß und gefährlich auszusehen.*

Kröten sind einerseits gut getarnt, können sich zur Not aber auch verteidigen: Ihre Haut ist mit Giftdrüsen besetzt. Sie können außerdem Luft einsaugen, um sich groß aufzublasen, und sich hoch aufrichten, um ihre Feinde zu erschrecken.

*Kreuzkröten machen nachts Jagd auf Insekten. Männliche Tiere können sehr laut quaken.*

*Erdkröten wächst im Sommer mehrmals eine neue Haut. Sie streifen die alte ab und fressen sie auf.*

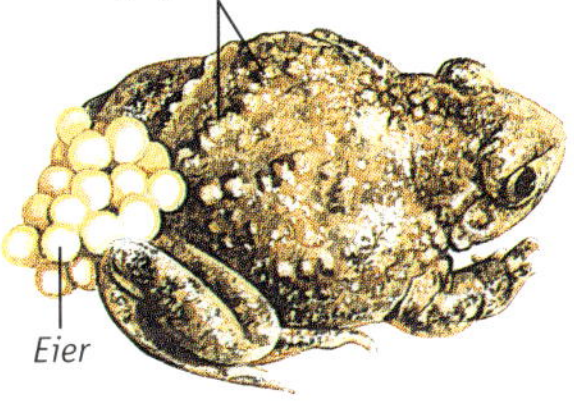


*Geburtshelferkröten leben in Afrika und Europa. Die Männchen wickeln sich die Laichschnüre mehrerer Weibchen um die Beine. Kurz vor dem Schlüpfen bringen sie die Eier ins Wasser.*

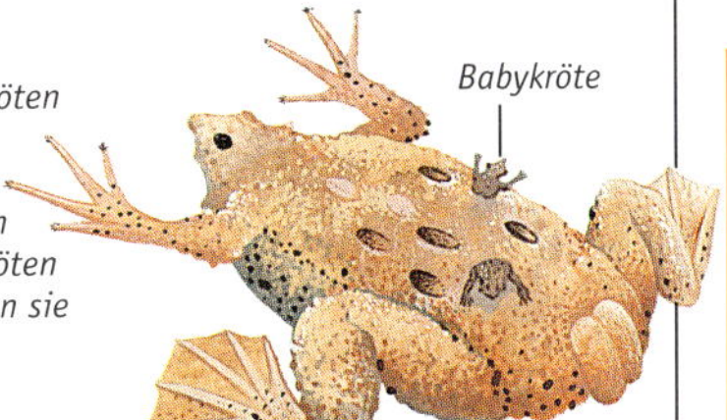


*Weibliche Wabenkröten tragen die Eier in Vertiefungen der Rückenhaut. Haben sich die kleinen Kröten entwickelt, springen sie aus den Löchern.*

*Goldbauchunken leben ständig im Wasser. Sie besiedeln Seen, Teiche und Tümpel.*

*Schaufelfüße graben sich in den Wüstensand und können dort neun Monate lang ausharren, bis es regnet. Dann kriechen sie heraus, um nach einem Partner zu suchen.*

## Molche und Salamander

*Alpensalamander*

Molche und Salamander sehen zwar wie Eidechsen aus, ihnen fehlt aber die schuppige Haut. Molche leben dauernd im Wasser, während Salamander an Land, aber nahe am Wasser bleiben. Sie überwintern unter Steinen oder an anderen trockenen Plätzen. Salamander fressen Insekten und Schnecken.

Wie die anderen Lurche kehren auch Molche und Salamander zu den Gewässern zurück, in denen sie geboren wurden, um dort Eier zu legen. Die Männchen locken die Weibchen mit ausgefeilten Paarungsritualen an. Molche kleben ihre Eier einzeln an Wasserpflanzen fest. Nach zwei Wochen schlüpfen die Larven aus. Die jungen Molche verlassen das Wasser im Spätsommer. Einige bleiben bis zum nächsten Frühling dort. Im Unterschied zu Fröschen und Kröten werden Molche und Salamander auch Schwanzlurche genannt, weil sie während ihrer Entwicklung den Schwanz nicht verlieren.

*Feuersalamander*

### Sehen und verstehen

Du kannst Molchlarven oder Kaulquappen in einem Aquarium halten, um ihre Entwicklung zu verfolgen. Sammle im Frühling Eier oder Kaulquappen bzw. Larven und einige Wasserpflanzen in einem mit Wasser gefüllten Behälter und gib alles in das Aquarium. Nach einer Woche wirfst du rohe Fleischstückchen ins Wasser; alle zwei Tage wiederholen. Sollte das Wasser faulig riechen, kannst du es durch frisches ersetzen. Stell nach etwa zwei Monaten einen Stein ins Wasser, damit die Tiere zum Atmen an die Oberfläche können. Bring die Tiere zu ihrem Teich zurück.

*Die Larven halten sich an Wasserpflanzen fest.*

# Vögel

Die Vögel entwickelten sich wahrscheinlich vor 150 Millionen Jahren aus kleinen Dinosauriern. Fast alle Vögel können fliegen und alle haben Flügel, Federn und einen Schnabel. Ihr stromlinienförmiger Körper ist mit starken Flugmuskeln und einem großen Herzen ausgestattet, das bis zu 600-mal pro Minute schlägt und Blut in die Muskeln pumpt.

*Tukane leben im Regenwald.*

*Rotstirn-Fächerschwanz*

## So fliegen Vögel

Vögel können passiv fliegen, d. h. gleiten, und aktiv, indem sie mit den Flügeln schlagen. Zum Gleitflug eignen sich vor allem große Flügelflächen: Große Vögel, wie Adler und Möwen, fliegen viel mit gestreckten Flügeln. Sie lassen sich von Luftströmungen hochtragen und gleiten wieder abwärts. Sehr leichte, hohle Knochen und kräftige Flugmuskeln, die am großen Brustbein ansetzen, erleichtern das Fliegen.

*Über dem gewölbten Flügel strömt die Luft schneller als unter dem Flügel.*

*Durch die unterschiedlichen Luftgeschwindigkeiten entsteht ein Auftrieb, der den Vogel beim Gleitflug in der Luft hält.*

*Silbermöwe*

Die meisten kleinen Vögel schlagen häufig mit den Flügeln, um ihren Auftrieb zu erhöhen. Kolibris können durch 50–80 Flügelschläge pro Sekunde in der Luft vor einer Blüte schweben.

*Flügel schlagendes Wintergoldhähnchen*

*Kolibris bewegen die Flügel in Form einer 8.*

*Dreizehenmöwen lassen sich mit ausgebreiteten Flügeln vom Wind tragen.*

Um die Richtung zu ändern, steuern Vögel mit den Schwanzfedern. Zum Bremsen und Landen spreizen sie die Federn und stellen die Flügel senkrecht. So kann die Luft durch die Flügel streichen und der Auftrieb nimmt ab.

*Eine landende Silbermöwe spreizt die Federn, senkt die Füße und breitet den Schwanz als Bremse aus.*

## Federn

Vögel brauchen ihre Federn zum Fliegen und als Schutz vor Kälte. Federn bestehen, wie die Haare und Nägel der Säugetiere, aus Keratin. Die Schwungfedern der Flügel und Steuerfedern des Schwanzes sind lang und steif, während die Konturfedern dem Körper des Vogels eine glatte Stromlinienform verleihen. Darunter sitzen die weichen Daunenfedern, die den Vogel warm halten.

*Tauchender Eisvogel*

Schwungfedern bestehen aus einem zentralen Kiel sowie Seitenästen und Federstrahlen. Die Federstrahlen sind fest und doch elastisch über winzige Häkchen miteinander verbunden und bilden so eine glatte Fläche (Federfahne). Wenn sich die Federn abnutzen, schieben neue die alten heraus. Die meisten Vögel wechseln ihre Federn einmal im Jahr.

*Schwungfeder eines Finken*

*Vergrößerter Ausschnitt einer Schwungfeder*

Man nennt das Federkleid eines Vogels auch Gefieder. Es kann den Vogel tarnen oder einen Partner anlocken. Manche Vögel haben auffallende Markierungen, an denen sie sich erkennen.

*Fliegende Graugänse folgen dem weißen Rumpf ihrer Artgenossen.*

*Die Muster des Weißstirn-Regenpfeifers dienen als Tarnung: Sie lösen seine Gestalt vor dem Hintergrund auf.*

## Ernährung

Der Schnabel eines Vogels verrät, was er frisst: Insektenfresser haben dünne spitze, Körnerfresser, z. B. Finken, kurze robuste Schnäbel. Fleischfresser, wie Habichte und Falken, zerreißen ihre Beute mit Hakenschnäbeln.

*Waldlaubsänger fressen Insekten.* *Grünlinge fressen Körner.* *Falken sind Fleischfresser.*

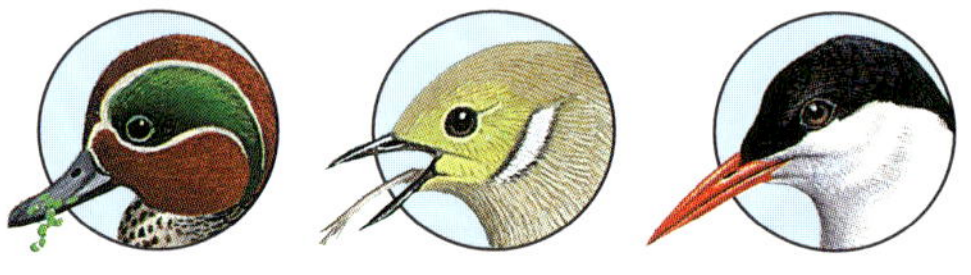

*Krickenten fressen Wasserpflanzen.* *Honigesser trinken Nektar.* *Küstenseeschwalben fangen Fische.*

Gänse, Schwäne und Enten, wie die Krickente, haben flache Schnäbel, um winzige Pflanzen, Tiere und Samen aus dem Wasser zu fischen. Nektar trinkende Vögel, wie die Honigesser, stecken ihre langen, dünnen Schnäbel in Blüten. Reiher, Kraniche und Seeschwalben fangen mit ihren langen, spitzen Schnäbeln Fische. Vögel haben keine Zähne. Am Anfang ihres Verdauungssystems sitzt ein Muskelmagen, der die Nahrung zerkleinert; manche Vögel schlucken Steinchen, um diesen Vorgang zu erleichtern. In einem Kropf vor dem Muskelmagen können sie Nahrung speichern.

*Verdauungssystem einer Taube*

Einige Vögel, wie die Eulen, Möwen und Stare, würgen unverdauliche Nahrung, wie Knochen oder Fell, wieder aus. Diese kugeligen Gebilde nennt man Gewölle.

*Gewölle einer Saatkrähe mit Sand und Pflanzen.*

*Gewölle einer Schleiereule mit Federn und Knochen.*

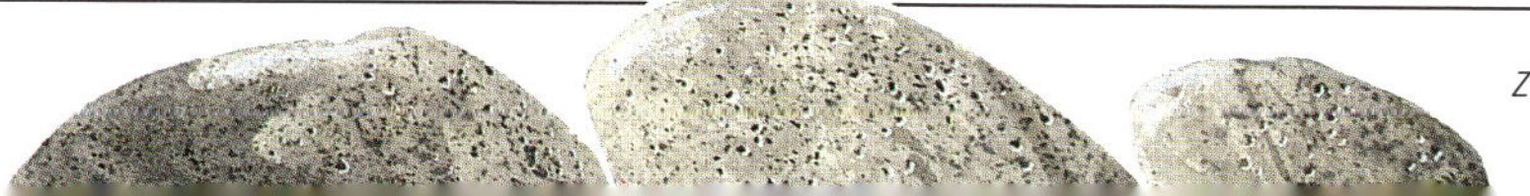

*Zum Weiterlesen: Vogeleier S. 38; Vogelnester S. 39*

## Balz

Manche Vogelarten führen zur Paarungszeit eine komplizierte Balz auf, um einen Partner bzw. eine Partnerin anzulocken. Bei vielen anderen Tieren spielt dabei der Geruchssinn eine große Rolle. Vögel jedoch können nur sehr schlecht riechen. Männchen und Weibchen derselben Vogelart finden sich durch das bunte Gefieder der Männchen.

*Männliche Laubenvögel bauen komplizierte Lauben aus Zweigen und Gras. Sie schmücken ihre Bauten mit Muscheln, Federn und Blumen. Seidenlaubenvögel bevorzugen blauen Schmuck. Ein Weibchen sucht meist drei Lauben auf, ehe es sich entscheidet.*

*Höckerschwäne bleiben ein Leben lang zusammen. Jedes Mal zu Beginn der Paarungszeit führen sie ihre elegante Balz auf.*

*Paradiesvögel kreischen bei der Balz, plustern sich auf und zeigen die prächtigen Schwanzfedern.*

Während der Brutzeit verteidigen männliche Vögel ihr Revier, ein Stück Land, in dem sie Nistmaterial und Nahrung für die Jungen finden.

*Werden Stare von einem Rivalen bedroht, drohen und verteidigen sie sich mit dem Schnabel. Rotkehlchen legen den Kopf zurück und plustern sich auf, um größer zu erscheinen.*

*Rotkehlchen*

## Brutzeit

Nach der Paarung legen weibliche Vögel Eier. Die meisten Vogeleltern bauen vorher ein Nest, entweder gemeinsam oder nur eines der beiden Elterntiere. Die Zahl der Eier richtet sich nach der Vogelart, der Jahreszeit und dem verfügbaren Futter.

*Ein männlicher Bienenesser landet auf dem Rücken des Weibchens, um sich mit ihm zu paaren. Mit den schlagenden Flügeln hält er die Balance.*

Bei den meisten Vögeln sitzen die Eltern abwechselnd auf den Eiern, um sie warm zu halten. Kleine Vögel brüten etwa zwei Wochen. Da ihnen einige Bauchfedern ausfallen, können sie die Körperwärme direkt über diese nackte Hautstelle (Brutfleck) übertragen.

Meist kümmern sich beide Eltern um die Jungen. Es gibt aber über 70 Arten, die ihre Eier in die Nester anderer Vögel legen und sich nicht darum kümmern, z. B. Kuckucke und einige Kuhstärlinge.

*Eine Nonnenmeise mit Brutfleck, so heißt die nackte Stelle am Bauch.*

Sobald die Jungen groß genug sind, picken sie sich durch die Schale ins Freie. Viele haben dazu einen „Eizahn“ auf dem Schnabel. Er verschwindet bald nach dem Schlüpfen.

*Schlüpfendes Teichhuhnküken*

Schlüpfende Vögel sind meist blind und nackt. Man nennt sie Nesthocker. Sie bleiben im Nest und werden von den Eltern gefüttert und versorgt. Erst wenn sie flügge werden, d.h. fliegen können, verlassen sie das Nest. Bei manchen Vögeln, z.B. Hühnern und Enten, werden die Küken mit offenen Augen und einem Daunengefieder geboren. Sie sind Nestflüchter und gehen sofort auf Nahrungssuche.

*Küken mit Daunenfedern*

*Nesthocker sind nackt und blind.*

*Oben links: Kiebitzjunge verlassen ihr Nest und laufen gleich nach dem Schlüpfen umher. Oben rechts: Amselküken sind Nesthocker und bleiben zwei Wochen im Nest.*

## Gesang und Rufe

Alle Vögel verständigen sich durch Laute, manche singen melodische Lieder. In der Regel singen nur die Männchen. Zur Paarungszeit locken sie damit Weibchen an und beanspruchen ein Revier. Fast immer erfüllen unterschiedliche Rufe verschiedene Zwecke: Manche warnen vor einem Feind, andere dienen Schwarmvögeln dazu, in Kontakt zu bleiben.

*Lärchenstärling*

*Viele Vögel suchen für ihren Reviergesang immer wieder dieselben Orte auf. Dabei können sie ihr Lied bis zu 1000-mal am Tag wiederholen.*

## Vogelzug

Etwa die Hälfte aller Vogelarten zieht regelmäßig zwischen zwei Lebensräumen hin und her: dem Brutgebiet und dem Winterquartier. Wenn die Tage länger (oder kürzer) werden, versammeln sich diese Zugvögel in Schwärmen. Vor dem Flug futtern sie sich Fett für die Reise an.

*Wie sich die Vögel orientieren, ist noch nicht genau bekannt. Am Tag richten sie sich nach Flüssen, Bergen und dem Sonnenstand, nachts nach Mond und Sternen; wahrscheinlich können sie auch das Magnetfeld der Erde wahrnehmen.*

### Sehen und verstehen

Mit ungesalzenen Erdnüssen, Samen, Brotkrumen und Fett kannst du Vögel in deinen Garten locken. Auch Wasser zum Baden oder Trinken mögen sie gern. Während der Brut- und Aufzuchtzeit solltest du besser nicht füttern, denn nicht alles bekommt den Jungvögeln. Zur Brutzeit kannst du den Vögeln aber Nistmaterial, wie Wollfäden, Stroh und Federn, anbieten.

*Unterschiedliches Futter lockt unterschiedliche Vögel an.*

# Vögel der Erde

Über 9.000 Vogelarten haben alle Lebensräume der Erde besiedelt – von den einsamen Berggipfeln bis zu den weiten Ebenen der Arktis, von den Wüsten bis zu den Städten. Heute sind etwa 1.000 Arten vom Aussterben bedroht, durch Umweltverschmutzung, Jagd und weil ihre Lebensräume verschwinden.

*Raggis Großer Paradiesvogel*

*Falken sind Greifvögel. Sie schweben in der Luft und stoßen auf ihre Beute – Säugetiere oder Insekten – hinab.*

*Die Raggis Paradiesvögel leben in Australien und Neuguinea. Zur Balz streifen die Männchen die Blätter von einem Ast, damit sie gut sichtbar sind. Dann beugen sie sich nach vorn, spreizen ihr Gefieder und schlagen mit den Flügeln.*

*Während der Paarungszeit bilden viele Vögel ein buntes Gefieder aus. Manche locken mit einem Paarungsritual, der Balz, ein Weibchen an.*

*Farbiger Hautlappen*

*Wenn die männlichen Temminck-Satyrhühner ihre Brustfedern spreizen, werden blau und rot gefärbte Hautlappen sichtbar. Am Kopf tragen sie zwei weiche Hörner.*

*Graureiher stehen im Flachwasser und fangen Frösche und Fische mit dem spitzen Schnabel.*

*Die in den Tropen lebenden Jassanas laufen auf der Suche nach Insekten über Seerosenblätter.*

*Viele Vögel leben in der Nähe von Wasser, wo es Fische und Insekten gibt.*

*Kranichmännchen*

*Balzende Kraniche klappern mit dem Schnabel und hüpfen auf und nieder.*

*Weiblicher Kranich*

*Männliche Pfaue schlagen mit weit gespreizten, bunten Schwanzfedern ein Rad, um Weibchen zu beeindrucken.*

*Pelikane fangen Fische mit der Tasche in ihrem Unterschnabel.*

*Greifvögel, wie Eulen und Habichte, jagen andere Tiere. Sie können hervorragend sehen, die Eulen sogar nachts, und haben kräftige Schnäbel und Krallen.*

*Auf der Jagd nach Vögeln und kleinen Säugetieren fliegen Affenadler (unten) durch die Baumkronen des südostasiatischen Regenwaldes. Sie gehören zu den bedrohten Arten, es gibt nur noch 63 Tiere. Dieser Adler schüchtert einen Feind mit gespreizten Kopffedern ein.*

*Obwohl Eulen mit ihren großen Augen in der Dämmerung gut sehen können, verlassen sie sich vor allem auf ihr Gehör. Sie hören sogar das raschelnde Geräusch einer Maus zwischen den Blättern.*

*Mit ihren weichen Federn fliegen Eulen fast lautlos.*

*Während die Augen der meisten Vögel seitlich am Kopf sitzen, weisen sie bei den Greifvögeln nach vorn. Dadurch können sie Entfernungen besser abschätzen.*

*Starke Krallen*

*Schmutzgeier werfen Steine auf Straußeneier und fressen den Inhalt.*

## Vogeleier

Form, Farbe und Muster vieler Vogeleier dienen der Tarnung und damit dem Schutz, vor allem, wenn die Vögel am Boden brüten. Höhlenbrüter, wie die Eulen, haben helle Eier, die sie auch bei schwachem Licht sehen können. Vogeleier nie berühren!

*Albatros-Ei*

*Emu-Ei*

*Wanderdrossel-Ei*

*Bekassinen-Ei*

*Silbermöwen-Ei*

*Steinkauz-Ei*

*Grauschnäpper-Ei*

*Kolibri-Ei*

*Trottellummen legen ihre Eier auf Felsenklippen. Werden sie angestoßen, rollen sie wegen des spitzen Endes nur im Kreis und fallen nicht herunter.*

*Zum Weiterlesen: Balz, Vogelzug S. 37*

Möwen, wie diese Eismöwe, suchen an den Küsten der gesamten Erde nach Aas.

Raubmöwen fliegen zum Fischfang über das Meer.

Fasane, wie dieser Argusfasan, stammen aus den Regenwäldern Südostasiens.

Tölpel tauchen ins Meer und jagen Fische und Kalmare.

Tauben kommen überall auf der Erde vor. Viele leben in Städten und bauen ihre Nester auf Häusern – ihre wilden Verwandten nisten auf Felsen und Bäumen.

Krähenscharben leben in Kolonien an Felsküsten und tauchen nach Fischen.

Seevögel nisten auf Felsen oder an Stränden. Zum Fischfang fliegen sie auf das Meer hinaus. Häufig lassen sie sich mit ausgebreiteten Flügeln vom Wind tragen.

Seeschwalben (links) sind kleiner als Möwen, mit denen sie aber verwandt sind.

Honigesser ernähren sich von Nektar und Insekten. Mit einer Rinne in ihrer langen Borstenzunge saugen sie den Nektar aus Blüten.

Viele Vögel bleiben nur eine bestimmte Zeit des Jahres in einem Gebiet. Dann fliegen sie tausende Kilometer in eine Region mit besseren Nahrungs- oder Brutbedingungen.

Rauchschwalben verlassen Südafrika im März, um zum Brüten nach Nordeuropa zu ziehen. Ihre Reise dauert etwa zwei Monate.

Sperlingsvögel bilden die größte Ordnung der Vögel. Zu ihnen gehören auch die Singvögel. Sie haben drei nach vorne und einen nach hinten weisenden Zeh; damit können sie sich auf Ästen festhalten.

Rotkehlchen leben in Wäldern und Gärten. Sie singen im Winter und im Frühling.

Blauhäher leben in den Wäldern und Städten Nordamerikas. Dieser spreizt die Kopffedern ab, um einen Rivalen zu verjagen.

Kardinäle leben in Nordamerika. Männchen und Weibchen singen das ganze Jahr.

Kurzschnabelgans

Viele Gänse fliegen zum Brüten in die Arktis. Gegen Ende des Sommers ziehen sie in großen Schwärmen zurück in wärmere Regionen.

Der Wiedehopf fliegt im Frühling nach Europa und kehrt im Herbst nach Afrika zurück. Wiedehopfe graben mit ihren langen Schnäbeln Insekten aus.

## Vogelnester

Jede Vogelart baut ein spezielles Nest. Manche Nester bestehen nur aus einigen Zweigen, andere werden kunstvoll aus Zweigen, Gras, Moos oder Spinnenseide verwoben. Viele Vögel bauen schalenförmige Nester, die mit Schlamm oder Federn ausgekleidet werden. Zur Sicherheit liegen die Nester oft hoch über dem Erdboden. Meist wird ein Nest nur für eine Brutsaison benutzt. Im nächsten Jahr bauen die Vögel ein neues.

Webervögel flechten ein Grasnest an Zweige.

Die Töpfervögel Südamerikas formen Nester aus feuchtem Schlamm, der in der Sonne hart wird. Eine Barriere hinter dem Eingang soll Räuber fern halten.

In den tropischen Savannen flechten männliche Webervögel kunstvolle, hängende Nester. Wenn es die Weibchen nicht beeindrucken kann, reißen sie es ab und bauen ein neues.

Der Blaukardinal baut ein schalenförmiges Nest aus Zweigen, Blättern, Papier und Schlangenhaut.

Steinadler legen ihr Nest, genannt Horst, auf steilen Felswänden an. Es besteht aus Zweigen und wird mit trockenem Gras ausgepolstert.

Pinguine legen ihre Eier auf Steinhaufen oder in eine Grube im Boden. Dieser Eselspinguin verteidigt sein Junges gegen eine Raubmöwe.

### Sehen und verstehen

Wenn du mehr über Vögel erfahren möchtest, brauchst du ein Bestimmungsbuch. Viele ungewöhnliche Vögel findest du in Naturschutzgebieten oder an Flussmündungen.

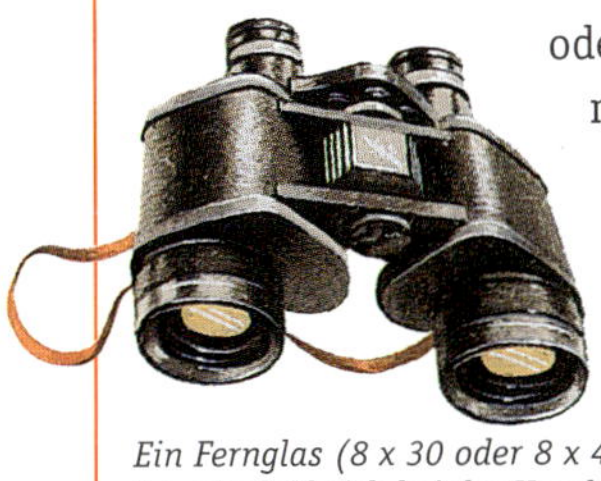

Ein Fernglas (8 x 30 oder 8 x 40) ist sehr hilfreich bei der Vogelbeobachtung.

Schreibe auf, was dir bei einem bestimmten Vogel aufgefallen ist. Notiere auch Ort und Zeit deiner Beobachtung.

Du kannst Federn in ein Notizbuch kleben und den Namen des Vogels, zu dem sie gehören, darunter schreiben.

Damhirschkuh mit trinkendem Kalb

# Säugetiere

Die meisten Säugetiere legen keine Eier, sondern sind lebend gebärend. Die Jungen werden von ihrer Mutter mit Milch ernährt (gesäugt). Alle Säuger sind warmblütige Tiere. Sie erzeugen die Körperwärme selbst und die meisten schützen sich mit einem Fell vor Kälte. Es gibt drei Gruppen: Plazenta-, Kloaken- und Beuteltiere.

Sibirische Tiger gehen vor der Paarung sehr zärtlich miteinander um.

## Plazentatiere

Die Plazentatiere bilden die größte Gruppe der Säuger. Die Babys wachsen in der Gebärmutter (Uterus) des weiblichen Tieres heran, wo sie über die Plazenta mit der Mutter verbunden sind. Manche sind in den ersten Tagen nach der Geburt noch taub, blind und haarlos.

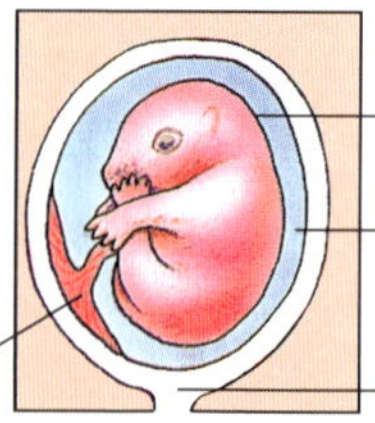


Das mütterliche Blut fließt durch die Plazenta und versorgt das Baby mit Nahrung.

## Kloakentiere

Die Kloakentiere, z. B. das Schnabeltier, sind Säugetiere, die Eier legen. Die drei einzigen Arten leben in Australien und Südostasien. Die Mütter tragen die Eier in einer Tasche am Hinterleib oder bauen ein Nest. Die Babys lecken Milch, die aus Hautdrüsen der Mutter austritt.

Schnabeltier

## Beuteltiere

Beuteltiere, wie die Kängurus, bringen winzige Jungen zur Welt, die in den Beutel der Mutter krabbeln und dort noch mehrere Monate bleiben, bis sie sich fertig entwickelt haben.

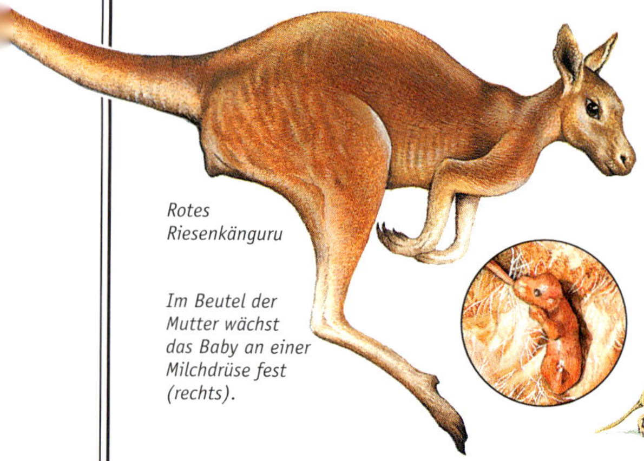

Rotes Riesenkänguru

Im Beutel der Mutter wächst das Baby an einer Milchdrüse fest (rechts).

## Aufzucht der Jungen

Alle Säugetiere kümmern sich um ihre Jungen, die Mutter versorgt sie mit Milch. Die Milch entsteht in Drüsen und wird fast immer durch Zitzen gesaugt. Sobald das Junge alt genug ist, bringt ihm die Mutter feste Nahrung. Im Spiel und durch Nachahmen ihrer Mutter lernen die Jungtiere alles Wichtige für ihr Überleben.

Hirschkuh

Mütter lecken ihre Neugeborenen ab. Auf diese Weise werden die Jungen gereinigt, gleichzeitig bildet sich dadurch zwischen den beiden eine starke Zusammengehörigkeit.

Katzen, wie diese Tigerin, tragen ihre Jungen an sichere Orte. Wenn Wildhunde umziehen, tragen sie ihre Jungen ebenfalls im Maul.

Ein winziger Rotgesichtsmakake trinkt Milch aus der Mutterbrust. Die Milch enthält alle Nährstoffe, die das Baby braucht; es bleibt zwei bis drei Jahre bei seiner Mutter.

Kleine Säugetiere, wie die Mäuse, bringen nach einer kurzen Schwangerschaft (2-3 Wochen) viele Junge zur Welt, während große Tiere nur ein bis zwei Babys bekommen, die länger im Bauch der Mutter bleiben. Große Tiere kümmern sich meist auch länger um ihre Jungen: Elefanten bleiben elf, Schimpansen sieben Jahre bei ihren Müttern.

Junge Wimperspitzmäuse bleiben drei Wochen bei ihrer Mutter. Sie halten sich an den Schwänzen fest, wenn sie unterwegs sind.

## Warmblütige Tiere

Der Körper eines Warmblüters bleibt warm, egal ob er aktiv ist oder schläft. Die Temperatur wird durch chemische Reaktionen in den Körperzellen erzeugt. Haare, Fell oder eine Fettschicht verhindern die Auskühlung. Wird es zu heiß, beginnen Warmblüter zu hecheln oder zu schwitzen.

Moschusochsen leben in der Arktis; sie haben dichtes, zotteliges Fell.

## Winterschlaf

Im Winter brauchen Säugetiere viel Energie und Nahrung, um warm zu bleiben – genau dann ist aber das Futter knapp. Manche überstehen diese Zeit im Schlaf. Dabei schlägt ihr Herz sehr langsam und sie atmen kaum. Sie futtern sich im Herbst eine Fettschicht an und leben im Winter von den Vorräten im Körper.

Das Herz eines Igels im Winterschlaf schlägt nur 20-mal pro Minute.

## Nachttiere

Nachtaktive Affen

Mehr als die Hälfte aller Säugetierarten ist nachtaktiv: Sie wachen abends auf und gehen auf Nahrungssuche. Nachttiere können sehr gut hören und sie riechen und sehen auch bei schwachem Licht gut.

Hinter den Augen von Dachsen und anderen Nachttieren sitzt eine Schicht, die Licht reflektiert und so die Sehkraft erhöht. Werden sie angeleuchtet, erscheinen die Augen des Tieres rot.

Zum Weiterlesen: Schnabeltier S. 67; Kängurus, S. 66; Wale und Delfine S. 48; Robben S. 49

## Die Welt der Säugetiere

Alle Säugetierarten werden je nach ihren körperlichen Eigenschaften einer von 21 Gruppen oder Ordnungen zugeteilt. So ernähren sich alle Raubtiere von Fleisch und alle Nagetiere haben starke Nagezähne. Die Bilder zeigen typische Tiere der wichtigsten Ordnungen.

*Wasserfledermaus*

*Fledermäuse sind die einzigen Säugetiere, die fliegen können. Sie bilden eine eigene Ordnung, die Flatter- oder Fledertiere.*

*Schwertwal*

*Mönchsrobbe*

*Wale und Robben haben sich an das Leben im Meer angepasst. Sie gehören aber jeweils eigenen Ordnungen an.*

*Die Zehen von Huftieren tragen feste Hufe. Man unterscheidet zwei Ordnungen, Paar- und Unpaarhufer.*

*Sikahirsch*

*Hirsche sind Paarhufer mit zwei huftragenden Zehen.*

*Eichhörnchen*

*Nagetiere, wie das Eichhörnchen, haben meißelartige Schneidezähne. Damit knabbern sie Pflanzen und nagen Nüsse auf.*

*Pferd*

*Pferde sind Unpaarhufer mit nur einem Zeh.*

*Maulwurf*

*Säugetiere, die sich vorwiegend von Insekten ernähren, wie Maulwürfe und Spitzmäuse, bilden die Ordnung der Insektenfresser.*

*Wolf*

*Raubtiere (Carnivoren), wie Wölfe, Tiger, Bären und Marder, jagen und fressen andere Tiere.*

*Koala*

*Beuteltiere, wie der Koala, bringen winzige Babys zur Welt, die dann im Beutel der Mutter heranwachsen.*

*Schneehase*

*Hasen und Kaninchen bilden eine eigene Ordnung, die Hasentiere.*

*Afrikanischer Elefant*

*Elefanten bilden eine eigene Ordnung, die der Rüsseltiere mit nur zwei Arten, dem Afrikanischen und dem Asiatischen Elefanten.*

*Schnabeltier*

*Die Kloakentiere, wie das Schnabeltier, legen Eier.*

*Großer Ameisenbär*

*Ameisenbären gehören mit Gürtel- und Faultieren zur Ordnung der „Nebengelenktiere".*

*Schimpansen*

*Affen und Menschen bilden die Ordnung der Herrentiere oder Primaten. Primaten sind die einzigen Säugetiere, die eine Greifhand besitzen.*

## Pflanzenfresser

Tiere aus mehreren Ordnungen ernähren sich von Pflanzen. Gräser, Blätter und Zweige sind schwerer verdaulich als Fleisch, daher brauchen Pflanzenfresser ein speziell angepasstes Verdauungssystem, um ihre Nahrung zu verwerten.

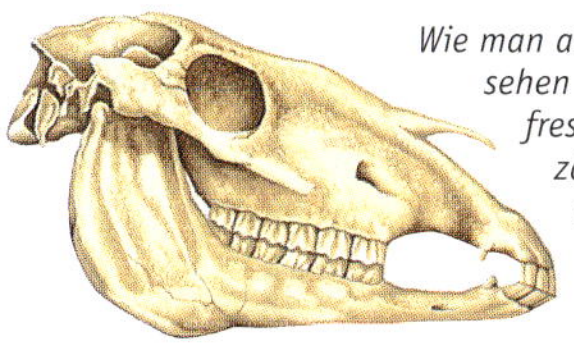

*Wie man am Schädel dieses Zebras sehen kann, haben Pflanzenfresser große, flache Mahlzähne, um ihre Nahrung zu zerkleinern.*

*Bei den meisten Pflanzenfressern, auch bei diesem Känguru, sitzen die Augen seitlich am Kopf. So können sie während des Grasens gut nach Raubtieren Ausschau halten.*

Da Pflanzenfresser große Mengen Futter brauchen, verbringen sie viel Zeit mit der Nahrungsaufnahme. Jede Art hat sich auf bestimmte Pflanzen oder sogar Pflanzenteile spezialisiert, so können mehrere Arten denselben Lebensraum besiedeln.

## Raubtiere

Alle Raubtiere ernähren sich von Beutetieren, sind also Fleischfresser. Der Begriff Raubtiere bezeichnet meist die an Land lebenden Raubtiere unter den Säugern, die Landraubtiere. Alle Mitglieder der Raubtierordnung haben scharfe Zähne, um das Fleisch zu zerreißen. Mit ihrem guten Geruchssinn spüren sie die Beute auf und halten sie mit spitzen Krallen fest. Als hervorragende Jäger nutzen sie verschiedene Jagdtechniken, wie Lauern, Anschleichen oder Hetzen. Hyänen ernähren sich von toten Tieren und Beuteresten, die andere Raubtiere übrig gelassen haben. Sie sind so genannte Aasfresser.

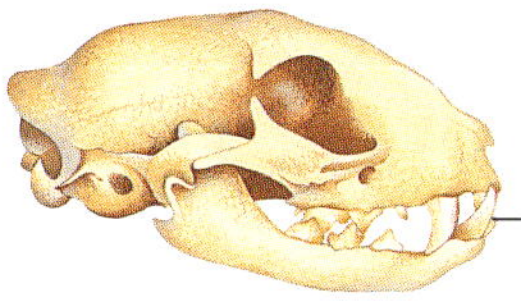


*Mit dolchartigen Eckzähnen packen und töten Raubtiere ihre Beute; hier der Schädel einer Wildkatze.*

*Pumas sind große Katzen, die in Nord- und Südamerika leben. Sie können nicht nur ausgezeichnet riechen, sondern auch hervorragend sehen und hören. Damit spüren sie jede Beute auf und folgen ihr oft über weite Entfernungen.*

*Jagende Löwin*

# Löwen und Tiger
## und andere wilde Katzen

Tiger und Löwen gehören zu den rund 40 Arten wilder Katzen. Die meisten leben in den tropischen Wäldern und Savannen Afrikas, Asiens und Südamerikas, einige aber auch in abgelegenen Gebirgen. Viele Katzen sind vom Aussterben bedroht, da ihre Lebensräume vom Menschen zerstört werden.

*Leoparden können gut klettern.*

### So jagen Katzen

Alle Katzen sind Raubtiere und fressen Fleisch. Sie schlagen und halten ihre Beute mit den sehr scharfen, langen Eckzähnen, die in kräftigen Kieferknochen sitzen, und den spitzen Krallen. Die meisten Katzen können ihre Krallen einziehen, so nutzen sich diese beim Laufen nicht ab.

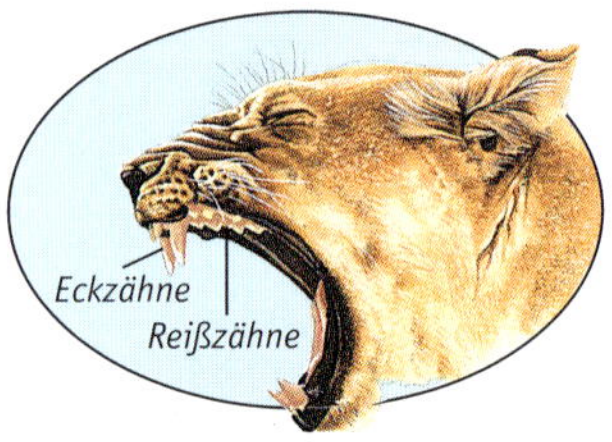


*Löwen töten ihre Beute mit den Eckzähnen und zerreißen das Fleisch mit den Reißzähnen. Große Katzen können Knochen durchbeißen.*

Katzen sind schnelle und gute Jäger, die ihren Opfern auflauern, sich anschleichen oder hinterher hetzen. Meist jagen sie nachts. Katzen können sechsmal besser im Dunkeln sehen als Menschen. Die schnellen Geparde jagen ihrer Beute am Tag hinterher. Bis auf die Löwen gehen alle Katzen allein auf die Jagd.

### Löwen

Löwen leben heute nur noch in den Savannen Afrikas und in Nordwestindien. Früher kamen sie auch in Südeuropa und dem Nahen Osten vor. Ihr gelbes Fell tarnt sie im trockenen Gras, junge Löwen sind gefleckt und noch schwerer zu sehen.

*Im Spiel lernen junge Katzen alles, was sie später zum Überleben brauchen.*

Löwen sind die einzigen Katzen, die in Rudeln leben. Ein Rudel besteht aus einigen Löwinnen mit ihren Jungen, männliche Löwen schließen sich immer nur für ein paar Jahre an.

*Löwinnen überwältigen ein Gnu.*

Löwenrudel haben ein eigenes Revier, das von den männlichen Löwen verteidigt wird. Meist gehen die Löwinnen gemeinsam auf die Jagd. Sie schleichen sich an ihre Beute an, dann greifen sie ihr Opfer, z. B. eine Gazelle, ein Zebra oder ein anderes großes Tier, an. Zuerst fressen immer die Löwen, dann kommen die Löwinnen und zuletzt die Jungen dran.

*Löwen und Löwinnen verbringen die meiste Zeit des Tages mit Nichtstun.*

### Tiger

Tiger sind die größten und stärksten Katzen. Sie leben in den Wäldern und Steppen Indiens und anderer asiatischer Länder. Der Sibirische Tiger kommt in den Bergen Sibiriens vor.

*Junge Tiger lernen von ihrer Mutter, wie man jagt.*

Während der letzten 100 Jahre wurden die Tiger durch Jagd und Abholzung der Wälder fast ausgerottet. Seit 1970 sind sie in Indien geschützt. In den Schutzgebieten leben heute wieder rund 3.000 Tiger.

Tiger gehen nachts allein auf die Jagd. Häufig legen sie auf der Suche nach Beute 10–20 km zurück. Wenn sie keine großen Tiere, wie Hirsche, Schweine, Büffel oder kleine Elefanten finden, fressen sie Frösche, Echsen und sogar Ameisen. Da Tiger sehr stark sind, können sie auch große Tiere wegschleppen und auffressen. Tiger schleichen sich an und stürzen dann überraschend aus dem Versteck (rechts). Sie haben aber nur bei einem von 20 Versuchen Erfolg. Jeder Tiger markiert sein Jagdrevier mit Kot, Urin und durch Kratzen an Baumrinde. Tiger und andere große Katzen verständigen sich durch Brüllen. Männliche Tiger verjagen so Rivalen, und Tigerinnen rufen ihre Jungen oder locken einen Partner an. Wütende Tiger fauchen und drehen die Ohren, bis zwei weiße Flecken zu sehen sind. Tigerinnen bringen drei bis vier Junge zur Welt, die etwa zwei Jahre bei ihrer Mutter bleiben.

*Nachdem er sich angeschlichen hat, springt der Tiger die Beute an.*

*Die Streifen verwischen die Konturen und sind im hohen, dichten Gras eine gute Tarnung.*

## Leoparden

Leoparden leben in den Regenwäldern und Savannen Afrikas und Asiens. Durch das Rosettenmuster ihres Fells heben sie sich von den flackernden Lichtflecken im Wald kaum ab. Schwarze Panter sind Leoparden mit sehr dunklem Fell und schwarzen Flecken. Sie kommen vor allem im dichten Regenwald vor. Leoparden halten sich gerne auf Bäumen auf und lassen sich auf ihre Beute, z. B. Antilopen, Paviane oder Stachelweine, fallen. Dann ziehen sie ihr Opfer auf einen Baum und fressen davon, solange der Vorrat reicht. Wie die meisten Katzen leben auch die Leoparden das Jahr über allein und treffen sich nur zur Paarungszeit.

*Oben: Schneeleopard im Winterfell*
*Links: im Sommerfell*

Schneeleoparden leben in den Gebirgen Asiens. Im Winter färbt sich ihr dichtes Fell grau, dadurch sind sie im Schnee kaum zu entdecken.

## Jaguare

*Jaguare sind gute Schwimmer.*

Jaguare leben in den Regenwäldern Mittel- und Südamerikas und im Südwesten der USA. Sie halten sich in der Nähe von Flüssen auf, wo sie trinkenden Tieren auflauern. Jaguare jagen vor allem kleinere Tiere, wie die schweineähnlichen Pekaris, kleine Hirsche und Riesennager, genannt Capybaras. Sie sind gute Schwimmer und verschmähen auch Fische, Frösche und kleine Alligatoren nicht. Die allein jagenden Jaguare brauchen Reviere von bis zu 250 km², die sie mit Duftmarken oder Kratzern an Bäumen markieren.

*Die Flecken auf dem Fell der Jaguare sind größer und dunkler als beim Leoparden. Jedes Tier hat ein eigenes Muster.*

*Manche Jaguare werden mit schwarzem Fell geboren.*

Früher jagte man Jaguare wegen ihres prächtigen Fells für den Pelzhandel. Deshalb und wegen der Abholzung der Regenwälder sind diese Tiere heute fast ausgestorben.

## Geparde

Geparde leben in den afrikanischen Savannen, einige auch noch in Südasien. Sie sind die schnellsten Landtiere und erreichen auf kurzen Strecken rund 120 km/h.

*Jagende Geparde schleichen sich so nahe wie möglich an ihre Beute heran, dann stürmen sie los und dem Tier hinterher.*

*Da die Jagd sehr anstrengend ist, geben Geparde auf, wenn sie ihre Beute nicht nach einer Minute erreicht haben. Nach jedem Lauf brauchen sie 30 Minuten Ruhe.*

*Die Beutetiere der Geparde, z. B. Impalas, Thomsongazellen und Gnukälber, können ebenfalls sehr schnell rennen.*

Geparde sind kleiner und zierlicher als Leoparden und haben längere Beine. Ihre Krallen, die sie – im Gegensatz zu allen anderen Katzen – nicht völlig einziehen können, wirken wie die Spikes eines Rennschuhs.

## Andere wilde Katzen

*Der heute sehr seltene Nebelparder (links) lebt in den Regenwäldern Südostasiens. Sein langer, dicker Schwanz dient der Balance.*

*Der Nordluchs (rechts) kommt in einsamen Gebieten von Nordamerika, Nordeuropa und Asien vor. Die beiden „Pinsel" auf seinen Ohren sind ein wichtiges Erkennungsmerkmal.*

*Ozelote (links) bewohnen die Savannen und Wälder Mittel- und Südamerikas. Sie können hervorragend schwimmen und klettern.*

*Servale (rechts), die in den afrikanischen Savannen leben, können sehr gut hören und über kurze Strecken sehr schnell laufen.*

*Der Karakal oder Wüstenluchs (links) bewohnt die Steppen Afrikas und Asiens. Er kann im Sprung Vögel aus der Luft fangen.*

*Pumas, auch Berglöwen oder Kuguare genannt, leben in den Bergregionen von Nord- und Südamerika. Sie können gut klettern und weit springen.*

*Solche Wildkatzen waren die Vorfahren unserer Hauskatzen. Sie leben noch immer frei in Afrika, Asien und einigen abgelegenen Gegenden Europas. Zur Tarnung tragen sie Streifen oder Flecken.*

*Rennender Gepard*

Grauer Wolf

# Wölfe, Füchse und wilde Hunde

Polarfuchs

Wölfe, Füchse und alle wilden Hunde gehören zur Familie der Hundeartigen. Ihr langer, schlanker Körper ist an schnellen Lauf für die Hetzjagd angepasst. Mit der langen Nase können Hunde sehr gut riechen und viele jagen im Rudel. Wölfe sind die Urahnen unserer Haushunde.

## Wölfe

Wölfe kommen in abgelegenen Gebieten von Nordeuropa, Asien und Nordamerika vor. Sie haben dichtes, struppiges Fell und leben in Rudeln von etwa 20 Tieren zusammen. Vom Leitwolf bis zum schwächsten Tier hat jeder Wolf einen bestimmten Rang, der seine Bedeutung und sein Verhalten im Rudel bestimmt. Die Rangordnung kann man an der Schwanzhaltung ablesen.

Leitwolf

Schwächstes Tier

*Die Stellung des Schwanzes zeigt, welchen Rang ein Tier einnimmt.*

Da Wölfe in kleinen Gruppen jagen, können sie auch Tiere erbeuten, die größer und schneller sind als sie selbst, z. B. Rentiere und Moschusochsen. Meistens töten sie alte oder schwache Tiere. Sie fressen aber auch kleine Säugetiere und Aas.

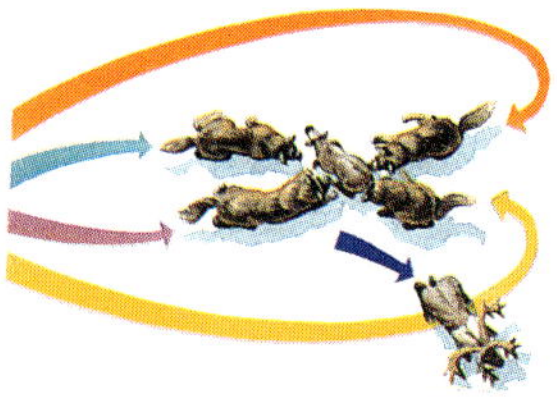

*Diese Wölfe (Blick von oben) haben ein junges Rentier umzingelt. Die Mutter konnte entkommen.*

Trotz ihres schlechten Rufes greifen Wölfe nur selten Menschen an, holen sich aber manchmal ein Weidetier. Daher wurden sie fast ausgerottet.

*Gemeinsames Heulen stärkt die Zusammengehörigkeit des Rudels und warnt andere Wölfe.*

## Afrikanische Wildhunde

Afrikanische Wildhunde leben zusammen mit Zebra- und Gnuherden in den Savannen. Wandern die Huftiere zu neuen Weidegründen, folgen ihnen die Hunde. In einem Rudel leben rund 20 Hunde und ihre Jungen. Wie bei den Wölfen gibt es eine Rangordnung und Wildhunde jagen ebenfalls gemeinsam. Sie trennen ein einzelnes Tier von der Herde und umzingeln es.

*Wildhunde erreichen bei der Hetzjagd auf Gnus eine Geschwindigkeit von 50 km/h.*

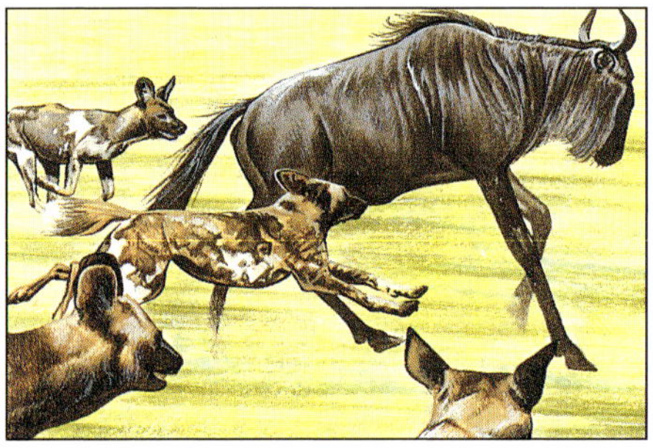

## Dingos

*Dingos haben kurzes, braunes Fell.*

Die Dingos leben und jagen in Australien in kleinen Rudeln. Sie sind keine echten Wildhunde, sondern stammen von Haushunden ab, die von australischen Ureinwohnern zu vorgeschichtlicher Zeit ins Land gebracht wurden.

## Schakale

Schakale leben in Savannen und Steppen Afrikas, Indiens und des Nahen Ostens. Sie gehen paarweise oder in kleinen Familiengruppen nachts auf Jagd. Daneben suchen sie auch nach Aas.

## Kojoten

Kojoten leben in den Prärien Nordamerikas. Meist bilden sie Pärchen oder, wenn es reichlich Beute gibt, auch kleine Familiengruppen. Obwohl die Kojoten zu tausenden getötet wurden, haben sie bis heute überlebt.

## Füchse

Es gibt über 20 Fuchsarten, wie z. B. Rot- und Graufuchs. Wüsten- und Kitfuchs leben in Wüsten, Polar- und Blaufuchs in der Arktis. Fast alle Füchse sind Einzelgänger, die nachts auf die Jagd gehen und ihre Beute mit den Vorderbeinen packen. Füchse fressen Ratten, Mäuse, Kaninchen, Frösche und Insekten.

*Wüstenfüchse oder Fenneks kommen in Afrika und Arabien vor. Das Blut kühlt ab, wenn es durch ihre großen Ohren fließt. So sind sie vor Hitze geschützt.*

*Polarfüchse beginnen erst bei –70 °C zu frieren, Rotfüchse schon bei –13 °C.*

Der Rotfuchs kommt in Nordeuropa, Asien, Nordamerika und Australien vor. Sein natürlicher Lebensraum sind Wälder und Gebüsch, viele leben heute aber auch in Städten und ernähren sich von Abfällen.

*Im Spiel lernen Jungfüchse, wie man kämpft und jagt.*

Rotfüchse graben ihren Fuchsbau an Ufern oder unter Baumwurzeln. Die Füchsin (Fähe) bringt im Frühling vier bis fünf Jungen zur Welt.

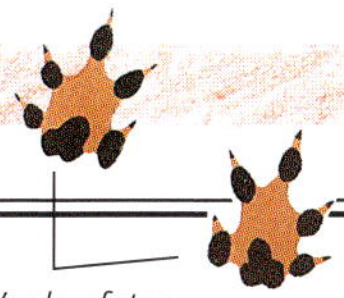


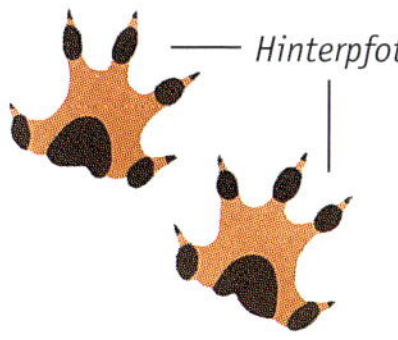


Wieselspuren

# Wiesel und Marder
## und andere kleine Raubtiere

Hermelin

Wiesel und Marder sind schlanke, lebhafte Raubtiere. Sie können hervorragend hören und riechen und sie jagen sogar Tiere, die größer sind als sie selbst. Mit Dachsen, Stinktieren und Iltissen bilden sie die Familie der Marderartigen.

### Wiesel

Wiesel kommen bis auf Australien in der ganzen Welt vor. Dank ihres langen, schlanken Körpers können sie Kaninchen und Mäusen in deren Baue folgen und sich sogar darin umdrehen.

*Ein Mauswiesel wird vom Kopf bis zum Schwanzansatz 20 cm lang.*

*Wiesel beißen ihre Opfer in den Hals. Sie jagen nachts alleine, wobei sie sich auf Augen, Ohren und Nase verlassen.*

*Den Tag verschlafen Wiesel im Nest, einem Baumloch oder in einem alten Tierbau. Das Männchen verteidigt das Revier um das Nest.*

*Die Mutter bringt ihren vier Wochen alten Jungen regelmäßig Fleisch. Im Alter von acht Wochen werden sie selbst auf die Jagd gehen.*

### Hermelin

Das Hermelin gehört ebenfalls zu den Wieseln. Es sieht aus wie das Mauswiesel, ist aber größer und hat eine schwarze Schwanzspitze. Bei Tieren, die im hohen Norden leben, färbt sich das Fell am Ende des Sommers weiß (Tarnung im Schnee). Im Frühling wird es wieder braun. Wegen dieses herrlichen weißen Fells wurden Hermeline lange Zeit gejagt. Sie ernähren sich wie alle Wiesel, stehlen aber auch Vogeleier.

*Ein Hermelin im Winterpelz*

*Ein Hermelin wird vom Kopf bis zum Schwanzansatz 28 cm lang.*

### Iltisse

Iltisse leben in Europa, Nordamerika und Nordasien. Sie fressen Frösche, Vögel, Nagetiere und Kaninchen. Frettchen, eine Form des europäischen Iltis, werden manchmal gezähmt und zur Kaninchenjagd verwendet.

*Europäischer Iltis*

*Der Schwarzfuß-Iltis, der die amerikanischen Prärien bewohnte, ist fast ausgestorben.*

### Marder

Die nachtaktiven Marder verschlafen den Tag in Baumhöhlen, Felsspalten oder Vogelnestern. Sie fressen Vögel, Mäuse, Insekten, Früchte und Eichhörnchen. Baummarder bewohnen Nadelwälder, Stein- oder Hausmarder leben in der Nähe der Menschen.

*Baummarder können hervorragend klettern.*

### Dachse

Dachse haben kurze Beine und wirken dadurch sehr gedrungen. Mit ihren kräftigen Krallen graben sie Insekten, Würmer und kleine Säugetiere aus. Die meisten Arten sind nachtaktiv. Der amerikanische Silberdachs buddelt Mäuse und Präriehunde aus, während der Honigdachs außer kleinen Tieren am liebsten Honig mag. Er lebt in Afrika und Südasien. Gegen die Stiche der Bienen schützt ihn sein dichtes Fell.

*Silberdachs*

*Honigdachse spüren Bienennester auf, indem sie dem Gesang des Honiganzeigers folgen, einem Vogel, der Bienenwachs frisst.*

Europäische Dachse ernähren sich vorwiegend von Würmern, Insekten, Mäusen und Wühlmäusen. In einem Dachsbau, der aus vielen Röhren und Kammern (Kesseln) besteht, leben bis zu 12 Tiere. In den Kammern schlafen sie und ziehen ihre Jungen auf. Den Abfall lagern sie draußen.

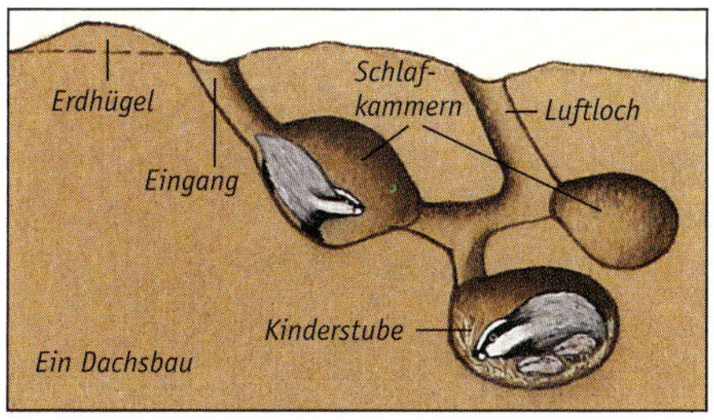


*Ein Dachsbau*

### Stinktiere

Stinktiere oder Skunke leben in Nord- und Südamerika. Alle Arten, z. B. Streifen-, Flecken- und Schweinsnasenskunke, sind schwarz-weiß gefärbt. Das dient der Tarnung in der Nacht, wenn sie jagen, und als Warnung für Raubtiere. Stinktiere können eine übel riechende Flüssigkeit aus Drüsen unter ihrem Schwanz verspritzen, die kurzfristig blind macht. Als Warnung heben sie ihren Schwanz, stampfen mit den Füßen, knurren und zischen, um einen Angreifer zu vertreiben.

*Oben: Ein Fleckenskunk vertreibt einen Angreifer.*

*Rechts: Streifenskunk*

Ein Braunbär fängt einen Lachs.

# Bären, Pandas
## und Waschbären

Bären sind die größten und stärksten Landraubtiere. Trotzdem fressen alle, bis auf den Eisbären, vor allem Blätter, Wurzeln und Beeren. Pandas und Waschbären sind mit den Echten Bären verwandt. Besonders bekannt ist der Große Panda aus China, aber auch der Kleine Panda, der im Himalaja lebt.

Ein Eisbär wird aus einer kanadischen Stadt entfernt.

### Braunbären

Braunbären sind die größten Bären. Sie fressen kleine Tiere, Beeren, Blätter, Wurzeln und Honig. Wenn die Lachse auf dem Weg zu ihren Laichplätzen die Flüsse hinaufschwimmen, fangen sie die Fische mit ihren Tatzen aus dem Wasser. Sie gehen meist auf allen vieren, können sich aber aufrichten, um Feinde abzuschrecken.

Braunbär und seine Spuren

Auch die Grislis, die in den Rocky Mountains (USA) leben, sind Braunbären. Die Spitzen ihrer Haare sind aber weiß gefärbt. Kodiakbären kommen in Alaska vor, andere Braunbären auch in Nordasien und in einsamen Gebirgen Europas. Den Winter verschlafen Braunbären in einer Höhle, oder sie graben sich einen Bau unter einer Baumwurzel. Dort bringen die Bärinnen auch ihre Jungen zur Welt.

### Schwarzbären

Schwarzbären sind kleiner als Braunbären. Sie können schnell laufen und gut klettern. In den Bäumen suchen sie nach Bienennestern, um an den Honig zu gelangen. Außerdem fressen sie kleine Tiere, Blätter, Beeren und Wurzeln. Schwarzbären kommen in Mittel- und Ostasien und Nordamerika vor. Auch sie halten Winterschlaf.

Schwarzbären leben geschützt in amerikanischen Nationalparks.

### Eisbären

Eisbären leben auf dem Eis rund um den Nordpol. Sie können zwar hervorragend schwimmen, lassen sich aber lieber von einer Eisscholle tragen. Ihr dichtes Fell und eine Fettschicht unter der Haut halten sie warm. Ausgewachsene Eisbären sind Einzelgänger. Während des kurzen Sommers legen diese geschickten Jäger auf der Suche nach Robben, Fischen und Vögeln weite Strecken zurück.

Ein ausgewachsener Eisbär wiegt bis zu 800 kg.

Manchmal trauen sich Eisbären in die Städte Nordkanadas und suchen im Abfall nach etwas Essbarem. Dann muss man sie wegschaffen, denn sie könnten die Menschen erschrecken oder sich an gefährlichem Müll verletzen.

Ein Eisbär lauert am Atemloch einer Robbe. Da er sich sehr vorsichtig anschleicht, kann sie das Geräusch seiner Schritte durch das Eis nicht hören.

Ein Eisbär kann stundenlang warten. Sein dichtes Fell und die Fettschicht halten ihn warm. Er wartet ab, bis eine Robbe ihren Kopf zum Atmen herausstreckt.

Mit einem Schlag seiner mächtigen Tatze tötet er sein Opfer und zieht es mit den scharfen Krallen aus dem Wasser. Zuerst frisst er Haut und Fett, dann das Fleisch.

In der Regel halten Eisbären keinen Winterschlaf. Die Bärinnen graben sich eine Höhle in den Schnee, wo sie zwei bis drei Junge zur Welt bringen. Die Kleinen trinken die Milch ihrer Mutter, doch die Bärin wird bis zum Frühling nichts fressen. Junge Eisbären bleiben zwei Jahre bei ihrer Mutter.

Braunbären polstern ihre Höhle mit Blättern und Zweigen aus.

Wenn es wärmer wird, wachen sie auf und suchen nach Nahrung.

Bärenbabys werden nackt, blind und zahnlos geboren. Im Frühling verlassen sie die Höhle und beginnen gleich zu spielen.

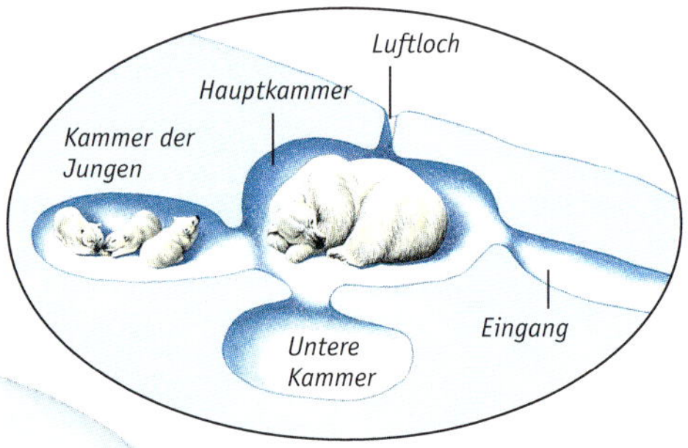


Eisbärin mit Jungen in der Schneehöhle

Zum Weiterlesen: Raubtiere S. 41; Lachse S. 27

## Malaienbären

Die Malaienbären leben in den tropischen Regenwäldern Indiens und Südostasiens. Sie können gut klettern und bauen sich Schlafnester in den Bäumen. Malaienbären sind mit 1,40 m kleiner als die übrigen Bären. Sie fressen Pflanzen, Honig, Ameisen und Termiten. Da es in den Tropen nie kalt wird, halten sie keinen Winterschlaf.

*Malaienbären lecken die Termiten mit ihrer langen Zunge auf.*

## Brillenbären

Brillenbären haben helles Fell um die Augen. Sie sind in den Bergwäldern der südamerikanischen Anden zu Hause. Da viele der Wälder, in denen sie ihre Nahrung finden, inzwischen abgeholzt wurden, sind Brillenbären sehr selten.

## Große Pandas

Große Pandas oder Bambusbären kommen nur in Sichuan (China) vor. Sie ernähren sich hauptsächlich von Bambussprossen, fressen aber gelegentlich auch andere Pflanzen, Ratten, Vögel, Schlangen und Fische. Sie verbringen die meiste Zeit mit Fressen und Schlafen. Pandas halten keinen Winterschlaf, ziehen sich bei großer Kälte aber in Höhlen oder hohle Bäume zurück.

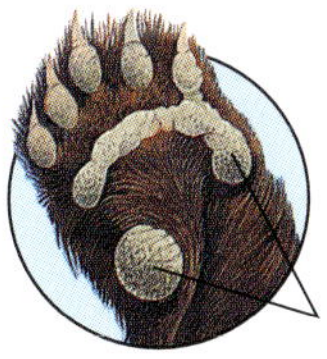


*Pandas haben besondere Pfotenballen, mit denen sie das Bambusrohr festhalten.*

*Große Pandas*

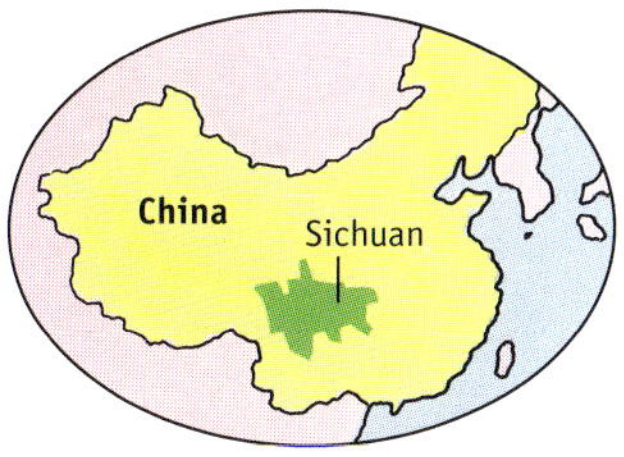


*Die Karte zeigt das Bergland von Sichuan in China, wo die meisten Bambusbären leben. Sie sind streng geschützt.*

Viele der Bambuswälder wurden für Ackerland gerodet, daher ist der Große Panda vom Aussterben bedroht. In Freiheit leben nur noch 700 Tiere.

*Pandas sind Einzelgänger, die sich nur zur Paarungszeit treffen. Die Bärinnen werden erst nach vier Jahren geschlechtsreif, daher vermehren sich Pandas nur langsam und ihre Zahl nimmt kaum zu.*

*Fünf Monate nach der Paarung werden ein oder zwei Pandababys geboren. Sie sind bei der Geburt nackt und blind, doch schon nach zehn Tagen wächst ihnen ein Fell und sie öffnen die Augen.*

*Meistens kann sich die Mutter nur um eines der Jungen kümmern, während das andere stirbt. Junge Pandas sind sehr verspielt. Sie bleiben rund 18 Monate bei ihrer Mutter, dann können sie für sich selbst sorgen.*

Es gibt noch einen Grund, warum Pandas so selten sind: Bambus blüht nur alle 100 Jahre und stirbt danach ab. Als 1983 große Bambusflächen blühten und abstarben, fanden viele Pandas keine Nahrung mehr und verhungerten.

*Der Große Panda ist das Symbol des WWF (World Wide Fund for Nature), einer der größten Naturschutzorganisationen der Welt.*

## Kleiner Panda

Der Kleine Panda lebt an den Berghängen des Himalaja in Asien. Er ist mit den Waschbären und dem Großen Panda verwandt. Kleine Pandas bauen Baumnester, in denen sie den Tag verschlafen. Nachts kommen sie heraus und suchen nach Früchten, Wurzeln und Bambus. Sie mögen aber auch Schlangen, Insekten und Eier. Da ihr Lebensraum nach und nach vernichtet wird, ist der Kleine Panda ebenso wie der Große vom Aussterben bedroht.

*Kleine Pandas können gut klettern.*

## Waschbären

Waschbären leben in Nord- und Südamerika. Einige wurden in Europa ausgesetzt. Als nachtaktive Tiere sind sie durch ihr schwarz und weiß gezeichnetes Fell gut getarnt. Den Tag verschlafen sie gewöhnlich auf einem Baum.

*Waschbären packen und halten ihre Nahrung mit den Vorderpfoten.*

Obwohl die Waschbären Raubtiere sind, die Fische mit ihren Krallen aus dem Wasser fangen, mögen sie auch Beeren und andere Früchte. Waschbären halten keinen Winterschlaf. Sie bekommen bei Kälte ein dichtes Fell und bleiben in ihren Nestern. In Nordamerika jagt man sie wegen ihres Fells.

*Waschbären, die in der Nähe von Städten leben, machen sich über Abfälle her.*

# Wale und Delfine

Ein Wal springt aus dem Wasser.

Wale sind im Wasser lebende Säugetiere. Die etwa 80 Arten sind in zwei große Gruppen aufgegliedert: Bartenwale und Zahnwale. Delfine und Schweinswale gehören zu den Zahnwalen. Eine dicke Fettschicht unter der Haut, der Blubber, hält die Wale warm. Jahrhundertelang wurden Wale wegen dieses Fetts und ihres Fleisches gejagt. Heute stehen einige der großen Arten vor der Ausrottung.

*Springender Großer Tümmler*

## Bartenwale

Bartenwale sind zahnlos, statt Zähnen hängen von ihrem Oberkiefer zahlreiche Hornplatten (Barten) ins Maul. Diese Wale fressen winzige Krebse, den Krill: Wenn sie einen mächtigen Schluck Wasser ins Maul nehmen und es durch die siebartigen Barten wieder nach draußen drücken, bleibt der Krill in den Barten hängen und wird dann verschluckt.

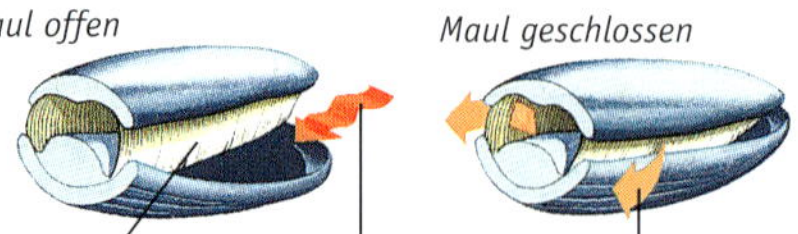


Ein großer Wal braucht täglich rund 4 Tonnen Krill. Diese Mengen kommen in den kalten Gewässern der Arktis und Antarktis vor. Im Winter schwimmen die Wale in die wärmeren Meere in der Nähe des Äquators, wo die Jungen zur Welt kommen. Blauwale, Glattwale, Zwergwale und Buckelwale sind Bartenwale. Bis auf den Zwergwal sind alle vom Aussterben bedroht.

*Zwergwale bewohnen die Polarmeere. Sie werden 10 m lang.*

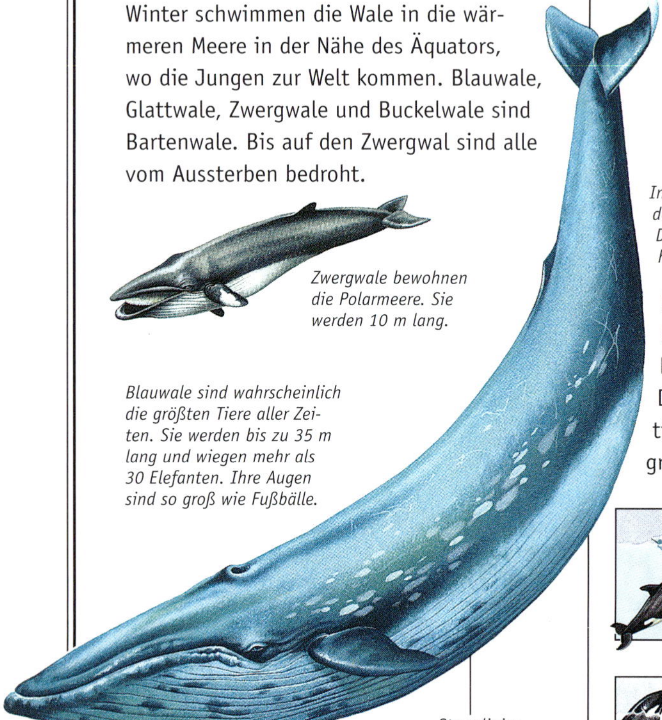


*Blauwale sind wahrscheinlich die größten Tiere aller Zeiten. Sie werden bis zu 35 m lang und wiegen mehr als 30 Elefanten. Ihre Augen sind so groß wie Fußbälle.*

*Die Glattwale werden bis zu 20 m lang. Walfänger nannten sie „richtige" Wale, weil sie genau die richtige Fanggröße hatten. Andere Wale waren zu groß für die kleinen Fangboote.*

## Zahnwale

Zahnwale ernähren sich vorwiegend von Fischen und Kalmaren. Sie packen die schlüpfrige Beute mit ihren scharfen Zähnen und schlucken sie als Ganzes hinunter. Viele Zahnwale leben in Gruppen, so genannten Schulen, zusammen. Die Mitglieder einer Schule unterhalten sich durch Pfiffe und Klicklaute und teilen häufig die Nahrung.

*Belugawale leben im Nordpolarmeer.*

*Narwale leben im Nordpolarmeer. Die Männchen und einige Weibchen tragen einen 2 m langen, spiralig gewundenen Zahn am Oberkiefer.*

*In den großen Köpfen der Pottwale befindet sich ein wachsartiges Öl. Dadurch können sie im Wasser schweben. Diese Tiere helfen einem verletzten Artgenossen.*

Die meisten Zahnwale benutzen ein Echolot, um Beute zu finden und Hindernissen auszuweichen (siehe Delfine). Pottwale tauchen über 1 km tief, um Riesenkalmare auf dem Meeresgrund zu jagen.

*Schwertwale jagen gemeinsam. Hier umringen sie eine Robbe auf einer Eisscholle.*

*Einer der Wale lehnt sich auf den Schollenrand, ein zweiter kippt die Scholle auf der entgegengesetzten Seite hoch.*

*Einer der Wale packt die abgerutschte Robbe mit dem Maul, dann wird die Beute geteilt.*

## Delfine und Schweinswale

Delfine leben in warmen Meeren. Es sind intelligente, soziale Tiere und schnelle Schwimmer. Der Große Tümmler bringt es auf 50 km/h. Da sie häufig Booten folgen, werden viele unabsichtlich in Fischernetzen für Tunfische gefangen. Schweinswale sind kleiner als Delfine. Sie leben in Gruppen von bis zu 100 Tieren und ernähren sich von Fischen und Kalmaren. Delfine und andere Zahnwale verwenden ein Echolot, um Beute zu finden und Hindernissen auszuweichen: Während sie schwimmen, erzeugen sie Klicklaute, die z. B. von Fischen reflektiert werden. Der Delfin hört das Echo und kann daraus den Standort des Fisches erkennen.

*Delfine gehören zu den Zahnwalen.*

Delfine senden bis zu 700 Klicks pro Minute aus, indem sie Luft durch besondere Kammern ihres Kopfes pressen. Über Klicklaute verständigen sie sich auch mit anderen Delfinen. Sie leben und jagen gemeinsam in Schulen und helfen sich gegenseitig, wenn sich einer verletzt hat.

## So atmen Wale

Wie alle Säugetiere atmen auch die Wale über Lungen, daher müssen sie zum Luftholen auftauchen. Sie atmen frische Luft ein und blasen die verbrauchte Luft in Form einer Dampfwolke (Blas) durch ein „Blasloch" auf ihrem Kopf wieder aus. An der Form der Fontäne kann man die Art des Wales bestimmen.

Zum Weiterlesen: Polargebiete S. 80–81; Nahrungspyramide S. 82

Kämpfende See-Elefanten

# Robben
## und andere Meeressäugetiere

Walrosse

Robben werden im Gegensatz zu den Landraubtieren häufig als Wasserraubtiere bezeichnet. Man teilt sie ein in Hundsrobben, Ohrenrobben und Walrosse. Die meisten Arten leben in den kalten Polarmeeren und im Nordatlantik. Ein öliges Fell und eine dicke Fettschicht unter der Haut halten sie warm. Seekühe sind keine Raubtiere, sondern Pflanzenfresser.

### Hundsrobben

Hundsrobben sind zwar sehr gute Schwimmer, auf dem Land oder auf Eis müssen sie jedoch auf dem Bauch „robben". Sie haben stromlinienförmige Körper und Schwimmflossen. Beim Schwimmen bewegen sie die Beinflossen auf und ab und steuern mit den Armflossen. Da sie zum Atmen auftauchen müssen, halten sie im Winter Atemlöcher im Eis offen. Robben ernähren sich von Fisch, Kalmaren und kleinen Krebsen (Krill). Im Frühling bringen sie an Land oder auf dem Packeis ihre Babys zur Welt. Oft versammeln sich dann zahlreiche Tiere in einer Kolonie. Die Eismeer-Ringelrobbe gräbt sich jedoch eine Höhle in den Schnee.

*Schwimmende Weddell-Robbe*

*Ringelrobbe mit Baby in der Höhle*

*Krabbenesser-Robben leben in der Antarktis. Sie fressen vorwiegend Krill.*

*Sattelrobben leben in der Arktis. Ihre Jungen haben flauschig weißes Fell; damit sind sie auf dem Eis getarnt.*

Da Robben (vor allem die Sattelrobbenbabys) als Pelztiere gejagt wurden, standen sie vor der Ausrottung. Heute sind die meisten Robben geschützt.

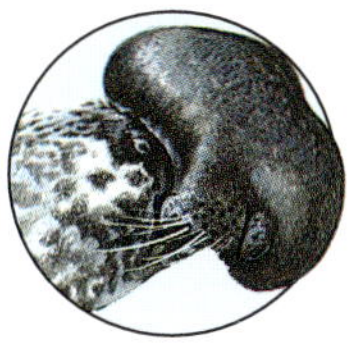

*See-Elefanten und Klappmützen können ihren Rüssel aufblasen.*

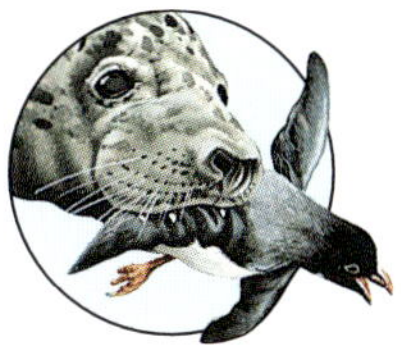

*Seeleoparden fressen Pinguine.*

### Ohrenrobben

Seelöwen gehören zu den Ohrenrobben, die alle sichtbare Ohrmuscheln haben. Die Hundsrobben haben keine Ohrmuscheln.

*Hundsrobbe*

*Ohrenrobbe*

*Kalifornischer Seelöwe*

Seelöwen und die übrigen Ohrenrobben können sich auf ihre Vorderpfoten stützen und sind daher an Land beweglicher als Hundsrobben. Man hat den geschickten Tieren sogar schon beigebracht, Werkzeuge zu Tauchern zu bringen. Sie sind schnelle Schwimmer und gute Taucher, die mit den Vorderpfoten schwimmen und den Hinterpfoten steuern. Sie fressen Fische und Kalmare.

*Antarktische Pelzrobben gehören ebenfalls zu den Ohrenrobben. Während sie früher wegen ihres Fells gejagt wurden, stehen sie heute unter Schutz.*

### Walrosse

Walrosse bilden eine eigene Robbenfamilie. Beide Geschlechter tragen lange, spitze Stoßzähne aus Elfenbein. Damit graben sie nach Muscheln und Schalentieren. Ein großes Walross frisst täglich bis zu 3.000 Muscheln und außerdem Fische, Vögel und Robben. Walrosse leben in arktischen Gewässern und bringen ihre Jungen an Land zur Welt. In der Paarungszeit bekämpfen sich die Bullen mit den Stoßzähnen. Das stärkste Männchen schart die meisten Weibchen um sich.

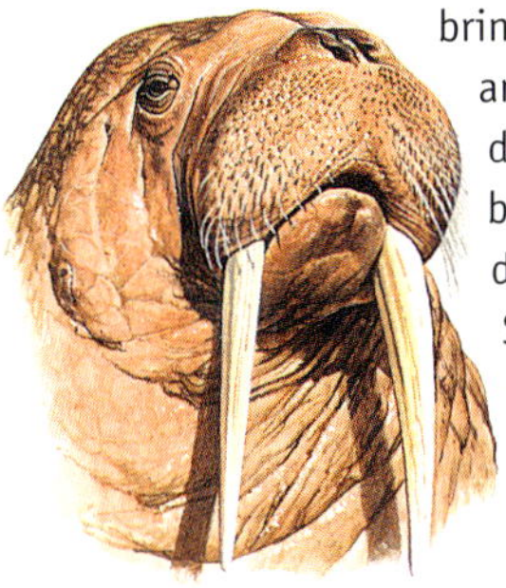

*Walrosse tasten im Flachwasser mit den weichen Nasen und Schnurrhaaren nach Muscheln.*

*Mit den Stoßzähnen ziehen sie sich aus dem Wasser.*

*Kämpfende Walrosse greifen sich mit den Stoßzähnen an.*

### Seekühe

Seekühe sind große, friedliche Pflanzen fressende Säugetiere, die sich von Tang und anderen Wasserpflanzen ernähren. Man unterscheidet zwei Formen: Manatis und Dugongs. Die Manatis leben an den Küsten des Atlantiks und in Schutzgebieten vor Florida. Die sehr seltenen Dugongs kommen an den Küsten des Indischen Ozeans und des Roten Meeres vor.

*Mit ihrer gespaltenen Oberlippe greifen die Manatis nach Wasserpflanzen.*

Zum Weiterlesen: Raubtiere S. 41

*Geoffroy-Klammeraffen leben in den Baumwipfeln der südamerikanischen Regenwälder.*

# Affen, Menschenaffen
## und kleine Primaten

Affen und Menschenaffen gehören zur Tiergruppe der Herrentiere oder Primaten – wie wir Menschen. Daneben gibt es noch zahlreiche kleinere Primaten, wie die Lemuren, Koboldmakis und Buschbabys. Insgesamt kennen wir 120 Affenarten, darunter vier Menschenaffenarten: Schimpansen, Gibbons, Orang-Utans und Gorillas. Die meisten Primaten leben auf Bäumen und können sehr gut sehen. Nur sie können mit Daumen und Fingern einen Ring bilden. So umklammern sie sicher die Zweige und greifen nach Früchten und Blättern.

*Gibbons kommen in den Regenwäldern Südostasiens vor.*

### Affen

Die meisten Affen leben in den Regenwäldern von Asien, Afrika und Südamerika. Einige, wie die Paviane, besiedeln die Savannen Afrikas und die Rotgesichtmakaken sogar die von Schnee bedeckten japanischen Gebirge. Affen sind kleiner als Menschenaffen und haben im Unterschied zu diesen meist einen Schwanz. In den Baumkronen hilft ihnen der Schwanz, die Balance zu halten. Viele südamerikanische Affen haben sogar einen kräftigen, langen Greifschwanz, mit dem sie Zweige umklammern oder sogar Früchte und Nüsse abpflücken können.

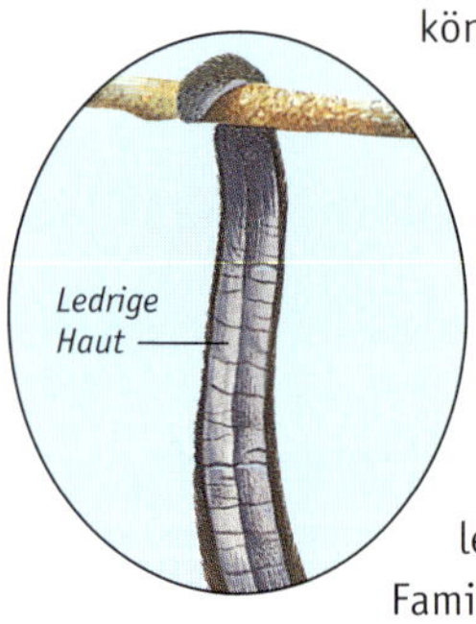


*Dank der ledrigen Haut auf der Schwanzunterseite finden die Klammeraffen sicheren Halt.*

Die meisten Affen leben in kleinen Familiengruppen. Sie sind überwiegend tagaktiv und schlafen nachts in den Bäumen. Affen ernähren sich von Blättern, Früchten, viele auch von Insekten. Sakis können mit ihren spezialisierten Zähnen Samen fressen, während die Marmosetten Zweige annagen und den austretenden Saft auflecken.

*Gesicht und Hintern der Mandrille sind bunt gefärbt. Bei den älteren Männchen ist diese Färbung besonders ausgeprägt und wird noch stärker, wenn sie wütend oder aufgeregt sind. Mandrills leben in Westafrika.*

*Brüllaffen leben in den Regenwäldern Südamerikas. Ihr Gebrüll ist 3 km weit zu hören.*

*Die Goldstumpfnasen kommen in den Gebirgen Sichuans (China) vor. Die Fellhaare auf ihrem Rücken können bis zu 10 cm lang werden.*

*Wollaffen leben in den Regenwäldern Südamerikas. Sie wurden bis an den Rand der Ausrottung gejagt.*

*In den höchsten Gipfeln der südamerikanischen Regenwälder leben die Nachtaffen. Die kleinen Familiengruppen gehen nachts auf Nahrungssuche.*

*Die Javaneraffen besiedeln die Ufer südostasiatischer Flüsse. Sie sind gute Schwimmer und fressen Krebse und Schnecken.*

*Nasenaffen leben auf der Insel Borneo in Südostasien. Die Männchen haben bis zu 18 cm lange Nasen und können laut schreien.*

*Sakis leben in Südamerika; mit Hilfe ihrer besonderen Zahnlücke können sie die Schalen harter Nüsse knacken.*

### Paviane

Die großen Paviane besiedeln die Savannen Afrikas. Sie laufen auf allen vieren und klettern auf Bäume, wenn sie schlafen wollen oder vor Feinden fliehen. Obwohl sie vorwiegend Pflanzen fressen, jagen sie auch Tiere. Paviane bilden Gruppen von bis zu 100 Tieren, die jeweils ein eigenes Revier verteidigen.

*Die gegenseitige Fellpflege festigt Freundschaften in der Gruppe und dient der Hygiene.*

*Junge Paviane drehen einem älteren Männchen die Rückseite zu, als Zeichen, dass sie es als Führer anerkennen.*

*In den ersten Wochen klammern sich Pavianbabys an ihre Mutter, später spielen sie mit den anderen Jungen.*

Jedes Tier in der Gruppe hat einen bestimmten Rang und verhält sich entsprechend. Die großen, älteren Männchen führen die Gruppe, jüngere sind Kundschafter und jagen Fremde weg. Sowohl die Männchen als auch die Weibchen kümmern sich um die Kleinen. Die Jungen lernen alles, was sie später brauchen, im Spiel und durch Nachahmung.

*Eine Pavianmutter bei der Babypflege*

## Lemuren

Lemuren sind Halbaffen, die auf Madagaskar und der Inselgruppe der Komoren vor Afrika leben. Die meisten der 22 Lemurenarten sind vom Aussterben bedroht, da die Regenwälder, in denen sie leben, abgeholzt werden.

*Kattas reiben sich den Duft der eigenen Achseldrüse auf den Schwanz.*

*Varis gehören zu den größten Lemuren.*

Lemuren sind tagaktive Tiere, die Pflanzen, Insekten und kleine Tiere fressen. Sie leben auf Bäumen und sind, wie die meisten Primaten, gute Kletterer. Lemuren bilden Gruppen von etwa 20 Tieren, die von den Weibchen angeführt werden. Jede Gruppe verteidigt ein Revier, das die Männchen durch Duft markieren. Sie führen sogar „Stinkkämpfe" aus, bei denen sie ihre Schwänze mit Duft aus den Achselhöhlen markieren und vor den Gegnern herumschwenken.

## Koboldmakis und Buschbabys

Die kleinen Koboldmakis leben in den Regenwäldern von Südostasien, Buschbabys oder Galagos in denen von Afrika, Indien und Südostasien.

*Mit ihren großen Augen sehen die nachtaktiven Koboldmakis auch in der Dunkelheit. Sie springen von einer Baumkrone zur anderen und können ihren Kopf sehr weit nach hinten drehen. Makis fressen Insekten, Vögel, Eier und kleine Echsen.*

*Die ebenfalls nachtaktiven Buschbabys fressen Insekten, Samen und Blüten. Sie schreien wie ein Baby, leben allein und markieren ihr Revier mit Urin.*

## Schimpansen

Schimpansen und Bonobos leben in Regenwäldern, Wäldern und Savannen Afrikas. Sie schließen sich zu kleinen Gruppen aus Männchen, Weibchen und ihren Kindern zusammen. Schimpansen ernähren sich von Pflanzen, Insekten und kleinen Säugetieren. Die Schimpansen, die im Regenwald leben, machen sogar gemeinsam Jagd auf größere Tiere, z. B. auf andere Affen. Sie verteidigen ihr Revier mit direkten Angriffen oder Steinwürfen. Schimpansen gelten als unsere nächsten Verwandten und sind die intelligentesten Primaten. Sie können sogar Werkzeuge herstellen, z. B. Stöcke, um Termiten zu angeln.

*Schimpansen benutzen Steine und Stöcke als Werkzeuge, um an Futter zu kommen.*

## Gorillas

Gorillas sind die größten Primaten. Sie kommen nur in kleinen Gebieten Zentral- und Ostafrikas vor, wo sie sich von Sprossen, Früchten und Beeren ernähren. Gorillas bleiben meist auf dem Boden, wo sie auf allen vieren (auf den Knöcheln) laufen. Nachts schlafen sie in Nestern, die sie aus Zweigen und Blättern bauen. Sie bilden Familiengruppen aus mehreren Weibchen und ihren Kindern, die von einem starken Männchen angeführt werden, dem Silberrücken. Um einen Gegner zu beeindrucken, starrt er ihn an, schlägt sich auf die Brust, brüllt und reißt Planzen aus.

*Gorillas leben in den markierten Gebieten, die Berggorillas nur im Hochland von Ostafrika.*

## Orang-Utans

Orang-Utans sind Einzelgänger, nur die Jungen bleiben zwei bis drei Jahre bei der Mutter. Ihr Name bedeutet „Waldmensch". Sie ernähren sich von Früchten und Blättern und kommen fast nie auf den Boden. Orang-Utans leben ausschließlich in den Wäldern der Inseln Borneo und Sumatra in Südostasien.

*Orang-Utans haben sehr lange Arme; die Spannweite beträgt bis zu 2,25 m.*

*Die Babys klammern sich am Fell der Mutter fest.*

*Ältere Männchen haben dicke Backenwülste. Sie bewachen ihr Revier und brüllen laut, um andere Männchen fern zu halten.*

## Gibbons

Gibbons leben in kleinen Familiengruppen. Sie fressen Pflanzen, Früchte, Eier, Insekten und andere kleine Tiere. Gibbons sind kleiner als Menschenaffen, können aber besser von Ast zu Ast schwingen. Dabei verständigen sie sich durch Rufe.

*Gibbons hangeln sich an den Zweigen entlang.*

*Sie rufen laut, um ihr Revier zu markieren.*

*Eine Gruppe Gorillas sucht auf einer Lichtung nach Futter.*

*Junge Gorillas sind sehr verspielt.*

*Beim Silberrücken färbt sich das Rückenfell grau.*

*Weibliche Gorillas bei der Körperpflege.*

Asiatischer Elefant
und Sumatra-Nashorn

# Elefanten und Nashörner

Beide Tiergruppen sind vom Aussterben bedroht. Bis 1990 wurden Jahr für Jahr über 100.000 Elefanten wegen ihrer Stoßzähne aus Elfenbein getötet. Nashörnern stellen die Wilderer wegen ihres Horns nach. Es besteht aus verwachsenen Haaren und soll angeblich medizinische Wirkung haben.

*Die Vögel warten auf Insekten, die das Nashorn aufscheucht.*

## Elefanten

Es gibt zwei Elefantenarten: Afrikanische Elefanten sind die größten Landtiere. Sie leben in Savannen und Wäldern. Die Asiatischen Elefanten in Indien und Südostasien sind etwas kleiner.

*Oben: Asiatische Elefanten haben kleinere Ohren und Stoßzähne als die Afrikanischen.*

*Rechts: Afrikanische Elefantenkuh mit Jungem*

Eine Elefantenherde besteht aus verwandten weiblichen Tieren und ihren Kälbern, sie wird von einer erfahrenen Leitkuh geführt. Elefantenbullen leben allein und schließen sich nur zur Paarungszeit der Gruppe an.

*Die Stoßzähne der Elefanten sind verlängerte Schneidezähne. Sie bestehen aus Zahnbein, dem Baumaterial aller Zähne.*

Elefanten fressen Blätter, Früchte und Gräser. Sie füllen ihre sehr großen Mägen täglich mit bis zu 150 kg Nahrung. Mit dem Rüssel können sie Futter aufnehmen und ins Maul stecken. Manchmal werfen sie einfach einen Baum um, um an die Blätter zu kommen.

*Elefanten benutzen die Rüsselöffnung zum Greifen: Sie können damit Früchte aufheben, Gras und Blätter pflücken, Wurzeln ausgraben und Rinde abreißen.*

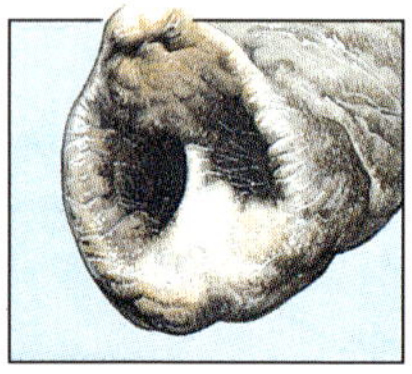

*Der Rüssel ist die Nase der Elefanten; er hat zwei Nasenlöcher. Mit dem Rüssel können sie nicht nur riechen, sondern auch Wasser einsaugen und ins Maul spritzen.*

*Mit dem Rüssel spritzen sich Elefanten regelmäßig nass und pusten sich dann Staub über ihren fast haarlosen Körper. So halten sie ihre Haut sauber und gesund.*

Die Ohren sind reich an Blutgefäßen. Wenn ein Elefant mit seinen großen Ohren schlägt, kühlt sich das Blut im Luftzug ab. Elefanten hören sehr gut und wenn sie ihre Ohren aufstellen, können sie die Töne von bis zu 8 km entfernten Artgenossen wahrnehmen, z. B. Bellen, Schnaufen, Brüllen und sehr tiefe Töne, die wir nicht hören können. Elefantenkühe sind 22 Monate lang trächtig und bringen nur ein Junges zur Welt. Alle weiblichen Tiere der Gruppe passen auf das Kleine auf und achten darauf, dass es sich nicht zu weit entfernt.

*Elefantenmütter benutzen ihren Rüssel, um ihr Baby zu streicheln und es zu leiten.*

## Nashörner

Es gibt fünf Nashornarten: Breit- und Spitzmaulnashorn leben in den afrikanischen Savannen. Das Indische Panzernashorn hat nur ein Horn und eine äußerst dicke, faltige Haut. Die beiden weiteren Arten, das Sumatra- und das Javanashorn, sind kleiner und leben in den Regenwäldern Südostasiens.

*Manchmal ruhen sich Kuhreiher auf dem Rücken eines Nashorns aus.*

*Spitzmaulnashorn*

Breit- und Spitzmaulnashörner sehen sich zwar ähnlich, haben aber unterschiedliche Lebensweisen: Das Spitzmaulnashorn kann mit seiner fingerartigen Oberlippe Blätter von Sträuchern und Bäumen pflücken, während das Breitmaulnashorn mit den geraden Lippen Gras ausrupft.

*Die unterschiedlich geformten Lippen von Breit- (rechts) und Spitzmaulnashorn (links)*

Nashörner sind Einzelgänger, die meist in der kühlen Nacht auf Nahrungssuche gehen. Auf kurzen Strecken können sie sehr schnell laufen. Zwar riechen und hören sie sehr gut, sehen können sie aber nur schlecht. Da ihre Augen an den Seiten des Kopfes sitzen, erkennen sie nur das, was seitlich von ihnen passiert. Beim Kampf setzen männliche Nashörner ihr Horn ein. Bricht es ab, wächst ihnen ein neues. In manchen Gegenden Afrikas schneidet man den Nashörnern zum Schutz vor Wilderern das Horn ab. Das tut ihnen nicht weh.

*Nashörner schlafen am Tag, gelegentlich wälzen sie sich im Schlamm, um sich abzukühlen und Hautparasiten loszuwerden.*

Manche Vögel picken den Zebras die Parasiten aus der Haut.

# Zebras, Flusspferde, Giraffen

Zebras, Flusspferde und Giraffen leben in den afrikanischen Savannen. Die Flusspferde besiedeln in riesigen Herden die größeren Flüsse, während sich Zebras und Giraffen im Grasland aufhalten. Sie gehören zu den Huftieren und sind Pflanzenfresser. Während Zebras und Flusspferde grasen, pflücken sich Giraffen Blätter von den Bäumen.

## Zebras

Zebras sind Pferde, sie haben lange Beine mit Hufen, Mähne und Schwanz und sie fressen Gras. Es gibt drei Zebraarten; das Bergzebra ist inzwischen sehr selten. Jede Art trägt ein anderes schwarzweißes Streifenmuster und jedes Einzeltier auch.

*Zebras reißen das Gras mit den scharfen Vorderzähnen ab.*

*In der flirrenden Hitze Afrikas verwischen die Streifen die Umrisse der Zebras und wirken so als Tarnung.*

Zebras leben in Herden und sind deshalb vor Raubtieren, wie Löwen oder Wildhunden, einigermaßen gut geschützt. Sie können hervorragend sehen, noch besser hören und riechen und sie rennen wie alle Pferde sehr schnell. Häufig gesellen sie sich zu anderen grasenden Tieren, wie den Antilopen.

*Eine Zebrafamilie*

*Innerhalb der Herde schließen sich die Zebras zu kleinen Familiengruppen zusammen, die meist von einem Hengst, dem männlichen Zebra, angeführt werden. Mit einem bellenden Geräusch warnt er vor Gefahr.*

*Wenn sich Zebras paarweise das Fell pflegen, halten sie in zwei Richtungen Ausschau nach Feinden.*

## Flusspferde

Flusspferde gibt es nur in Afrika. Nach den Elefanten sind sie die zweitgrößten Landtiere. Die sehr seltenen Zwergflusspferde leben in den Regenwäldern Westafrikas.

*Ein Großflusspferd kann bis zu 3.000 kg wiegen.*

*Zwergflusspferde wiegen 180–275 kg.*

Die großen Flusspferde verbringen täglich an die 16 Stunden in Flüssen oder Sümpfen. Sie sind gute Schwimmer und können bis zu 5 Minuten unter Wasser bleiben. Da ihre Haut in der Sonne austrocknet, bleiben sie nie lange an Land. Die Haut der Zwergflusspferde enthält mehr Fett, sie halten es länger an der Luft aus.

*Ohren, Augen und Nase ragen aus dem Wasser, so können Flusspferde stets Feinde wahrnehmen.*

In der Nacht verlassen die Flusspferde das Wasser und wandern auf immer denselben Pfaden an Land. Sie fressen Gras, Blätter und Wurzeln. Flusspferde können schnell laufen und fliehen bei Gefahr ins Wasser. Dort werden auch die Jungen geboren, die sofort schwimmen können.

*Um Feinde abzuschrecken und Rivalen zu beeindrucken, reißen Flusspferdbullen ihr Maul weit auf und zeigen ihre Zähne.*

## Giraffen

Giraffen sind die höchsten Tiere der Welt, bis zu den Spitzen seiner Hörner misst ein erwachsener Bulle 5 m. Sowohl die Bullen (männlich) wie die Kühe (weiblich) haben zwei, drei oder vier Hörner und manche noch einen Höcker zwischen den Augen. Giraffen fressen die Blätter und Triebe von Bäumen. Mit ihrer bis zu 45 cm langen Zunge und den dicken, haarigen Lippen reißen sie die Blätter von den Zweigen. Tagsüber wandern sie in kleinen Gruppen von Baum zu Baum. Zum Trinken müssen Giraffen die Vorderbeine weit spreizen, um das Wasser zu erreichen.

*Dank ihrer langen Hälse erreichen Giraffen Baumkronen, die kein anderes Tier abweiden kann.*

*Junge Giraffenbullen kämpfen ihren Rang aus. Dabei schlagen sie sich mit den Köpfen und versuchen, sich seitlich wegzudrücken.*

Giraffen sind schnelle Läufer, die zum Schutz vor Staub ihre Nasenlöcher verschließen können. Mit ihren vorspringenden Augen sehen sie alles, was vor und neben ihnen auftaucht, außerdem können sie gut hören und riechen. Zwischen den Bäumen dient ihr fleckiges Fell als Tarnung. Je nach der Region, in der sie leben, haben Giraffen unterschiedliche Fellmuster.

*Mit Tritten jagen Giraffen Angreifer in die Flucht.*

Kamele werden als Tragtiere und wegen Milch, Fell und Fleisch gehalten.

# Kamele und Lamas
## und Wildrinder

Ihr dichtes, zotteliges Fell hält die Yaks warm.

Die meisten Kamele, Lamas und Rinder werden als Nutztiere gehalten, da die Menschen auf ihre Milch und ihr Fleisch oder auf ihre Arbeitskraft angewiesen sind. In der Wildnis leben nur noch wenige Exemplare. Als Wiederkäuer haben sie eine besondere Verdauung.

### Kamele

Die beiden bekanntesten Kamelarten unterscheiden sich durch ihre Höcker: Die Dromedare Arabiens und der Sahara haben nur einen Höcker. Die Trampeltiere, die in der asiatischen Wüste Gobi leben, haben zwei Höcker.

Dromedar

Im sehr kalten Winter der Wüste Gobi wächst den Trampeltieren ein dichtes Fell, das sie im Frühling wieder verlieren.

Kamele halten es lange ohne Wasser aus. Sie schwitzen nur wenig und durch eine Rinne in der Oberlippe fließen Wassertröpfchen aus der Nase zurück ins Maul. Zum Schutz vor Sand und Staub können sie die Nasenlöcher schließen. In einer Oase können Kamele dann rund 115 Liter Wasser auf einmal trinken.

Kamele fressen die harten, trockenen Blätter und Gräser der Wüste.

In ihren Höckern speichern Kamele kein Wasser, sondern Fett, von dem sie bei langen Wanderungen zehren. Dann hängen die Höcker schlaff herunter. In den arabischen Ländern werden Dromedare als Lasttiere und wegen ihrer Milch, ihres Fleisches und ihres Fells in Herden gehalten. Die Trampeltiere der Wüste Gobi dagegen leben noch wild.

Dromedar

### So fressen Wiederkäuer

Alle Pflanzen enthalten die schwer verdauliche Substanz Zellulose. Wiederkäuer, wie Rinder, Kamele, Lamas, Schafe und Ziegen, kauen und schlucken ihr Futter zunächst. Dann würgen sie es wieder hoch und zerkauen die Nahrung ein zweites Mal, um die harten Bestandteile zu zerkleinern. Auch Hirsche und Antilopen sind Wiederkäuer.

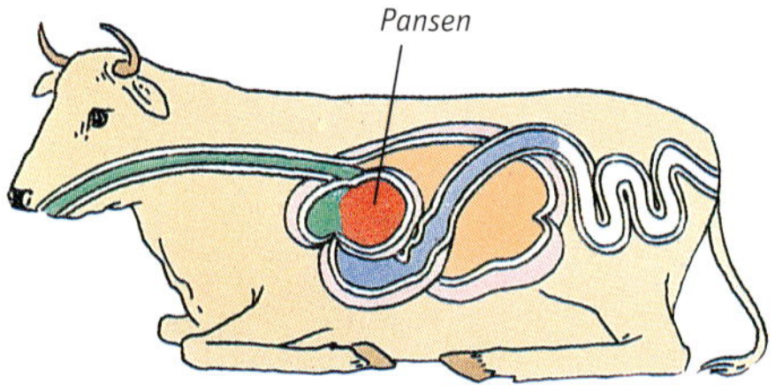


Verdauungssystem der Kuh

Kühe grasen im Stehen und legen sich dann zum Wiederkäuen nieder.

Der große Magen der Wiederkäuer besteht aus mehreren Kammern. Die zerkaute und verschluckte Nahrung kommt zuerst in den Pansen. Von dort wird sie hochgewürgt, erneut zerkaut und durchläuft dann weitere Kammern. Bei der Verdauung helfen auch nützliche Bakterien, die die Nahrung im Verdauungsapparat zersetzen, bis alle Bestandteile verwertet sind.

### Wildrinder

Zu den Rindern gehören z. B. Kühe, Büffel, Bisons und Yaks. Die meisten Rinder werden heute als Nutztiere gehalten. In der Wildnis kommen nur noch wenige vor. Vor 100 Jahren waren die Bisons der amerikanischen Prärien durch die Jagd fast ausgerottet. Heute werden sie in Zoos gezüchtet und dürfen in Nationalparks wieder frei umherstreifen.

Männliche Bisons rammen beim Kampf ihre Köpfe aneinander.

Während die afrikanischen Kaffernbüffel noch frei vorkommen, ist der wilde, asiatische Wasserbüffel fast ausgestorben. Auch das europäische Wisent ist sehr selten.

Kaffernbüffel erwarten einen Feind.

### Lamas

Die mit den Kamelen verwandten Lamas leben in Südamerika. Als Haustiere liefern sie Milch und Wolle, werden aber auch als Lasttiere genutzt. Sie stammen von den Guanakos ab. Guanakos und Vikunjas leben in den Anden Südamerikas. Von Guanakos stammen auch die Alpakas ab, die wegen ihrer langen, dichten Wolle gezüchtet werden. Die Vikunjas, die man wegen ihrer feinen Wolle gejagt hat, können nur noch in Schutzgebieten überleben.

Links: Ausgewachsenes und junges Guanako

Vikunja

Lamas, Guanakos und Vikunjas bilden kleine Gruppen aus Weibchen, die von einem Männchen angeführt werden.

Lama

Zum Weiterlesen: Hirsche S. 56; Antilopen S. 57; Rinder S. 65

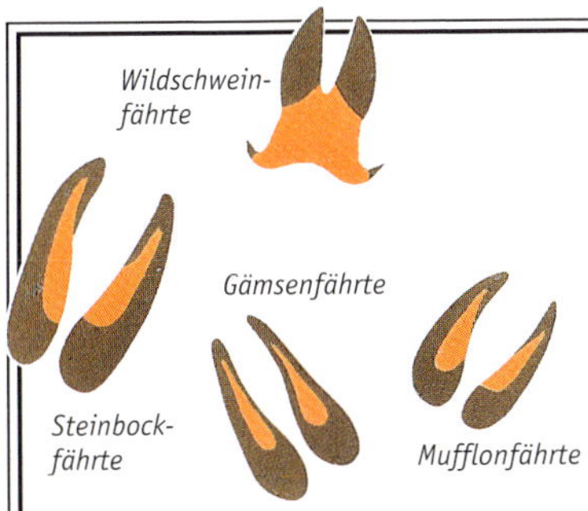


# Schafe, Ziegen, Schweine

Die meisten Schafe, Ziegen und Schweine werden als Nutztiere auf Bauernhöfen gehalten. Einige Schaf- und Ziegenarten kommen aber noch wild im Hochgebirge vor. Auch Wildschweine und die afrikanischen Warzenschweine leben frei. Schafe und Ziegen sind Wiederkäuer wie die Rinder.

*Wildschweinmutter mit Frischling*

## Wildschafe

Heute kommen wilde Schafe nur noch in abgelegenen Gebirgen vor, wo sie ihr dichtes, wolliges Fell vor der extremen Kälte schützt. Sie leben meist in kleinen Herden, die von einem älteren Weibchen angeführt werden. Sowohl Böcke wie Mutterschafe tragen Hörner, die der Böcke sind aber länger.

*Mufflon*

*Mufflons sind die Vorfahren aller Hausschafe. Sie kommen nur noch in den Bergen von Korsika und Sardinien, zwei Inseln im Mittelmeer, vor.*

*Dickhornschafe leben in den Rocky Mountains (USA). Die Böcke rammen beim Kampf ihre harten Schädel gegeneinander.*

*Die Hörner der Dickhornschafe wachsen ständig weiter und krümmen sich am Ende. Meist gewinnt der Bock mit den größten Hörnern den Kampf um die Weibchen.*

## Wildziegen

Die wilden Bezoarziegen leben in abgelegenen Gebirgen des Nahen Ostens. Andere wilde Ziegenarten sind die Gämse, der Steinbock und die seltene Schraubenziege, die im Himalaja vorkommt.

*Männliche Steinböcke demonstrieren ihre Stärke.*

*Steinböcke besiedeln die Hochgebirge Europas, Nordafrikas und Asiens. Während ihre Eltern Futter suchen, bleiben die Jungen zwischen den Felsen zurück. In der Paarungszeit stellen sich männliche Steinböcke auf die Hinterbeine, um Stärke zu zeigen.*

Den Sommer verbringen die Wildziegen auf den Gebirgswiesen über der Baumgrenze. Ihre Hufe finden auf Fels sicheren Halt, sie können steile Hänge erklettern und von Fels zu Fels springen.

*Die spitzen Hufe der Steinböcke passen in jede Felsspalte und bieten zusammen mit den weich gepolsterten Sohlen sicheren Halt.*

Ziegen kommen mit mageren Gräsern aus und können mehrere Tage lang hungern. Im Winter wandern sie weiter ins Tal, wo sie von Kiefernnadeln und Moos leben. Gämsen kommen in den Gebirgen Europas und Asiens vor. Sie bilden kleine Herden, in denen immer ein Tier Wache hält und die anderen durch Pfiffe und Fußstampfen vor Gefahren warnt.

*Weibliche Gämsen ziehen mit ihren Jungen in kleinen Herden durch das Gebirge. Die Jungen bleiben rund zwei Jahre bei ihrer Mutter. Die Gamsböcke leben allein.*

*Schneeziegen (rechts) kommen in den Rocky Mountains (USA) vor. Sie sind mit den Gämsen verwandt.*

## Moschusochsen

Die Moschusochsen sind mit den Ziegen verwandt. Sie leben in Herden in der Arktis und sind durch ein dichtes, zotteliges Fell sowie durch ein feineres Unterfell vor der Kälte geschützt. Mit den breiten, großen Hufen sinken sie kaum in den Schnee ein. Moschusochsen fressen Gras und die kleinen Tundrapflanzen der Arktis.

*Während der Paarungszeit riechen die männlichen Tiere streng nach Moschus.*

## Wildschweine

Wildschweine kommen in einsamen Wäldern Europas, Asiens und Nordafrikas vor. Sie fressen Eicheln, Wurzeln und Würmer, die sie mit der Schnauze aus der Erde wühlen. Eber (männlich) haben lange, scharfe, nach oben gerichtete Eckzähne (Hauer) am Oberkiefer. Die Bachen (weiblich) leben mit ihren Jungen in einer Herde, der sich der Eber zur Paarungszeit anschließt. Eine Bache bringt etwa elf Frischlinge zur Welt. Deren Streifenmuster ist eine gute Tarnung im Unterholz.

*Hausschweine stammen vom Wildschwein ab.*

## Warzenschweine

Warzenschweine leben in der afrikanischen Savanne. Sie haben große Stoßzähne und warzenartige Höcker im Gesicht. Da sie zur Kühlung gerne suhlen, ist ihr Körper oft von Schlamm bedeckt. Sie fressen Gras und Früchte und graben Wurzeln und Knollen aus. Warzenschweine bilden große Familienverbände, die Schutz in grasgepolsterten Felshöhlen oder in alten Tierbauen suchen.

*Hauer und kräftige Höcker prägen das Gesicht eines Warzenschweines.*

*Zum Weiterlesen: So fressen Wiederkäuer S. 54; Schweine, Schafe S. 65*

# Hirsche

Rentiere leben im hohen Norden.

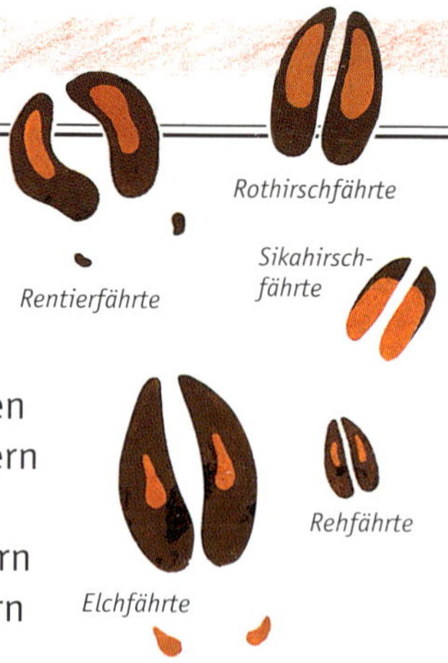


Hirsche gehören zu den Huftieren, genauer zu den Paarhufern: Ihr Huf besteht aus zwei mit Horn verstärkten Zehen. Alle männlichen Tiere tragen ein Geweih. Wir kennen rund 40 Hirscharten, die vorwiegend in den Wäldern und Landschaften des Nordens leben, doch die Hirschferkel kommen in Regenwäldern vor. Hirsche ernähren sich von Gras, Moos, Flechten, Blättern und Beeren und sind Wiederkäuer wie Schafe und Rinder. Die vier Kammern ihres Magens helfen ihnen bei der Verdauung der Pflanzen.

## Rothirsche und Wapitis

Rothirsche leben in Herden in offenen Landschaften oder Wäldern. Der ähnliche Wapiti kommt in Nordamerika vor. Sie ernähren sich von Gras, Früchten, Baumrinde und Heidekraut, brechen aber auch in Felder ein. Ihr Frühlings- und Sommerfell ist rostrot, im Winter wird es dichter und graubraun. Männliche Tiere (Hirsche) und weibliche Tiere (Hirschkühe) leben nach Geschlechtern getrennt in Herden. Die Hirschkälber bleiben bei ihren Müttern. Zur Paarung im Herbst (Brunft) kommen Hirsche und Kühe zusammen.

Rothirsche röhren, um ihr Revier abzugrenzen.

Zu Beginn der Brunft verlassen Hirsche ihre Herde und suchen nach Hirschkühen.

Der Hirsch schlägt mit dem Geweih gegen Bäume und treibt einen Harem aus Hirschkühen zusammen.

Fremde Hirsche werden angegriffen; die beiden verhaken ihr Geweih und kämpfen aus, wer stärker ist.

## Rentiere und Karibus

Rentiere und ihre nordamerikanischen Verwandten, die Karibus, leben im hohen Norden: Die Rentiere in der skandinavischen und asiatischen Arktis, Karibus in Alaska und Nordkanada. Rentiere und Karibus sind die einzigen Hirsche, bei denen auch die Weibchen ein Geweih tragen.

Gegen die Kälte schützt ein dichtes Fell.

Mit den Geweihen scharren sie den Schnee weg, um nach Pflanzen zu suchen.

Breite Hufe und Fell verhindern, dass die Tiere in den Schnee sinken.

Im Winter ziehen Rentiere in die Wälder am Rand der Arktis. Im Sommer wandern sie in großen Herden wieder nach Norden in die offene Tundra, wo nun nach der Schneeschmelze wieder Pflanzen wachsen.

## Geweih

Das Geweih besteht aus einer harten, knochenartigen Substanz. Im Winter werfen alle Hirsche ihr Geweih ab – im Frühling wächst ihnen ein neues. Häufig knabbern sie an dem alten Geweih herum, um lebensnotwendige Nährstoffe aufzunehmen. Das frische Geweih ist zuerst von einer samtigen Haut (Bast) bedeckt, die aber bald abgestreift wird. Jedes Jahr wird das Geweih etwas größer, bis es die für die jeweilige Art höchste Zahl von Verzweigungen oder „Enden" erreicht.

Das Wachstum beginnt an Knochenvorsprüngen auf dem Kopf.

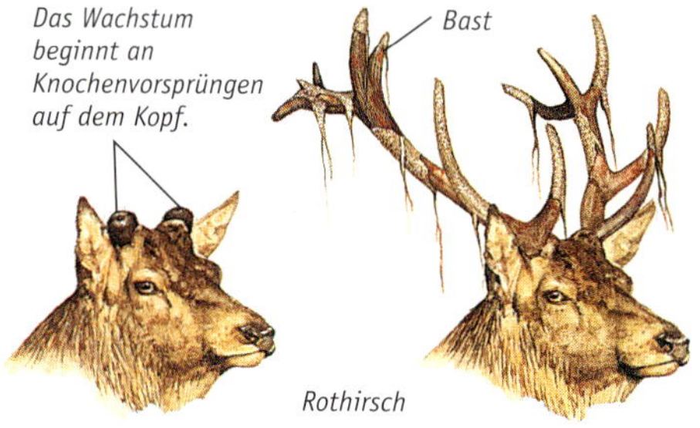


Rothirsch

## Elche

Elche sind die größten Hirsche. Sie kommen in den Wäldern von Nordamerika, Nordeuropa und Asien vor. Das Geweih eines ausgewachsenen Elchbullen wird bis zu 2 m breit. Im Sommer leben die Elche als Einzelgänger, im Winter bilden sie Herden. Elche sind gute Schwimmer. Sie fressen Wasserpflanzen, Gras, Moos und Blätter.

Elchkuh (links) und Elchbulle (rechts)

## Andere Hirsche

Damhirsche sind Herdentiere und leben in offenen Landschaften und in Wäldern. Sie fressen Gras, Eicheln, Beeren, Rinde, Knospen und Pilze.

Muntjakhirsche durchstreifen einzeln oder zu zweit das dichte Unterholz. Sie stammen aus China, wurden aber in Europa eingeführt.

Moschushirsche leben in den Wäldern des Himalaja. Sie ernähren sich von Gras, Blättern, Moos und Flechten. Mit den langen, spitzen Vorderzähnen bekämpfen die Männchen ihre Rivalen.

Die vier Arten des Hirschferkels werden knapp 35 cm hoch. Sie kommen in den Regenwäldern von Afrika und Asien vor.

Zum Weiterlesen: Wiederkäuer S. 54; Tundra S. 81

# Antilopen

Junger Gepard jagt ein Gazellenbaby.

Antilopen leben in den Savannen und Steppen Afrikas, des Nahen Ostens, Indiens und Chinas. Es gibt über 100 Antilopenarten, die zur selben Tierfamilie wie Rinder, Schafe und Ziegen gehören. Wie diese sind Antilopen Huftiere, deren Füße in zwei Hufe tragenden Zehen enden. Zum Schutz vor Raubtieren leben sie in Herden. Alle Antilopen sind schnelle und elegante Läufer.

Springböcke können 3 m hoch springen.

## Gazellen

Zur Gruppe der Gazellen gehören etwa 18 Arten kleiner Antilopen, z.B. Springböcke und Gerenuks. Die meisten fressen die Blätter von Sträuchern. Männliche und weibliche Tiere leben in eigenen Herden, nur während der Trockenzeit schließen sie sich zusammen, um gemeinsam nach Nahrung und Wasser zu suchen.

Thomsongazelle

Grantgazelle

*Gazellen und andere Antilopen können hervorragend riechen und hören. Diese beiden haben einen Wildhund oder Geparden bemerkt, der noch 1 km weit entfernt ist.*

## Hörner

Die Hörner von Antilopen, Rindern, Schafen und Ziegen bestehen aus einem Knochenkern, der von Horn überzogen ist – demselben Material, aus dem Fingernägel bestehen. Die Hörner der meisten Antilopen sind geriffelt und nach hinten gerichtet. Bei den meisten Arten tragen auch die Weibchen Hörner, allerdings kleinere als die Männchen. Jedes Jahr wachsen die Hörner ein Stück. Mit dem Gehörn kämpfen die Männchen um die Weibchen.

Kongoni

*Topiböcke drohen einander.*

## Andere Antilopen

*Dikdiks bewohnen die afrikanischen Savannen, wo sie kleine Sträucher abfressen. Die Männchen tragen kurze Hörner.*

*Viele Antilopen haben dunkle Rücken und helle Bäuche, wie der Gerenuk (rechts). Diese Färbung kehrt die natürliche Verteilung von Licht und Schatten um und dient als Tarnung.*

*Der Kob-Wasserbock (links) sucht in feuchten Savannen nach Wasserpflanzen.*

*Saiga-Antilopen (links) leben in den trockenen Steppen Zentralasiens. Sie haben dichtes Fell, da die Winter dort sehr kalt werden, und große Nasen.*

## Gnus

Auch die Gnus gehören zu den Antilopen. Sie bewohnen die Grassavannen Ostafrikas. Während der Regenzeit fressen sie in verstreuten Gruppen das üppige Gras.
Zur Trockenzeit bilden sie Herden aus tausenden von Tieren und ziehen auf der Suche nach Gras und Wasser umher. Dabei folgen sie Jahr für Jahr denselben Wegen. Kommt die Regenzeit, kehren sie zu ihren alten Futterplätzen zurück. Hier bringen sie auch ihre Babys zur Welt.

*Gnus haben eine Mähne, wie die Pferde.*

## Springböcke

Springböcke sind kleine Gazellen, die in den trockeneren Steppen Südafrikas leben, wo sie vorwiegend Gras fressen. Ähnlich wie andere kleine Antilopen springen sie auf der Flucht vor Raubtieren hoch in die Luft, um so ihre Verfolger zu irritieren. Tatsächlich reißen Raubtiere meist Antilopen, die nicht sehr hoch springen können. Während der Paarungszeit kämpfen die Böcke innerhalb einer großen Paarungsarena um ein Revier, das sie mit Duft markieren. Die Weibchen bevorzugen starke Böcke mit einem Revier in der Mitte der Arena. Ähnliche Paarungsarenen gibt es auch bei anderen Antilopen.

*Kämpfende Springböcke zur Paarungszeit*

### Sehen und verstehen

Mit schnell trocknendem Gips kannst du eine Tierfährte dauerhaft konservieren. Du brauchst einen Plastikbecher, Wasser und einen Löffel, um den Gips anzurühren. Aus einem Pappstreifen (30 x 5 cm), den du mit Vaseline einreibst, formst du einen Ring, der um den Abdruck passt – in die Erde drücken und mit einer Büroklammer befestigen. Gieße den frisch angerührten Gips in die Form und warte 20 Minuten – fertig ist der Abguss.

Zwergmäuse halten sich beim Klettern mit dem Schwanz fest.

# Nagetiere

Nordamerikanischer Baumstachler

Nagetiere wie Ratten, Mäuse, Eichhörnchen und Biber zeichnen sich durch lange, meißelartige Vorderzähne aus. Damit zernagen sie ihre Nahrung: Nüsse, Früchte, Samen, Rinde oder Wurzeln. Die Nagezähne werden an der Spitze abgenutzt, wachsen aber ständig weiter. Etwa ein Drittel aller Säugetierarten gehört zu den Nagetieren. Die meisten leben in Erdhöhlen, Eichhörnchen leben jedoch auf Bäumen.

## Mäuse

Zu der Mäusefamilie, die über 1000 Arten zählt, gehören Hausmäuse und Feldmäuse, aber auch Ratten, Rennmäuse, Wühlmäuse und Lemminge. Hausmäuse sind nachtaktiv. Sie kommen auf der ganzen Erde vor und passen sich allen Lebensräumen an. Sogar in Gefrierschränken wurden Mäuse gefunden, die sich von den gefrorenen Lebensmitteln ernährten.

Feldmaus

Alle Mäuse haben lange, schuppige Schwänze; die Zwergmäuse benutzen ihn als Kletterhilfe.

Hausmaus

Zwergmäuse ziehen ihre Babys in Nestern aus geflochtenem Gras auf. Sie sind tagaktiv.

Mäuse leben in großen Gruppen, den Kolonien, zusammen. Sie vermehren sich sehr schnell. Schon eine zwei Monate alte weibliche Maus bekommt Nachwuchs – alle drei bis vier Wochen einen Wurf aus bis zu acht Babys. Sie werden blind und nackt in einem Nest geboren. Feldmäuse bauen ihre Nester in Mauerspalten oder Baumstümpfen, fressen Samen und Nüsse und legen Vorratslager in den Nestern an. Feldmäuse können die Spitze ihres Schwanzes abwerfen, um einen Feind abzulenken.

Eine Feldmaus nagt an einem abgeworfenen Geweih. Es enthält wertvolle Nährstoffe.

Kirschkern

Buchecker

Von einer Feldmaus angenagt: Kirschkern und Buchecker

## Ratten

Ratten fressen fast alles, sie können sich sogar durch Metall und Steine nagen. Sie leben in Kolonien wie die Hausmäuse und vermehren sich rasch. Ratten können nicht nur Vorräte vernichten, sondern auch Krankheiten übertragen. So wurde im Mittelalter die tödliche Beulenpest (daran starb ein Drittel der europäischen Menschen) durch den Biss von Rattenflöhen verbreitet.

Auf Schiffen lebende Hausratten sind häufig schwarz.

Hausratten sind braun; sie leben in der Nähe der Menschen.

Ratten haben schuppige Schwänze.

## Haselmäuse

Haselmäuse sind kleine mausartige Nagetiere. Sie haben einen behaarten Schwanz. Diese nachtaktiven Tiere sind Einzelgänger, die auf Bäume klettern und nach Insekten, Blüten, Beeren und Samen suchen. Sie leben in Europa, Asien und Afrika.

Siebenschläfer bewohnen die Wälder Europas. Den alten Römern dienten sie als Nahrung.

Gartenschläfer

Haselmaus

Die europäischen Haselmäuse verschlafen die Hälfte ihres Lebens. Wenn die Nahrung im Winter knapp wird, halten sie in einem Strohnest Winterschlaf. Dabei verbrauchen sie das Körperfett, das sie sich im Sommer angefuttert haben. Beim Aufwachen haben sie die Hälfte ihres Gewichtes verloren.

Haselmaus beim Winterschlaf in einem Nest aus Stroh und Rinde

## Wühlmäuse

Wühlmäuse haben eine rundere Schnauze als Mäuse und Ratten, kleinere Ohren und kürzere Schwänze. Sie leben in unterirdischen Höhlen und sind meist nachtaktiv. Erdmäuse graben sich Gänge unter Pflanzen, knabbern die Wurzeln an und können so Ernten schädigen. Rötelmäuse fressen Gras, Nüsse, Knospen, Beeren und Samen. Sie können gut schwimmen und klettern. Wird die Nahrung knapp, reißen sie die Rinde von Zweigen ab und fressen das weiche Holz.

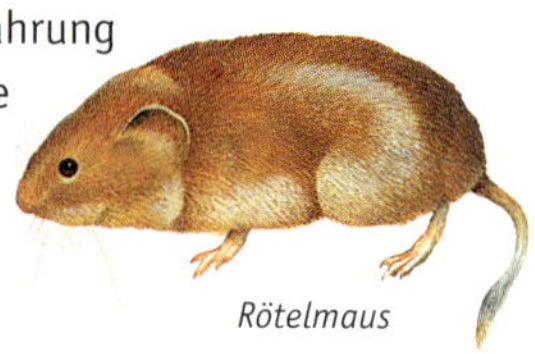

Rötelmaus

Schermaus

Bisamratte

Schermäuse leben an Flussufern, graben aber auch Höhlen in größerer Entfernung vom Wasser. Wenn sie schwimmen, ist nur ihre Nase zu sehen. Sie können 30 Sekunden lang tauchen und ernähren sich von Uferpflanzen. Die Bisamratten wurden als Pelztiere aus Nordamerika nach Europa eingeführt. Einige Tiere entkamen aus Pelztierfarmen und siedelten sich in der Wildnis an. Bisamratten haben Schwimmhäute an den Hinterpfoten und können gut schwimmen.

### Sehen und verstehen

Häufig werden Nagetiere, wie Mäuse, Hamster, Meerschweinchen oder Rennmäuse, als Haustiere gehalten. Wenn du sie vorsichtig behandelst, können sie sehr zahm werden. Nagetiere sind verspielt und erkunden in ihren Käfigen gerne Kästen, Rohre oder Räder.

Eine Maus klettert eine Leiter hinab.

Zum Weiterlesen: Lemminge S. 81

## Stachelschweine

Stachelschweine haben starre, sehr spitze Borsten, die sie aufstellen können, um Feinde abzuschrecken. Da die Borsten nach hinten gerichtete Widerhaken besitzen, kann man sie nur sehr schwer wieder aus dem Fleisch ziehen.

*Wird ein Stachelschwein bedroht, richtet es zur Warnung seine Stacheln auf. Zieht sich der Angreifer nicht zurück, versucht das Stachelschwein, ihm seine Borsten ins Fleisch zu stoßen.*

Während afrikanische Stachelschweine auf dem Boden leben, klettert der amerikanische Baumstachler vorwiegend auf Bäumen herum. Stachelschweine ernähren sich von Blättern, Früchten, Samen und Rinde.

## Biber

Biber leben in den Flüssen Nordeuropas, Asiens und Nordamerikas. Sie fressen Zweige, Rinde und Blätter und bauen sich eine stabile Biberburg, deren Eingang unter Wasser liegt. Biber können sehr gut schwimmen, haben ein wasserdichtes Fell, Schwimmfüße und einen flachen Schwanz.

*Ein Biber beim Sammeln von Nahrungsvorrat*

Mit ihrem kräftigen Gebiss nagen Biber Zweige ab, fällen kleine Bäume und bauen daraus einen stabilen Damm, der einen Bach aufstaut. In dem entstandenen Stausee errichten sie auf einer festen Unterlage von Steinen und Schlamm ihre Burg aus Zweigen. In der Nähe der Burg legen sie einen Vorrat aus Zweigen für den Winter an. Jede Biberfamilie besitzt eine eigene Burg. Männchen und Weibchen bleiben ihr ganzes Leben lang zusammen und bekommen jedes Jahr drei bis vier Junge.

*Längsschnitt durch eine Biberburg*

*Eichhörnchen kommen in Europa und Asien vor.*

## Eichhörnchen

Eichhörnchen leben auf Bäumen; sie fressen Samen, Knospen, Pilze, Zapfen und Früchte. Mit den scharfen Krallen halten sie sich an den Zweigen fest, ihr großer, buschiger Schwanz dient der Balance. Eichhörnchen können gut sehen und Entfernungen sicher abschätzen. Etwa 267 Hörnchenarten besiedeln die Wälder auf der ganzen Erde, außer in Australien. Eichhörnchen und Grauhörnchen sind Einzelgänger. Im Herbst vergraben sie Nüsse als Wintervorrat. Einige finden sie wieder, viele bleiben aber in der Erde liegen.

*Grauhörnchen*

*Eichhörnchen und Grauhörnchen bauen sich Nester (Kobel) in den Bäumen. Sie halten keinen Winterschlaf, bleiben bei schlechtem Wetter aber im Nest.*

*Ein Flughörnchen landet auf einem Baumstamm.*

Bei den nordamerikanischen Flughörnchen sind Vorder- und Hinterbeine durch eine Flughaut verbunden. Im Sprung spreizen sie die Beine ab und gleiten wie auf Flügeln bis zu 100 m weit zum nächsten Baum.

## Andere Nagetiere

*Die Streifenhörnchen sind mit den Eichhörnchen verwandt. Sie stopfen ihre Backentaschen mit Nüssen und Samen voll.*

*Hamster leben in den Steppen Zentralasiens. Die nachtaktiven Tiere halten Winterschlaf. Auch sie können Samen und Nüsse in den Backentaschen lagern.*

*Afrikanische Nacktmulle leben in der Savanne. Sie haben kaum Haare und verlassen niemals ihre Tunnel, die sie in die Erde graben.*

*Taschenratten leben in den nordamerikanischen Prärien. Da ihre langen Nagezähne aus dem Maul ragen, können sie mit geschlossenem Maul graben.*

*Agutis bewohnen die Regenwälder Mittel- und Südamerikas. Auf der Suche nach Wurzeln und Samen schnuppern sie auf dem Waldboden herum.*

*Pampashasen sind mit den Meerschweinchen verwandt. Im schnellen Lauf hoppeln sie wie Kaninchen. Sie leben in den Savannen Südamerikas.*

## Präriehunde

Obwohl die Präriehunde zu den Nagetieren gehören, bellen sie wie Hunde. Sie leben in den nordamerikanischen Prärien und ernähren sich von Gras. Präriehunde bauen riesige Systeme von Höhlen und Tunneln, in denen jede Familie ihren eigenen Bereich hat. Wachtposten halten Ausschau nach Gefahr und warnen vor Feinden.

Präriehunde scheinen sich zur Begrüßung zu „küssen". In Wirklichkeit beschnuppern sie den Fremden und riechen, ob er zur Gruppe gehört. Bekannte Tiere pflegen sich gegenseitig das Fell, fremde werden gemeinsam vertrieben.

*Präriehunde*

*„Küssende" Präriehunde*

*Männchen und Weibchen kümmern sich um die Jungen.*

Bei Gefahr rennen Hasen blitzschnell davon.

# Hasen, Kaninchen
## und Pfeifhasen

Hasen, Kaninchen und Pfeifhasen bilden die Gruppe der „Hasentiere". Sie ernähren sich von Gras, Samen, Blättern und Wurzeln. Um ihre schwer verdauliche Pflanzennahrung völlig zu verwerten, fressen sie ihren eigenen Kot, damit das Futter den Darm zweimal durchläuft.

Kaninchen ducken sich bei Gefahr.

### Hasen

Hasen sind Einzelgänger, die nachts fressen, vorwiegend Gras. Den Tag verbringen sie in ihrem Lager (Sasse), einer platt gedrückten Stelle im Gras. Bei Störungen bleiben sie zuerst flach liegen, können dann aber mit einer Geschwindigkeit von bis zu 80 km/h entfliehen. Um die Feinde zu irritieren, schlagen sie Haken oder laufen auf der eigenen Spur zurück. Im Lauf berühren die Spitzen der Hinterfüße den Boden vor den Vorderfüßen, sodass sie sich kräftig abdrücken können.

Hasenbabys kommen in einem Nest auf dem Boden zur Welt. Sie haben ein Fell und können sofort sehen.

Anders als Kaninchen kommen Hasenbabys nicht in einer Höhle zur Welt und haben von Geburt an Haare und offene Augen. Drei Tage nach der Geburt werden sie von der Häsin in verschiedene Sassen gebracht. Geht die Mutter auf Nahrungssuche, bleiben die Jungen bewegungslos liegen, bis sie zurückkehrt. Zur Paarungszeit versammeln sich die Hasen an bestimmten Plätzen. Sie springen, treten, jagen sich und machen Boxkämpfe, dann erst bilden sich Paare.

Im Frühling zur Paarungszeit benehmen sich die Feldhasen scheinbar wie Verrückte. Sie machen Boxkämpfe und jagen sich gegenseitig in Kreisen über das Feld.

Überall auf der Erde, wo es Gras gibt, kommen auch Hasen vor. Schneehasen z. B. besiedeln die Wälder der Arktis, Schneeschuhhasen die Gebirge Nordamerikas und Jackrabbits die Wüsten der südlichen USA.

Der Kalifornische Jackrabbit hüpft rasch über den heißen Wüstensand, um sich nicht die Füße zu verbrennen.

Im Winter haben die Schneehasen (rechts) bläulich weißes Fell.

Links: Schneehase im Sommer

### Pfeifhasen

Mit ihren kurzen Beinen können Pfeifhasen nicht so schnell rennen wie Kaninchen oder Hasen. Sie kommen in den Felsengebirgen von Nordamerika und Nordasien vor. Im Sommer sammeln sie frische Pflanzen und trocknen sie als Winterfutter in der Sonne. Jeder Pfeifhase versteckt seine Vorräte unter Felsen oder legt einen Heuhaufen an und bewacht ihn sorgfältig.

Im Sommer trocknen die Pfeifhasen Gras in der Sonne. Heu hält sich länger als frische Pflanzen.

Jeder Pfeifhase bewacht seine Vorräte.

### Kaninchen

Europäische Kaninchen leben in Gruppen aus bis zu zehn Erwachsenen und ihren Jungen in einem unterirdischen Bau. Die amerikanischen Baumwollschwanzkaninchen sind Einzelgänger. Die europäischen Kaninchen stammen ursprünglich aus Südeuropa, haben sich aber nach Norden ausgebreitet und wurden auch in Australien und Südamerika angesiedelt. Kaninchen gehen meist in der Dämmerung auf Nahrungssuche. Mit ihren vorspringenden Augen beobachten sie die Umgebung auch während sie fressen. Kaninchen können sich nur durch Tritte ihrer Hinterbeine wehren oder in den Schutz des Baus flüchten.

Kaninchen

Der weiße Schwanz fliehender Kaninchen wirkt auf Artgenossen wie ein Alarmsignal.

Weibliche Kaninchen bringen Jahr für Jahr bis zu zehn Junge zur Welt. Nach drei bis vier Monaten bekommen die Jungen selbst Nachwuchs, sodass die Zahl der Kaninchen sprunghaft ansteigen kann.

### Sehen und verstehen

An Feldfrüchten, z.B. Rüben und Möhren, wirst du manchmal die Bissspuren von Hasen und Kaninchen entdecken. Auch angeknabberte Rinde, Knospen und Zweige weisen auf diese Tiere hin.

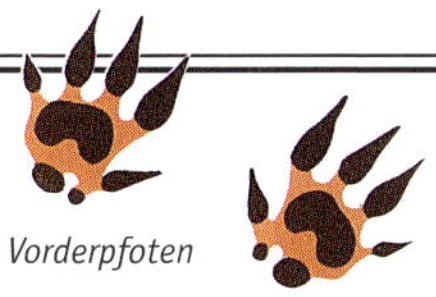


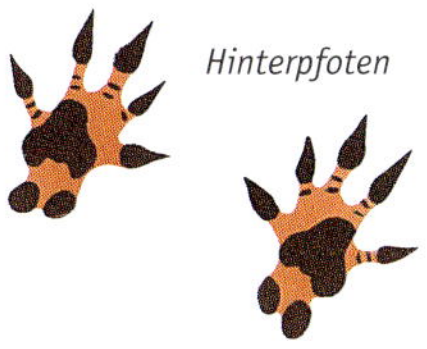


Fährte eines Igels

# Maulwürfe, Igel
## und Spitzmäuse

Maulwürfe, Igel und Spitzmäuse gehören zu den Insektenfressern, d. h. sie ernähren sich vorwiegend von Insekten. Da sie viel Nahrung brauchen, sind sie die meiste Zeit auf der Suche nach Futter. Alle sind nachtaktiv. Sie können zwar nicht gut sehen, haben aber eine lange, empfindliche Nase und Tasthaare, mit denen sie auch im Dunkeln ihre Beute aufspüren.

Wasserspitzmaus

### Maulwürfe

In Europa, Asien und Nordamerika leben rund 20 Maulwurfarten. Sie kommen überall vor, wo der Boden weich genug zum Graben ist und wo sie Insektenlarven und Würmer finden. Ihre rosa Schnauze ist sehr empfindlich und die großen, schaufelförmigen Hände sind perfekte Grabwerkzeuge. Maulwürfe können gut hören. Die kleinen Augen sind durch das Fell, bei manchen Arten auch durch eine dünne Hautschicht geschützt.

*Das samtige Fell eines Maulwurfes biegt sich weich in jede Richtung, daher kann er problemlos durch seine schmalen Gänge laufen.*

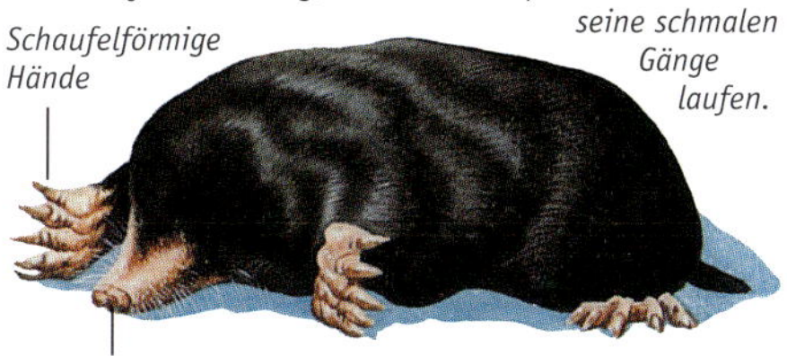


Maulwürfe leben allein und verbringen die meiste Zeit unter der Erde. Ihre Tunnel verlaufen direkt unter der Oberfläche – ab und zu werfen sie die Erde als Maulwurfshügel aus. Auf der Suche nach Würmern und Insekten laufen sie durch ihre Gänge. Maulwürfe fressen täglich mindestens 50 Würmer. Sie beißen ihnen die Köpfe ab, lähmen sie damit und lagern sie als Vorrat für später.

*Der Desman ist mit dem Maulwurf verwandt. Er lebt in Gebirgsbächen Europas und Asiens, ist aber sehr selten geworden, da man ihn wegen seines Fells gejagt hat.*

*Der nordamerikanische Sternmull sucht mit den Fühlern auf der Nase nach Raupen und Würmern.*

### Spitzmäuse

Spitzmäuse kommen auf der ganzen Erde vor, außer in Australien und der Antarktis. Wir kennen 270 Arten, die verschiedenste Lebensräume besiedeln, u.a. dichtes Unterholz, Halbwüsten oder Wasser. Spitzmäuse sind sehr klein und haben lange Nasen mit Tasthaaren. Sie graben in Humus und Erde nach Käfern, Schnecken und Würmern. Um zu überleben, brauchen sie eine tägliche Futtermenge vom Gewicht ihres Körpers. Sie sind ständig aktiv und ruhen sich immer nur für wenige Minuten aus.

Waldspitzmaus

Zwergspitzmaus

*Eine Zwergspitzmaus wiegt nur 3 g.*

Wasserspitzmaus

Die meisten Spitzmäuse leben allein und verteidigen ihr Revier gegen andere Spitzmäuse. Da sie nach Moschus riechen, werden sie nur selten von anderen Tieren gefressen. Viele Arten, auch die Wasserspitzmaus, haben giftigen Speichel. Wenn sie zubeißen, können sie daher Tiere töten, die größer sind als sie selbst.

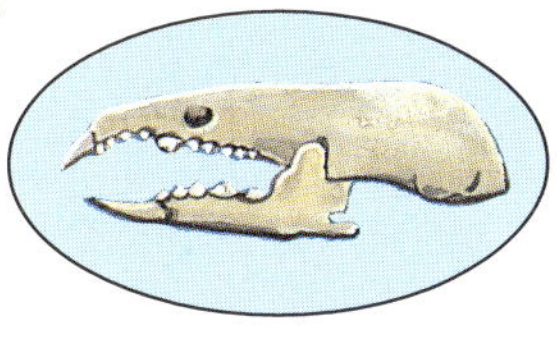

*Spitzmäuse haben nur einen Satz Zähne. Oft sterben alte Tiere an Hunger, weil sich ihre Zähne abgenutzt haben.*

### Igel

Der Rücken eines Igels wird von starren Stacheln geschützt, sein Bauch ist weich und behaart. Igel haben lange Nasen mit Tasthaaren, kleine Augen und Ohren. Sie leben auf Feldern und in Gräben in Europa, Asien und Afrika.

*Igel sind Einzelgänger, nur zur Paarungszeit suchen sie nach einem Partner.*

Den Tag verbringen Igel in ihrem Bau. Auf der Suche nach Insekten, Würmern, Schnecken und Fröschen schnaufen und grunzen sie. Bei Gefahr kugeln sie sich zusammen und schützen sich durch die abstehenden Stacheln. Igel können gut klettern und wenn sie fallen, dämpfen die Stacheln den Sturz. In Europa halten die Igel Winterschlaf in einem Nest aus Gras und Blättern. Dann verbrauchen sie die Fettreserven, die sie sich im Herbst angefuttert haben. Dennoch stehen sie an warmen Tagen auf und suchen nach Nahrung. Junge Igel kommen im Frühling zur Welt.

*Igelbabys werden nackt und blind geboren. Schon nach wenigen Stunden wachsen ihnen die ersten weichen Stacheln.*

#### Sehen und verstehen

Igel sind recht zutraulich. Wenn du abends eine Schale mit Wasser an einen geschützten Platz stellst, kommen sie vielleicht zum Trinken. Es kann sein, dass sie regelmäßig wiederkommen.

# Fledermäuse

Fledermäuse sind die einzigen Säugetiere, die richtig fliegen können. Andere, wie die Flughörnchen, gleiten nur durch die Luft. Es gibt 900 Fledermausarten, die sich in zwei große Gruppen untergliedern lassen: Fledermäuse, die Insekten und Fledermäuse, die Früchte fressen. Alle Fledermäuse sind nachtaktiv – sie fressen nachts und verschlafen den Tag in Höhlen, Baumwipfeln oder alten Gebäuden.

*Es gibt 60 Arten Hufeisennasen. Mit ihren fleischigen Nasen spüren sie durch Echoortung Insekten auf.*

*Fledermausflügel bestehen aus einer dünnen, ledrigen Haut, die zwischen den langen Fingerknochen aufgespannt ist.*

*Malaienflughund*

*Scharfe Krallen*

## Insekten fressende Fledermäuse

Die Arten dieser Gruppe ernähren sich von Motten, Stechmücken und Mücken. Sie leben meist in der Nähe von Flüssen, wo sie reichlich Insekten finden. Ihre Beute spüren sie durch Echoortung auf, packen sie mit dem Maul und fressen sie im Flug.

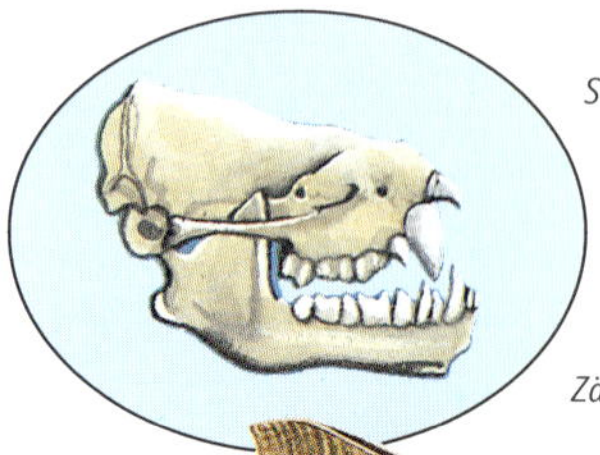

*Schädel einer Insekten fressenden Fledermaus. Sie packt ihre Beute mit den scharfen Zähnen.*

*Zwergfledermaus*

Viele Fledermäuse in den kälteren Ländern der Erde halten Winterschlaf. Sie ziehen sich zu tausenden in Höhlen, alte Gebäude oder hohle Bäume zurück. Dort hängen sie mit dem Kopf nach unten an den Krallen ihrer Hinterfüße und drängeln sich wärmend aneinander. Andere Arten ziehen im Winter nach Süden.

*Das Braune Langohr hört selbst leiseste Echos.*

*Abendsegler (rechts) fliegen 2.300 km von Moskau nach Bulgarien.*

*Wasserfledermäuse (links) fliegen auf der Jagd nach Mücken knapp über der Wasseroberfläche umher.*

*Fransenfledermäuse (rechts) leben in Wäldern und Städten.*

## Früchte fressende Fledermäuse

Da ihr Gesicht an einen Hund erinnert, werden diese Fledermäuse auch Flughunde genannt. Sie ernähren sich von Früchten, Nektar und Blütenpollen. Flughunde kommen in den afrikanischen, asiatischen und australischen Tropenwäldern vor. Da ihre Lebensräume abgeholzt werden, sind sie vom Aussterben bedroht. Die meisten Flughunde brauchen keine Echoortung.
Sie fliegen in der Dämmerung und können gut sehen. Außerdem riechen sie den Duft von Blüten und reifen Früchten.

*Flughunde tragen den Pollen von Blüte zu Blüte und sorgen so für die Bestäubung: Der Pollen bleibt an ihrem Fell haften und wird an der nächsten Blüte abgestreift. Wenn sie die Früchte fressen, verbreiten sie die Samen mit ihrem Kot.*

*Langnasen-Flughunde schlecken mit ihrer langen, rauen Zunge den Blütennektar auf.*

*Ein Flughund trinkt Nektar aus einer Bananenblüte.*

## Echoortung

Die Insekten fressenden Fledermäuse orten ihre Beute mit Hilfe eines Echolots: Sie senden sehr hohe Klicklaute oder Piepser aus (für Menschen unhörbar). Der Schall wird von einem Objekt reflektiert und die Fledermäuse orientieren sich am Echo. Auf diese Weise finden sie sich in völliger Dunkelheit zurecht und spüren auch Insekten auf. Die großen Ohren vieler Arten nehmen den Schall besonders gut wahr, während die Hautfalten um die Nase der Hufeisennasen einer gezielten Schallabgabe dienen.

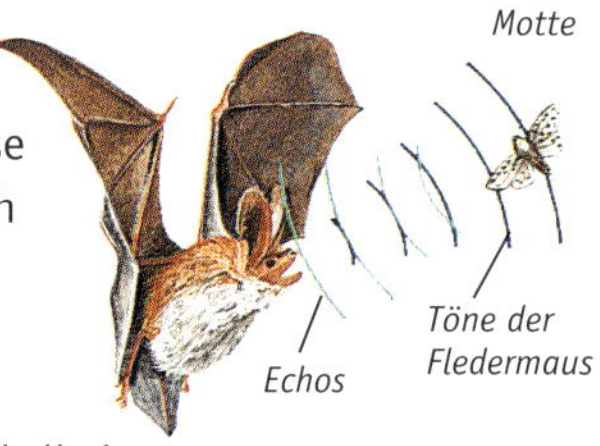


## Fische fangende Fledermäuse

Mit Hilfe der Echoortung spüren Hasenmaul-Fledermäuse die Wellen auf, die von Fischen erzeugt werden. Dann stoßen sie herab und packen die Beute.

## Vampirfledermäuse

Die südamerikanischen Vampirfledermäuse trinken das Blut von Tieren und können so Krankheiten übertragen. Menschen greifen sie nicht an. Mit ihren messerscharfen Zähnen beißen sie eine winzige Wunde, und ihr Speichel sorgt dafür, dass das Blut ihrer Opfer nicht gerinnt – es wird aufgeleckt.

*Vampirfledermäuse jagen nachts.*

### Sehen und verstehen

Fledermäuse siehst du in alten Gemäuern oder Dachböden hängen und in der Dämmerung fliegen. In Wäldern oder Naturschutzgebieten werden manchmal Nistkästen für Fledermäuse in die Bäume gehängt. Wenn du Fledermäuse beim Winterschlaf findest, darfst du sie nie aufwecken, sie könnten daran sterben.

*Schlafende Fledermaus*

Der Tamandua ist ein Ameisenbär.

# Zahnarme Tiere

Schuppentiere können sich mit dem Schwanz festhalten.

Es gibt mehrere Tiergruppen, die wenige oder keine Zähne besitzen. Die merkwürdigen Nebengelenktiere (ihre Wirbel sind durch zusätzliche Gelenke verbunden), zu denen Ameisenbären, Gürteltiere und Faultiere gehören, kommen in den Wäldern und Savannen Südamerikas vor. Sie fressen – mit Ausnahme der Faultiere – Ameisen und Termiten. Andere zahnarme Tiere sind Erdferkel und Schuppentiere, die in Afrika leben. Sie besitzen zwar Kauzähne hinten im Kiefer, haben aber keine Vorderzähne.

## Ameisenbären

Der Große Ameisenbär besiedelt die Savannen, der Tamandua sowohl Savannen als auch Regenwälder Südamerikas. Mit ihren kräftigen Vorderbeinen, die drei Krallen tragen, reißen Ameisenbären die Nester von Ameisen und Termiten auf. Sie lecken die Insekten auf und zerquetschen sie in ihrem zahnlosen Maul. Täglich brauchen sie über 30.000 Insekten.

Ein Ameisenbär gräbt mit seinen langen, scharfen Krallen ein Ameisennest aus.

An seiner Zunge bleiben 500 Ameisen auf einmal kleben.

Der Große Ameisenbär verschläft fast den ganzen Tag in einem Versteck. Zum Schutz vor der Sonne deckt er sich mit dem Schwanz zu. Bei Gefahr bewegt er sich in holperigem Galopp davon oder bäumt sich auf den Hinterbeinen auf, um Feinde abzuschrecken. Mütter tragen ihre Babys auf dem Rücken.

## Faultiere

Faultiere leben in den Baumwipfeln der Regenwälder von Mittel- und Südamerika. Sie bewegen sich sehr langsam: Für 4m brauchen sie eine Minute. Da die Blätter, von denen sie leben, nur sehr langsam verdaut werden, müssen sie Energie sparen. Es dauert vier Wochen, bis die Nahrung ihren Verdauungstrakt wieder verlässt.

Faultiere hängen mit ihren kräftigen Krallen an Ästen.

Faultiere hängen die meiste Zeit an Ästen und schlafen. Sie können auf ihren Armen und Beinen am Boden nicht laufen. Einmal pro Woche steigen sie dennoch herab, um ihren Kot loszuwerden. Da sich Algen in ihrem Fell angesiedelt haben, sieht es grünlich aus, eine gute Tarnung zwischen den Blättern.

Dreizehen-Faultiere haben drei Zehen mit hakenartigen Krallen an den Vorderbeinen, Zweizehen-Faultiere nur zwei.

## Schuppentiere

Die Schuppentiere leben in den Regenwäldern und Savannen von Afrika und Südostasien. Ihr Körper wird durch dicke Hornplatten geschützt, diese bestehen – anders als die Knochenplatten der Gürteltiere – aus Keratin, dem gleichen Material wie Haare. Bei Gefahr rollen sich Schuppentiere zu einer Kugel zusammen und sind vor Feinden sicher. Ein Schuppentier frisst täglich bis zu 200.000 lebende Ameisen. Sie werden erst im Magen durch die harten Magenwände zerquetscht. Einige Arten leben auf Bäumen, andere am Boden. Die Bodentiere sind nachtaktiv und verschlafen den Tag in einem Bau.

Schuppentiere lecken Ameisen mit ihrer langen Zunge auf.

Die scharfkantigen, sich überlappenden Schuppen bieten sicheren Schutz.

## Gürteltiere

Gürteltiere leben in den Savannen und den tropischen Regenwäldern Südamerikas, das Neunbinden-Gürteltier kommt auch in Nordamerika vor. In ihrer ledrigen Haut sitzen mit Horn überzogene Knochenplättchen, die das Tier schützen. Das Pelzgürteltier trägt zusätzlich ein dichtes Fell. Es gibt etwa 21 Arten. Manche, wie das kleine Dreibinden-Gürteltier, können sich zum Schutz zu einer Kugel zusammenrollen. Dann gelingt es nur noch dem Jaguar, die Kugel aus harten Knochenplatten zu öffnen und das Gürteltier zu fressen.

Gürteltiere sind meist nachtaktiv. Sie können nicht gut sehen, riechen aber hervorragend. Den Tag verschlafen sie in einem Bau, nachts graben sie Ameisen und Termiten aus.

Neunbinden-Gürteltier

Das Dreibinden-Gürteltier (links) kann sich zu einer festen Kugel zusammenrollen.

## Erdferkel

Erdferkel leben in Wäldern und Savannen Afrikas. Obwohl sie etwas an Schweine erinnern, sind sie weitläufig mit den Elefanten verwandt. Die beinahe haarlosen Erdferkel werden fast 2 m lang, haben lange Ohren und schmale Nasen. Erdferkeln fehlen die Vorderzähne, sie ernähren sich von Ameisen und Termiten. Die nachtaktiven Tiere sind Einzelgänger. Mit ihren kräftigen Krallen reißen sie ein Loch in die Nester von Ameisen und Termiten und lecken die Insekten mit ihrer langen Zunge auf. Den Tag verschlafen sie in langen Erdhöhlen, die sie selbst graben.

Erdferkel werden bis zu 2 m lang.

Knabstrupper (links) und Pinto (rechts)

# Pferde und Esel

Pferde und Esel gehören zu den Huftieren. Im Gegensatz zu Hirschen haben sie nur einen Zeh und sind damit Unpaarhufer. Ursprünglich stammen sie aus den Grassteppen Zentralasiens, sind heute aber auf der ganzen Erde verbreitet. Seit über 5.000 Jahren dienen Pferde den Menschen als Reit-, Last- und Zugtiere. Echte Wildpferde kommen heute nur noch selten vor.

Schweres Arbeitspferd

## Pferde

Die Przewalski-Pferde aus der Wüste Gobi sind die einzigen noch existierenden Wildpferde. Sie wurden niemals gezüchtet oder gezähmt und gleichen noch immer ihren wild lebenden Vorfahren.

*Seit 1968 wurden keine Przewalski-Pferde mehr in freier Wildbahn entdeckt, nur in Zoos leben noch einige Tiere.*

Frei lebende Pferdeherden, wie die Mustangs in Nordamerika oder die Camargue-Pferde in Südfrankreich, stammen von gezüchteten Pferden ab. Eine Herde besteht aus einem Leithengst (männliches Tier) und einigen Stuten (weibliche Tiere) mit ihren Jungen, den Fohlen. Der Hengst verteidigt das Revier der Herde.

Pferde fressen vorwiegend Gras, das sie mit ihren scharfen Vorderzähnen ausreißen. In der Wildnis grasen sie Tag und Nacht. Ihre Zähne werden stark abgenutzt, wachsen aber ständig weiter.

*Die Camargue-Pferde leben im Feuchtgebiet des Rhonedeltas.*

Im Frühling werden die Fohlen geboren. Sie können schon nach einigen Stunden stehen und schließen sich nach zwei bis drei Tagen der Herde an. Im Alter von drei Jahren werden die Hengstfohlen vom Leithengst vertrieben. Sie schließen sich zusammen, bis sie stark genug werden, eine eigene Herde zu führen.

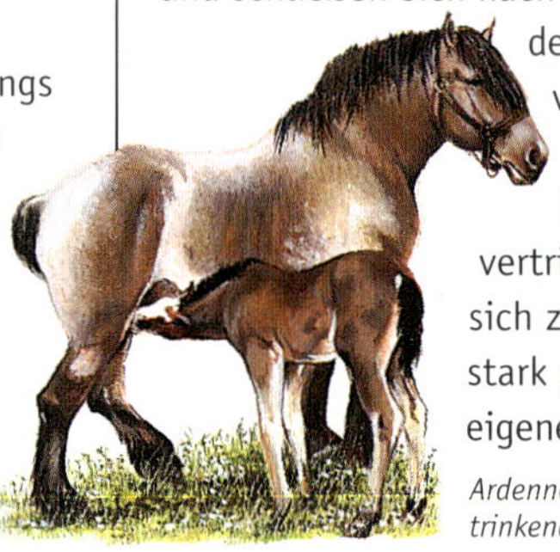

*Ardennerstute mit trinkendem Fohlen*

## Esel

Die Esel gehören zur selben Familie wie die Pferde, sind aber kleiner, robuster und haben dichteres Fell und längere Ohren. Wilde Esel, wie der Nubische Wildesel, streifen noch immer über die Steppen von Nordafrika und Asien. Hausesel gibt es überall auf der Erde. Da sie für ihre Größe sehr stark sind und große Lasten tragen oder ziehen können, wurden Esel wahrscheinlich schon vor den Pferden gezähmt und gezüchtet.

*Nubischer Wildesel*

*Die ruhigen, freundlichen Esel werden oft zusammen mit Pferden gehalten.*

## Pferderassen

Im Laufe der Jahrhunderte wurden über 100 Pferderassen gezüchtet. Alle stammen von zwei Grundformen ab: Der südliche Vorfahr gleicht den heutigen Araberpferden. Er war leicht, schnell und hatte dünnes Fell. Der nördliche Vorfahr stammt aus den Bergen Europas und Asiens. Er war kleiner und hatte, wie die heutigen Ponys, dichteres Fell.

*Standardbred Traber sind meist rötlich-braun (Füchse), braun oder schwarz.*

*Die dänischen Knabstrupper sind stets Tigerschecken.*

*Shire-Pferde wurden gezüchtet, um Lasten und Ritter in schweren Rüstungen zu tragen.*

*Palominos haben goldbraunes Fell, Mähne und Schwanz sind weiß.*

*Das Welsh Pony hat Araber und Vollblüter unter seinen Vorfahren.*

*Vollblüter stammen von Araberpferden ab.*

### Sehen und verstehen

Die folgenden Merkmale können dir helfen, einige wichtige Pferdetypen zu unterscheiden:

*Ponys, wie die Highland-Ponys, sind klein und haben raues Fell.*

*Pferde mit konkavem Profil (nach innen gebogen) und hoch getragenem Schwanz haben arabische Vorfahren.*

*Arbeitspferde, wie der Percheron oder Shire, sind groß und schwer und haben meist lang behaarte Fesseln.*

*Vollblüter sind groß und leicht gebaut. Sie haben lange Beine und ein dünnes Fell.*

Kuh mit trinkendem Kalb

# Nutztiere

Rinder, Schafe, Ziegen und Schweine stammen von Wildtieren ab, die von unseren Vorfahren gejagt wurden. Einige wurden zahm, vielleicht hatten sie ihre Mutter verloren und wuchsen deshalb bei den Menschen auf. Schon vor etwa 10.000 Jahren hielten Menschen die ersten Schaf- und Ziegenherden.

Geschlüpftes Küken

## Rinder

Alle Hausrinderrassen stammen von einem wilden Vorfahren ab – dem Auerochsen, der einst die Wälder in Europa, Asien und Nordafrika durchstreifte.

*Auerochsen sind heute ausgestorben.*

Die Hausrinder auf Bauernhöfen leben wie ihre wilden Vorfahren in Herden. Jede Herde hat ein Leittier und die anderen kennen ihren Rang. Jungrinder kämpfen manchmal miteinander, um ihren Rang auszufechten.

*Oben: Die Kuh droht mit gesenktem Kopf und starrt ihre Gegnerin an.*

*Unten: Holstein-Friesisches Rind mit Kalb*

## Nutztierzucht

Schon von Anfang an haben die Bauern ihr bestes Vieh zur Zucht ausgewählt. Die Jungen hatten meist die guten Eigenschaften (gaben z. B. viel Milch, wuchsen schneller) ihrer Eltern geerbt. Bei der reinrassigen Zucht paart man nur Eltern, die derselben Rasse angehören. Viele Züchter versuchen aber, durch die Kreuzung verschiedener Rassen neue Eigenschaften herauszuzüchten.

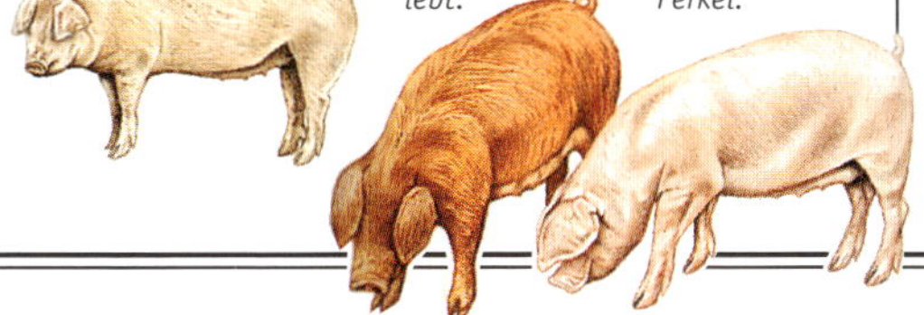

*Eine Camborough 12 Muttersau wirft viele, starke Ferkel.*

*Das Duroc-Schwein ist eine starke, widerstandsfähige Rasse, die im Freien lebt.*

*Säue der Deutschen Landrasse kümmern sich gut um ihre zahlreichen Ferkel.*

## Schweine

Hausschweine stammen von Wildschweinen ab, die noch immer in den Wäldern Europas vorkommen. Dank einer gezielten Züchtung haben Hausschweine doppelt so viele Nachkommen wie Wildschweine – bis zu 20 Ferkel in einem Wurf.

*Trinkende Ferkel*

*Schweine sind sehr sauber; zum Schlafen, Fressen oder Koten benutzen sie jeweils andere Bereiche ihres Stalles.*

*Schweine haben einen sehr empfindlichen Geruchssinn. In Frankreich spüren sie unterirdisch wachsende Trüffel auf.*

## Schafe

Alle Hausschafe stammen vom Mufflon ab, das in den Steppen Europas und Asiens lebte. Es gibt viele Schafrassen, die jeweils an die Bedingungen einer bestimmten Gegend angepasst sind. Schafe leben in Herden und sind Wiederkäuer wie die Rinder – durch die verschiedenen Mägen können sie das harte Gras besser verdauen.

*Oben: Merinoschaf aus Spanien*

*Rechts: Daleschaf aus Großbritannien*

*Links: Schaf aus der Mongolei*

## Hühner

Haushühner stammen vom Bankivahuhn ab, das in den Regenwäldern Südostasiens lebt. Inder und Chinesen halten Haushühner schon seit 4.000 Jahren. Ein wildes Huhn legt bis zu 30 Eier im Jahr, nimmt man sie ihm jedoch weg, werden es bis zu 80.

*Bankivahuhn*

Hühner bestimmen ihren Rang durch die Hackordnung. Die aggressivste Henne pickt alle anderen und wird als Leittier anerkannt. Die zweitstärkste Henne pickt alle außer dem Leittier usw.

*Jede Henne kennt ihren Rang in der Hackordnung und weiß, wen sie picken darf.*

Vor der Paarung muss ein Hahn balzen. Er stolziert vor den Hennen mit aufgeplusterten Nackenfedern und einem ausgebreiteten Flügel umher. Die Henne baut ein Strohnest. Die Eier, die sie in den Tagen nach der Paarung legt, sind befruchtet (darin entwickeln sich Küken).

*Einige Hühnerrassen*

*Leghorn*

*Altsteirer*

*Silberbrakel*

*Indische Kämpfer*

*In Batterien gehaltene Hühner legen bis zu 240 Eier pro Jahr. Sie haben es zwar warm und werden gut gefüttert, sie so eng zusammenzupferchen ist aber Tierquälerei und in Deutschland verboten.*

*Zum Weiterlesen: So fressen Wiederkäuer S. 54; Schafe, Ziegen, Schweine S. 55*

Zwergflugbeutler können 45 m weit von Baum zu Baum segeln.

# Säugetiere in Australien
## und Südamerika

Die meisten australischen Säugetiere unterscheiden sich von den Arten der anderen Kontinente. Viele gehören zu den Beuteltieren, d. h. sie gebären winzige Embryos, die sich erst im Beutel der Mutter zu Ende entwickeln. Andere gehören zu den Eier legenden Kloakentieren. Es gibt zahlreiche Beuteltierarten, Koalas und Kängurus, Beutelratten, Beutelmulle und Beutelmarder. Auch in Südamerika kommen einige Beuteltiere vor.

Koalamutter mit Jungem

### Kängurus

Australier nennen die kleineren der rund 50 Känguruarten Wallabys. Diese Tiere leben in den trockenen Gras- und Buschsteppen von Australien und Tasmanien, wo sie sich von Gras ernähren. Einige Kängurus, die in den Wäldern Australiens und Neuguineas leben, klettern sogar auf Bäume. Solche Baumkängurus haben kräftige Krallen und fressen Blätter. Die Roten Riesenkängurus streifen durch das Buschland von Zentralaustralien und kommen mehrere Tage ohne Wasser aus. Das Graue Riesenkänguru bewohnt die Savannen Ostaustraliens.

Rotnackenwallaby

Wallabys kommen in den trockenen Grassteppen Südostaustraliens und Tasmaniens vor.

Kängurus leben in kleinen Herden, die von einem starken Männchen angeführt werden. Am Tag liegen sie meist im Schatten. Erst wenn es abends kühler wird, suchen sie nach Nahrung und Wasser. Wenn sie andere Kängurus vor einer Gefahr warnen wollen, stampfen sie mit den Hinterbeinen auf die Erde.

Graues Riesenkänguru; das Baby schaut aus dem Beutel der Mutter.

Im Frühling kämpfen die männlichen Kängurus um die Weibchen. Die Babys werden schon 30 Tage nach der Paarung geboren, verbringen danach aber noch vier oder mehr Monate im Beutel der Mutter, bis sie ausgewachsen sind. Nur die weiblichen Kängurus haben einen Beutel.

Bei der Geburt ist das nur 2,5 cm große, neugeborene Känguru nackt und blind. Es schlüpft aus der Geburtsöffnung und krabbelt durch das Fell der Mutter in den Beutel.

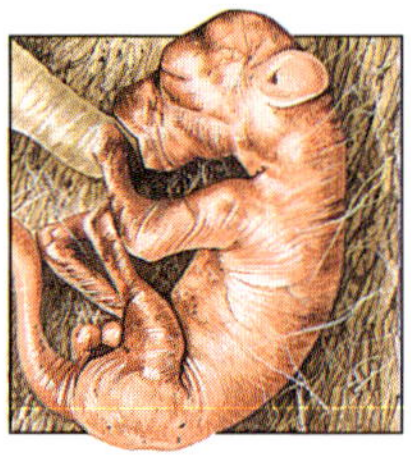

Im Innern des Beutels wächst es an einer Zitze fest und trinkt Milch. Hier bleibt es in Sicherheit, bis es nach rund vier Monaten als ausgewachsenes Jungkänguru den Beutel verlassen kann.

Obwohl es nun draußen herumläuft, kehrt es immer wieder zurück, um Milch zu trinken. Bis zu einem Alter von einem Jahr kriecht es zurück in den Beutel, wenn es ängstlich oder müde ist.

Da die Kängurus dasselbe Gras wie die Nutztiere der australischen Farmer fressen, gelten sie oft als Schädlinge, denn sie können zudem leicht die Zäune überspringen, die das Weideland umgeben. Jahr für Jahr werden daher Millionen von Tieren abgeschossen. Früher jagte man sie auch wegen ihres Fleisches und Fells. Dennoch ist keine Känguruart ernsthaft vom Aussterben bedroht.

Erwachsene Großkängurus können mit ihren starken Hinterbeinen und dem starken Schwanz 3 m hoch und 9 m weit springen. Mit dieser Fortbewegungsart erreichen sie eine Geschwindigkeit von 60 km/h. Wenn sie langsam gehen oder grasen, laufen sie auf allen vieren.

### Koalas

Koalas sind Beuteltiere, die in den Wäldern Ostaustraliens leben. Sie fressen Blätter und Rinde von Eukalyptusbäumen. Dabei sind sie sehr wählerisch und nehmen nur Blätter von fünf der 350 Eukalyptusarten. Koalas fressen nachts und verdauen am Tag, während sie in den Astgabeln hoher Bäume schlafen.

Koalas haben lange Krallen und zwei „Daumen“ an den Vorderpfoten, damit halten sie sich fest.

In der Sprache der australischen Ureinwohner bedeutet Koala „nicht trinken“. Tatsächlich kommen die Koalas mit der Flüssigkeit in den Blättern aus, die sie fressen. Neugeborene Koalas sind so groß wie eine Bohne. Sie krabbeln in den Beutel der Mutter, der sich zum Hinterteil hin öffnet, und wachsen an einer Zitze fest. Nach etwa sechs Monaten verlässt das Junge den Beutel und hält sich am Fell der Mutter fest. Bis es selbst Nahrung suchen kann, füttert es die Mutter mit vorgekauten Blättern.

### Wombats

Wombats leben in den Savannen von Australien und Tasmanien. Mit ihren kurzen, kräftigen Beinen und den starken Krallen buddeln sie sich Höhlen in die Erde. Der Beutel der Mutter öffnet sich zum Hinterteil hin, damit keine Erde eindringen kann, wenn sie durch die Gänge im Boden läuft. Die nachtaktiven Wombats leben in Gruppen zusammen. Den Tag verschlafen sie in der Höhle, nachts fressen sie Gras. Wombats können schlecht sehen, aber gut riechen und hören.

Wombats grasen in der Nacht.

Zum Weiterlesen:
Beuteltiere, Kloakentiere, Plazentatiere S. 40

## Opossums

Opossums sind Beuteltiere, die in Mittel- und Südamerika vorkommen, eine Art auch in Nordamerika. Allerdings nennen die Australier die einheimischen Beutelratten ebenfalls Opossums. Es gibt etwa 70 Opossumarten. Die kleinste ist so groß wie eine Maus, die größte so groß wie eine Katze.

*Eine Opossummutter bringt etwa 18 Babys zur Welt. Wenn sie zu groß für den Beutel geworden sind, klammern sie sich am Fell der Mutter fest.*

Die meisten Opossums können gut klettern und halten sich mit Händen und Füßen sicher an den Zweigen fest. Sie sind nachtaktiv und fressen kleine Tiere, Früchte und Insekten, wühlen aber auch in Abfällen nach Fressbarem.

*Ängstliche oder bedrohte Opossums stellen sich tot. Dann liegen sie starr da, Mund und Augen geöffnet. Das bietet Schutz, denn viele Raubtiere, z. B. Katzen, fressen keine verendeten Tiere (Aas).*

## Beutelratten

In Australien, Tasmanien und Neuguinea leben Beutelratten, die sich von Nektar und Insekten ernähren. Sie können hervorragend klettern und halten sich mit Pfoten und Schwanz fest. Es sind Beuteltiere, die sich an verschiedene Lebensräume angepasst haben: Honigbeutler, Ringbeutler, Zwergbeutelratten und der Zwergflugbeutler. Wenn die Zwergflugbeutler ihre Arme und Beine spreizen, spannen sie eine Flughaut aus, die ihnen das Segeln von Baum zu Baum erlaubt. Ihre Jungen bleiben bis zum Alter von zwei Monaten im Beutel.

*Honigbeutler holen sich mit ihrer langen, bürstenartigen Zunge Nektar und Pollen aus den Blüten.*

## Andere Beuteltiere

*Das nachtaktive Lesueur-Bürstenrattenkänguru (links) ernährt sich von Pflanzen.*

*Numbats oder Ameisenbeutler (rechts) leben in den trockenen Steppen Westaustraliens; sie fressen Ameisen.*

*Das Langnasen-Potoroo (links) gehört zu den Rattenkängurus. Es verschläft den Tag in einem Nest.*

*Nasenbeutler (rechts) sind kleine, rattenartige Beuteltiere. Sie fressen Früchte, Insekten und Würmer. Ihre Beutel öffnen sich zum Hinterteil hin.*

*Die kleinen, katzenartigen Beutelmarder (links) fressen Wombats, kleine Reptilien und Zwergflugbeutler.*

## Darum sind sie einzigartig

Als vor rund 200 Millionen Jahren die ersten Säugetiere entstanden, war wahrscheinlich die gesamte Landmasse der Erde in einem Kontinent vereint. Damals lebten überall Beuteltiere.

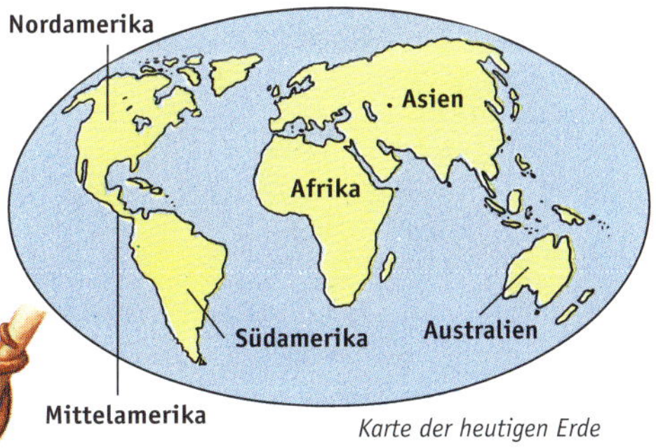


*Karte der heutigen Erde*

Es dauerte Millionen von Jahren, bis sich diese Landmasse in die heutigen Kontinente aufspaltete. In Asien, Afrika und Nordamerika wurden die Beuteltiere von den Plazentatieren (sie bringen voll entwickelte Babys zur Welt) verdrängt. Allerdings konnten diese nicht über das Meer nach Australien oder Südamerika gelangen – hier überlebten die Beuteltiere. Vor etwa 3,5 Millionen Jahren entstand dann mit Mittelamerika eine Landbrücke, sodass Tiere von Norden nach Süden (und umgekehrt) wandern konnten.

## Schnabeligel

Die Schnabeligel gehören zu den Kloakentieren. Das Weibchen legt ein Ei, das es in einem Beutel verwahrt. Sobald das Baby ausschlüpft, leckt es die Milch auf, die aus Drüsen in dem Beutel fließt. Schnabeligel haben keine Zitzen.

*Kurzschnabeligel*

Es gibt zwei Arten von Schnabeligeln. Der Kurzschnabeligel lebt in Australien, Neuguinea und Tasmanien. Er ernährt sich von Ameisen und Termiten. Der seltenere Langschnabeligel frisst daneben auch Würmer. Alle Schnabeligel lecken die Insekten mit ihrer langen Zunge auf. Sie graben Ameisen- und Termitennester mit Hilfe ihrer starken, spitzen Krallen aus. Zum Schutz rollen sie sich zu einer Kugel zusammen und graben sich in den Sand ein.

*Bei Gefahr buddeln sich Schnabeligel blitzschnell eine flache Grube in den Sand (oben). Schließlich schauen nur noch ihre schützenden Stacheln oben heraus (unten).*

## Schnabeltier

Auch das australische Schnabeltier gehört zu den Kloakentieren. Das Weibchen gräbt sich einen Tunnel in eine Uferböschung und legt an dessen Ende zwei Eier in ein Nest aus Blättern. Wenn die Babys aus ihren weichschaligen Eiern schlüpfen, klammern sie sich an ihre Mutter und lecken die Milch auf, die aus Hautdrüsen tropft. Schnabeltiere haben keine Zitzen. Das Schnabeltier kann mit seinen Schwimmfüßen und dem kräftigen Schwanz gut schwimmen. Der Schnabel ist von einer empfindlichen Haut bedeckt, mit deren Hilfe es Würmer und Krabben im Schlamm des Flusses aufspürt. In einer Backentasche kann es Nahrung speichern.

*Nest mit zwei Eiern*

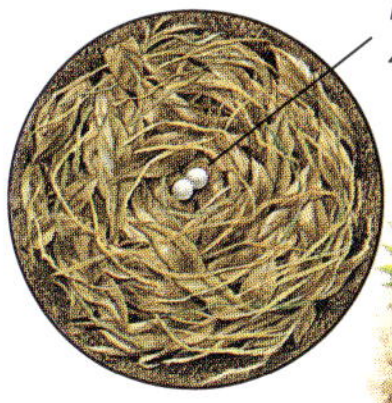

*An den Füßen der männlichen Schnabeltiere sitzen giftige Stacheln.*

*Alle Lebewesen sind voneinander abhängig.*

# Ökologie

Die Ökologie befasst sich mit den Lebewesen in ihrer natürlichen Umgebung, in ihren Lebensräumen. Sie untersucht, wie Pflanzen und Tiere voneinander abhängen, und wie diese durch ihre nicht-lebende Umwelt – Boden, Luft und Wasser – geprägt werden. Sauerstoff, Kohlendioxid und Wasser, die Grundbausteine pflanzlichen und tierischen Lebens, stehen in einem ständigen Kreislauf zwischen Lebewesen, Land, Wasser und Luft. Die Ökologie untersucht auch, welchen Einfluss die Menschen auf dieses empfindliche Gleichgewicht haben und wie wir die Natur schützen können.

## Lebensräume

Die Umgebung, in der eine Pflanze oder ein Tier lebt, nennt man Lebensraum oder Habitat. Jedes Lebewesen ist an sein Habitat angepasst. So können Kakteen in Wüsten überleben, weil sie in fleischigen Geweben Wasser speichern.

*Die dicke Wachsschicht auf den flachen, fleischigen Stängeln der Opuntie schützt vor Wasserverlust. Die Blätter wurden zu Dornen.*

Pflanzen und Tiere eines Lebensraumes bilden eine Gesellschaft. Dabei besiedelt jede Art einen ganz bestimmten Bereich (ökologische Nische), damit nicht zu viele um denselben Raum und dieselbe Nahrung konkurrieren. In den afrikanischen Savannen fressen daher die Tiere unterschiedliche Teile derselben Pflanze. Kommt es dennoch zu einem Konkurrenzkampf, würde die am besten angepasste Art überleben, die anderen aussterben oder abwandern.

*Elefanten und Giraffen fressen die Blätter der Baumkronen, während Antilopen und Spitzmaulnashorn nur die unteren Zweige erreichen. Andere Tiere fressen Gras.*

In einem Lebensraum kann nur eine bestimmte Zahl von Pflanzen und Tieren überleben.

## Biome und Ökosysteme

Abhängig vom Klima entwickelten sich auf der Erde Großlebensräume, die so genannten Biome. Wüsten oder tropische Regenwälder sind typische Biome – jedes mit ganz speziellen Lebewesen. Innerhalb eines Bioms können sich mehrere Ökosysteme entwickeln.

Zu einem Ökosystem gehört ein überschaubarer Lebensraum mit Pflanzen, Tieren, ihrer Umgebung und den entsprechenden Nahrungskreisläufen. Ökosysteme können so klein wie ein verfaulender Baumstamm oder so groß wie ein Wald sein.

*Weltkarte mit den wichtigsten Biomen*

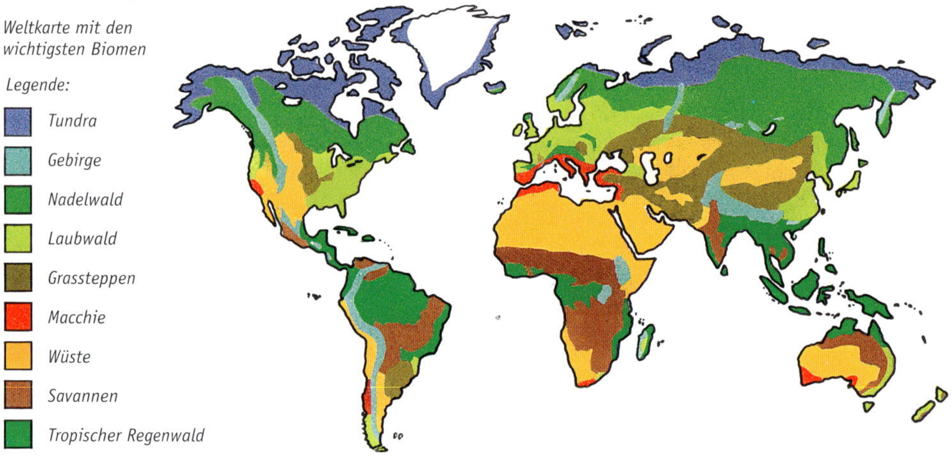


## Nahrungsketten

Eine Nahrungskette beschreibt, welches Tier was oder wen frisst und von wem es selbst gefressen wird.

*Typische Nahrungskette im Wald*

Alle Nahrungsketten beginnen mit den Pflanzen, die durch die Fotosynthese eigene Nahrung erzeugen. Pflanzen versorgen alle Tiere mit Energie. Pflanzen fressende Tiere nehmen ihre Energie direkt durch ihre Pflanzennahrung auf. Raubtiere machen einen „Umweg", weil sie sich von Pflanzen fressenden Tieren ernähren.

## Nahrungsnetze

Die Nahrungsketten können miteinander vernetzt sein und bilden dann ein sehr empfindliches Nahrungsnetz. Fällt nur ein Element aus, kann sich das ganze Netz verändern.

*Die Pfeile zeigen an, welches Tier wen oder was frisst.*

*Nahrungsnetz im Regenwald*

Zum Weiterlesen: Fotosynthese S. 5; Algen S. 11; Flechten S. 73; Wüste S. 76–77; Tropischer Regenwald S. 78–79; Umweltverschmutzung, Bedrohte Lebensräume S. 84

## Der Wasserkreislauf

Das Regenwasser, das auf die Erde fällt, fließt über die Flüsse ins Meer. Dort verdunstet es und bildet zuerst winzige Tröpfchen, dann Wolken, aus denen es wieder regnet. Da sich das Wasser in einem ständigen Kreislauf zwischen Luft, Land und Meer bewegt, steht es allen Lebewesen ständig zur Verfügung.

*Wassertropfen bilden Wolken.*

*Wassertropfen fallen als Regen.*

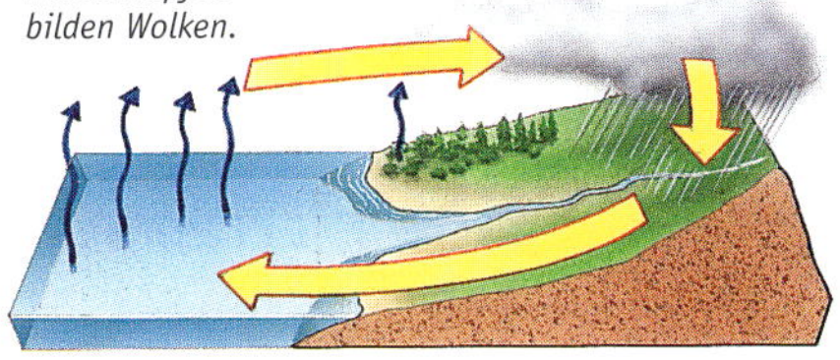

## Der Kohlenstoffkreislauf

Ohne Kohlenstoff wäre kein Leben möglich. Wie das Wasser ist auch der Kohlenstoff in einem ständigen Kreislauf begriffen – er kommt aber in vielerlei Formen vor. Pflanzen nehmen das gasförmige Kohlendioxid aus der Luft auf und verarbeiten es in der Fotosynthese zu kohlenstoffhaltigen Nährstoffen. Tiere, die Pflanzen fressen, verbrauchen deren Kohlenstoff für ihr eigenes Wachstum.

*Da die Fotosynthese auf das Sonnenlicht angewiesen ist, nehmen Pflanzen nur am Tag Kohlendioxid auf.*

*Der für alle Tiere lebensnotwendige Kohlenstoff stammt aus Pflanzen.*

Wenn Tiere und Pflanzen die Nährstoffe verwerten (Stoffwechsel), entsteht als „Abfall" wieder Kohlendioxid. Tiere atmen ihn aus, Pflanzen geben ihn nachts, wenn keine Fotosynthese stattfindet, durch die Blätter ab. Auch beim Zerfall (Verrottung) toter Tiere und Pflanzen entsteht wieder Kohlendioxid, nämlich durch die Arbeit von Bakterien und Pilzen. Fossile Brennstoffe, wie Öl und Kohle, entstanden vor Millionen von Jahren aus Pflanzen und Tieren, die nicht abgebaut wurden. Werden diese Stoffe verbrannt, wird ebenfalls Kohlendioxid frei.

## Der Stickstoffkreislauf

Stickstoff ist das häufigste Gas unserer Atmosphäre. Pflanzen und Tiere brauchen ihn, um Eiweiße für ihre Körper herzustellen. Pflanzen nehmen Stickstoffverbindungen (Nitrate) aus dem Boden auf und bauen ihn in ihre Zellen ein. Tiere kommen an die Stickstoffverbindungen, wenn sie Pflanzen fressen oder Tiere, die Pflanzen gefressen haben.

*Flughund frisst Früchte.*

*Insekten, wie der Kotkäfer, der tierischen Kot frisst, sorgen für den Abbau von tierischem und pflanzlichem Material: Kohlenstoff und Stickstoff fließen wieder in die Kreisläufe ein.*

Bakterien und Pilze zersetzen tote Pflanzen und Tiere bis auf die Moleküle und geben dabei Stickstoffverbindungen in den Boden ab. Andere Bakterien verwandeln diese Verbindungen zu Nitraten, die dann wieder den Pflanzen zur Verfügung stehen – der Kreislauf hat sich geschlossen.

## Der Treibhauseffekt

Durch die Verbrennung von fossilen Brennstoffen, wie Öl und Kohle, in Autos, Heizungen und Fabriken gelangt immer mehr Kohlendioxid in die Atmosphäre. Viele Wissenschaftler glauben, dass sich dadurch die Erdatmosphäre erwärmt und das Eis der Pole zu schmelzen beginnt. Man nennt diesen Vorgang Treibhauseffekt, weil die Sonnenenergie wie in einem Glashaus gefangen bleibt. Je mehr Kohlendioxid in die Atmosphäre gelangt, desto größer der Effekt, d.h. desto wärmer wird das Klima der Erde (globale Erwärmung).

*Die Wärme wird am Glas reflektiert.*

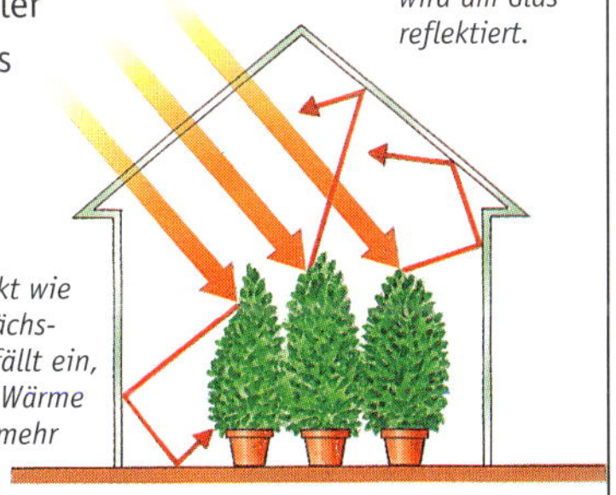

*Kohlendioxid wirkt wie das Glas im Gewächshaus: Das Licht fällt ein, die entstandene Wärme kann aber nicht mehr entweichen.*

## Ökologische Probleme

Die Menschen haben das Gleichgewicht zwischen Pflanzen, Tieren und der Natur immer stärker verändert. Umweltverschmutzung, die Zerstörung von Lebensräumen und intensive Landwirtschaft greifen in die komplizierten Kreisläufe des Lebens ein. Durch die Zerstörung der Regenwälder z.B. wird viel Kohlenstoff produziert (Verbrennung) und es sterben auch tausende von Tier- und Pflanzenarten aus.

*Bei der Verbrennung der Regenwälder werden große Mengen Kohlendioxid frei, das den Kohlenstoffkreislauf stört und den Treibhauseffekt weiter verstärkt.*

Wenn nur eine einzige Art durch Umweltverschmutzung, Jagd oder Fischfang ausstirbt, kann ein ganzes Nahrungsnetz verändert werden: Einige Tiere sterben, weil sie keine Nahrung mehr finden, andere vermehren sich, weil ihre Feinde fehlen.

*In den 1980er-Jahren verhungerten viele Küken des Papageientauchers, weil die Fischer der Nordsee zu viele Sandaale gefangen hatten.*

Früher haben Naturkatastrophen das Gleichgewicht der Arten verändert, heute stellt der Mensch die stärkste Bedrohung für wilde Pflanzen und Tiere dar.

### Sehen und verstehen

An der Menge der Flechten kannst du ablesen, wie stark deine Umwelt verschmutzt ist. Bei starker Verschmutzung überleben nur Grünalgen. Ist die Luft sauber, wachsen z.B. auch Strauchflechten auf Baumstämmen.

*Stark verschmutzt* – *Leicht verschmutzt* – *Sauber*

*Grünalgen auf Baumstämmen* – *Blattflechten auf Mauern* – *Strauchflechten auf Bäumen*

*Pilze, Würmer und Bakterien verarbeiten totes Pflanzen- und Tiermaterial und schleusen so Kohlenstoff und Stickstoff wieder in die Kreisläufe ein.*

*Eisvögel tauchen ins Wasser, um mit ihren langen Schnäbeln Fische zu fangen. Ihr Nest bauen sie an steilen Ufern.*

# Flüsse und Seen

*Teichmolche fressen Kaulquappen, Schnecken und Insekten.*

An und in Flüssen und Seen lebt eine Vielzahl von Pflanzen, Fischen, Insekten, Vögeln und Säugetieren. Im ruhigen Wasser eines Sees können Pflanzen gut wurzeln, entwickeln sich prächtig und locken zahlreiche Tiere an. Inzwischen sind viele Flüsse und Seen durch Schädlingsvernichtungsmittel und Dünger aus der Landwirtschaft verschmutzt. Daran sterben die mikroskopisch kleinen Lebewesen, von denen wiederum größere Tiere leben. Die Wildtiere auf diesen Bildern kommen im kühleren Klima vor.

## Nahrungskette im Süßwasser

Das Süßwasser der Flüsse und Seen enthält – im Unterschied zum Meer – kein Salz. Das Bild der Nahrungskette (unten) zeigt, wie einige Süßwassertiere und -pflanzen im Hinblick auf ihre Nahrung voneinander abhängen.

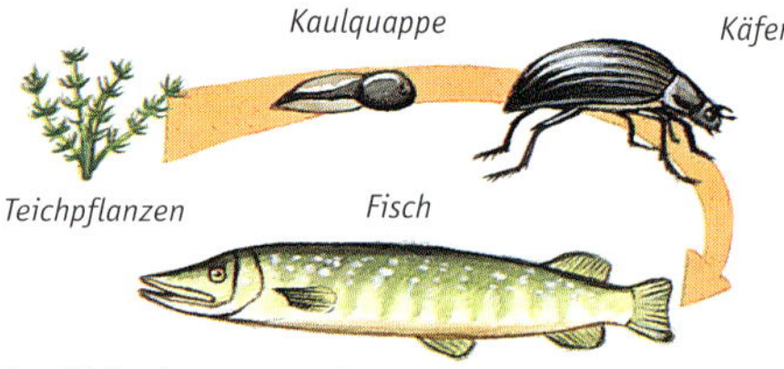


*Der Pfeil zeigt an, wer oder was von wem gefressen wird.*

Alle Glieder einer Nahrungskette sind voneinander abhängig. Nehmen beispielsweise die Teichpflanzen durch Schädlingsbekämpfungsmittel ab, hat dies Auswirkungen auf viele Tiere.

## Leben am Fluss

Das Bild unten zeigt einige Pflanzen, Säugetiere, Vögel, Insekten und Lurche, die an und in einem langsam fließenden Fluss leben.

*Der Rohrkolben hat samtige, dunkelbraune Fruchtstände.*

## Wasserpflanzen

Wasserpflanzen bieten Schutz, dienen als Nahrung und geben Sauerstoff ab, auf den Fische und andere Wassertiere angewiesen sind. Diese nehmen den Sauerstoff durch Kiemen oder die Haut direkt aus dem Wasser auf.

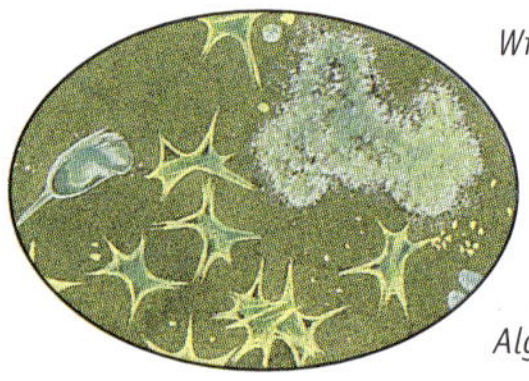

*Winzige Mikroorganismen, genannt Algen, schweben im Wasser und werden von Enten, Fischen und Insekten gefressen. Auch der grüne Schleim auf Steinen besteht aus Algen.*

Unterwasserpflanzen haben dünne Stängel und zarte Blätter, denn das Wasser stützt die Pflanzen und sie erleiden keinen Wasserverlust. Pflanzen mit großen Schwimmblättern sind dagegen an kräftigen Stängeln verankert.

*Die Wasserpest ist eine Unterwasserpflanze, die sich sehr rasch vermehrt. Aus jedem Bruchstück wächst eine neue Pflanze heran.*

*Der Tannenwedel erhebt sich mit seinen winzigen Blättern über die Wasseroberfläche.*

*Die Gelbe Teichrose hat große, schwimmende Blätter und ist mit einem kräftigen Stängel am Grund verwachsen.*

## Wasserinsekten

Im und auf dem Wasser leben zahlreiche Insekten oder ihre Larven. Sie fressen mikroskopisch kleine Pflanzen und Tiere, andere fangen Kaulquappen, Insekten oder sogar kleine Fische. Einige tauchende Insekten nehmen eine Blase voller Atemluft von der Oberfläche mit unter Wasser. Insekten wiederum dienen Fischen, Fröschen, Kröten, Molchen und Vögeln als Nahrung.

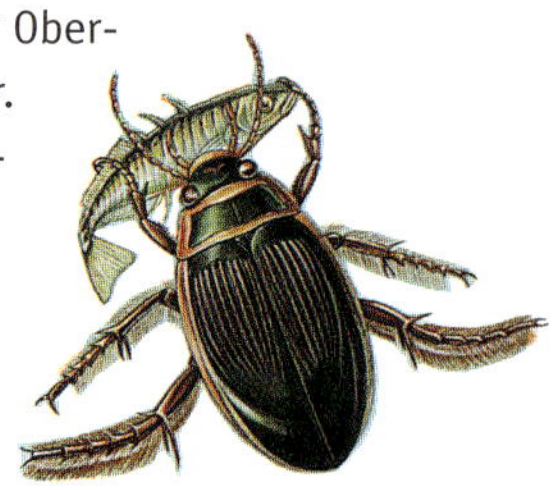

*Gelbrandkäfer (rechts) fangen kleine Fische.*

*Larve einer Steinfliege*

*Rückenschwimmer (unten) schwimmen mit dem Bauch nach oben.*

*Steinfliege*

*Wasserläufer (rechts) laufen auf dem Wasser umher und fressen ertrunkene Insekten.*

*Köcherfliegenlarven bauen sich eine Hülle aus Schalen, Steinen und Blättern.*

*Köcherfliege*

## Libellen

Libellen leben am Wasser und legen ihre Eier auf Wasserpflanzen ab. Kleinlibellen können ihre Flügel über dem Körper zusammenfalten. Alle Libellen sind Insekten fressende Tiere. Libellenlarven haben eine ganz andere Lebensweise als ihre Eltern. Sie verbringen mehrere Jahre im Wasser, wo sie Jagd auf Kaulquappen und Wasserinsekten machen. Bis sie völlig ausgewachsen sind, müssen sie sich mehrmals häuten. Dann klettern sie an Pflanzenstängeln aus dem Wasser, werfen die Haut ab und verwandeln sich in eine Libelle.

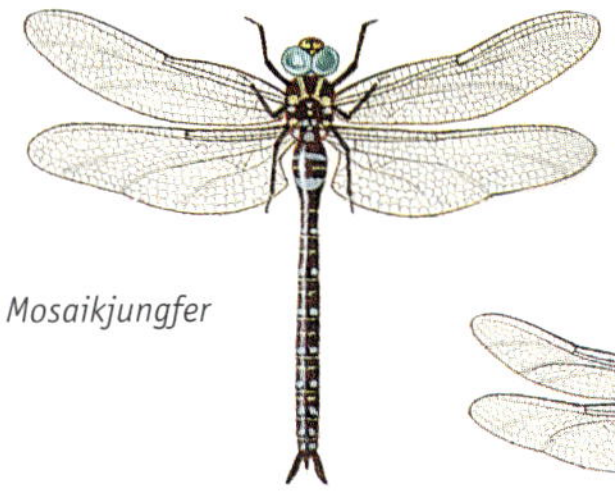

*Mosaikjungfer*

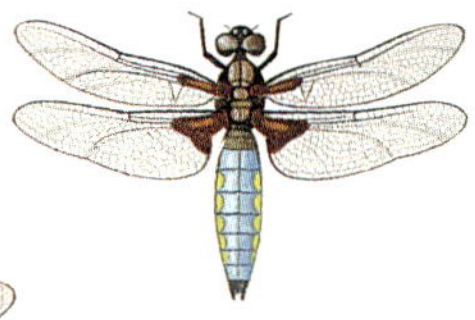

*Plattbauch*

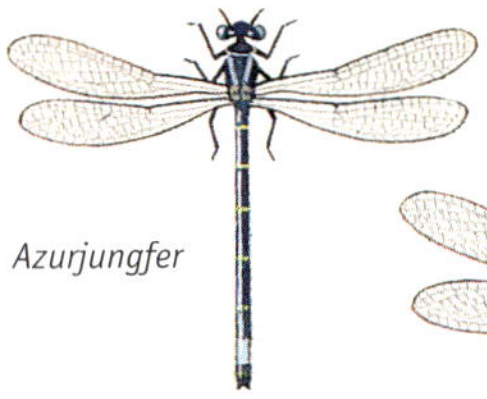

*Azurjungfer*

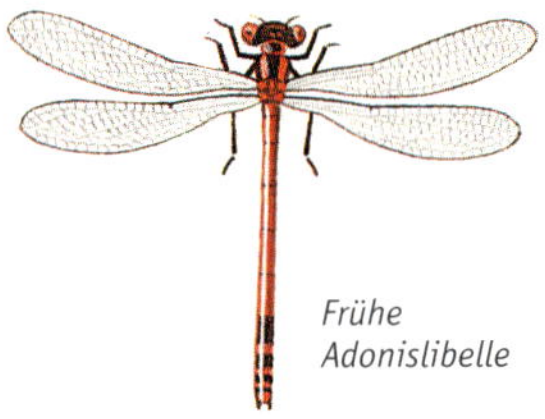

*Frühe Adonislibelle*

*Libellen haben große Augen.*

## Süßwasserpolypen

Die Süßwasserpolypen betäuben ihre Beute, z. B. Wasserflöhe, mit langen Tentakeln. Sie werden bis zu 2 cm lang und bewegen sich kriechend und mit Purzelbäumen vorwärts. Bei Unruhe schrumpfen sie zu kleinen Kugeln zusammen.

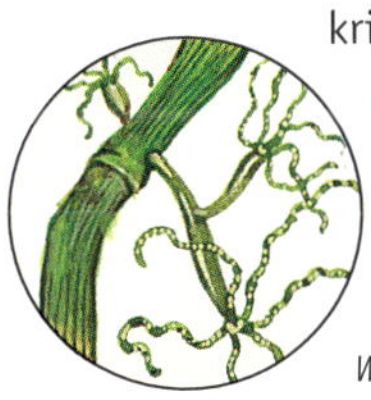

*Süßwasserpolypen setzen sich an Wasserpflanzen und aneinander fest.*

## Fischotter

Fischotter haben einen langen, schlanken Körper, Schwimmfüße und einen kräftigen Schwanz zum Steuern. Unter Wasser schließen sie Ohren und Nase. Fischotter ernähren sich von Fischen, Fröschen und Schalentieren. Die verwandten Meerotter leben im Pazifik. Sie benutzen Steine, um Muscheln von Felsen zu schlagen und zu öffnen.

*Fischotter jagen nachts. Ihre Höhle graben sie sich in der Nähe eines Flusses.*

### Sehen und verstehen

Mit einem Sichtgerät aus einer durchsichtigen Plastikflasche kannst du das Leben unter Wasser beobachten. Schneide Spitze und Boden der Flasche ab. Decke ein Ende mit Folie ab (mit Gummiband befestigen), die andere Schnittkante mit Klebeband, sodass sie nicht scharf ist. Wenn du das Ende mit der Folie ins Wasser hältst und durch die Röhre blickst, kannst du Fische, Molche, Insekten und Schnecken sehen.

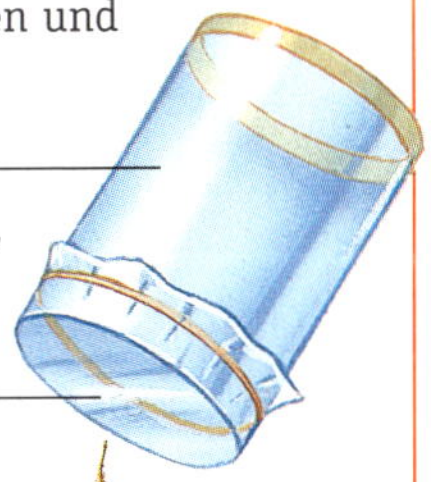


## Wasservögel

Viele Vögel zieht es in die Nähe von Wasser. Schwalben, Mauersegler und Bachstelzen fliegen auf der Jagd nach Insekten über die Wasseroberfläche. Enten fressen die Pflanzen am und im Wasser, Stockenten und Schwäne gründeln nach Wasserpflanzen. Graureiher und Eisvögel fressen Fische, Frösche und Insekten.

*Bachstelzen bauen ihr Nest an schnell fließenden Bächen, wo sie Insekten jagen.*

*Gebirgsstelze (links)*

*Das Blässhuhn hat große Füße mit Schwimmhäuten. Es taucht nach Wasserpflanzen.*

*Blässhuhn*

*Teichhühner (links) leben an Teichen und Flüssen, sie fressen Pflanzen und kleine Tiere.*

*Schilfrohrsänger (rechts) bauen ihre Nester zwischen dichten Pflanzen am Ufer.*

*Löffelenten (links) seihen mit ihren langen, flachen Schnäbeln winzige Pflanzen aus dem Wasser.*

*Gänsesäger (rechts) kommen auf großen Seen vor, wo sie nach Fischen tauchen. Die Weibchen tragen eine Federhaube auf dem Kopf.*

*Höckerschwan*

*Schwäne (links) reichen mit ihrem langen Hals bis auf den Boden flacher Seen. Sie leben von Wasser- und Landpflanzen.*

*Zum Weiterlesen:*
*Entwicklung der Insekten S. 16*

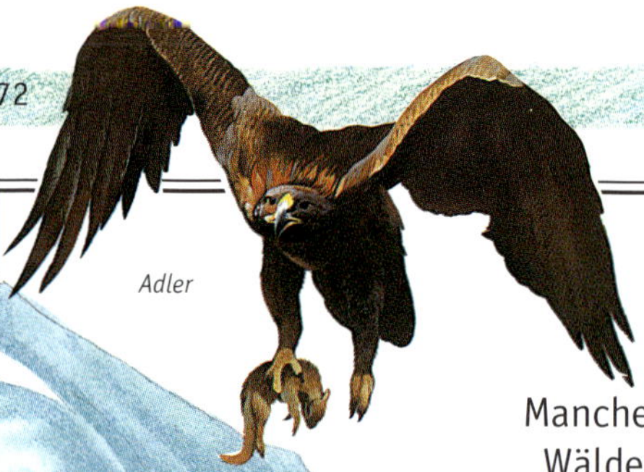

Adler

# Leben im Gebirge

Manche Gebirge gehören zu den wildesten Orten der Erde. Da in den dichten Wäldern und auf nackten, steilen Felsen keine Menschen wohnen können, haben hier viele, gut angepasste Wildtiere überlebt. Mit zunehmender Höhe wird es kälter, trockener und damit ändert sich die Pflanzen- und Tierwelt. Es gibt in den Gebirgen der Erde unterschiedliche Pflanzen und Tiere, doch kommen alle Arten auf ihre Weise mit dem extremen Lebensraum zurecht.

*Schneehasen (oben) tragen im Winter weißes Fell.*

*Alpenmurmeltiere besiedeln die Wiesen oberhalb der Baumgrenze.*

## Ewiger Schnee

Selbst in der Nähe des Äquators sind die höchsten Berge von ewigem Schnee bedeckt. Hier oben kommen nur noch Spinnen und Insekten vor, die sich von Pollen, Samen und toten Insekten ernähren, die aus dem Tal hochgeweht werden.

*Weberknechte (oben) suchen in Schneelöchern nach toten Insekten.*

## Alpine Zone

Unterhalb der schneebedeckten Gipfel erstrecken sich nackte Felsen und steile Geröllhänge. Auch diese Zone bleibt lange Zeit verschneit. Nur im zwei bis drei Monate dauernden Sommer schmilzt der Schnee und macht Platz für kleine Pflanzen wie Moose und Gräser, die zwischen den Felsen wachsen. Hier leben nur wenige Tiere. Vor allem Bergziegen und -schafe suchen im Sommer nach Gras. Große Greifvögel, wie der Adler, bauen ihr Nest in den Felsen und fliegen auf der Jagd nach Beutetieren über die Hänge.

*Im Gebiet des ewigen Schnees leben weder Tiere noch Pflanzen. Nur die Greifvögel fliegen über die eisigen Hänge. An der Schneegrenze endet der ewige Schnee.*

*Unter den verschneiten Gipfeln setzen steile, felsige Hänge ein. Nach den europäischen Alpen wird dieser Bereich alpine Zone genannt.*

*Schneeziege*

*Bergziegen und -schafe, die im Sommer in der alpinen Zone leben, brauchen einen sicheren Tritt. Auf der Suche nach Gras und kleinen Pflanzen klettern sie über die steilen Felsen. Sie können mehrere Tage ohne Futter auskommen.*

*Darunter folgt die Zone der Bergwiesen. Im Sommer leben hier viele Tiere, doch es wachsen keine Bäume, da die Winter zu kalt sind. Die Höhe, ab der Bäume überleben können, heißt Baumgrenze.*

*Apollofalter*

*Roter Steinbrech*

*Im Frühling und Sommer überziehen zahllose Blüten die Hänge. Insekten suchen nach Nektar, und Vögel ernähren sich von Pflanzen und Insekten. Auf den Bergwiesen finden sich nun Hirsche, Kaninchen und Murmeltiere ein.*

### Karte der Gebirge

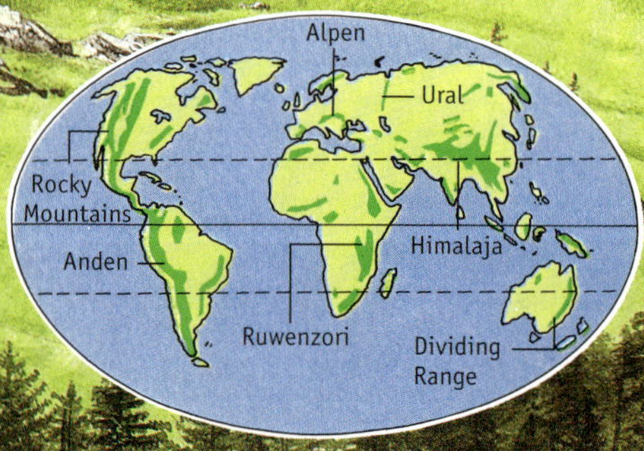

*Puma*

*Die Bergwälder unterhalb der Baumgrenze bieten verschiedensten Tieren eine Heimat, z. B. Pumas, Vielfraßen, Stachelschweinen, Eichhörnchen und Mardern.*

Bartgeier

Alpensegler

## Bergwiesen

Unterhalb der alpinen Zone folgen die Bergwiesen. Hier ist es noch zu kalt für Bäume, aber man findet kleine Sträucher, wie die Heidelbeere. Den Winter, wenn alles verschneit ist, verschlafen Murmeltiere und Pfeifhasen in ihren Höhlen. Im Frühling stellen sich Hirsche, Ziegen und andere Tiere ein, um zu grasen.

*Im Frühling verliert der Schneehase sein weißes Winterfell und wird wieder braun. So ist er zwischen Felsen und Gras besser getarnt.*

*Hirsche leben im Sommer auf den Bergwiesen und wandern im Winter in die Wälder. Dann ziehen sie in langen Reihen aus bis zu 500 Tieren nach unten.*

## Baumgrenze

Oberhalb der Baumgrenze sind die Sommer zu kurz und die Temperaturen zu niedrig für das Wachstum von Bäumen. Die Höhe der Baumgrenze richtet sich nach der geografischen Lage der Gebirge: In Gebirgen am Äquator, wie den Anden in Südamerika, liegt die Baumgrenze bei 5.250 m, in den europäischen Alpen bei 2.600 m.

*Im Bereich der Baumgrenze wachsen nur kleine Bäume, die vom starken Wind zu merkwürdigen, knorrigen Gestalten geformt werden.*

Unterhalb der Baumgrenze ist es weniger hart und kalt. Es gibt eine tiefere Bodenschicht, in der auch größere Pflanzen, z. B. Nadelbäume, wurzeln können.

## Bergblumen

Bergblumen wachsen vor allem auf den Wiesen und zwischen den Felsen. Die Bilder unten zeigen einige Alpenblumen, die im Frühling blühen. Viele Blumen, wie Enzian und Steinbrech, bilden dichte Polster, die sie vor kalten Winden schützen.

## Flechten

Flechten sind Gemeinschaften aus Algen und Pilzen, die dauerhaft zusammenleben. Sie können auf nackten Felsen und Baumstämmen wachsen.

*Flechten kommen in vielen Formen vor, von krustig bis blattartig.*

*Das Schnittbild rechts zeigt den Aufbau einer typischen Flechte.*

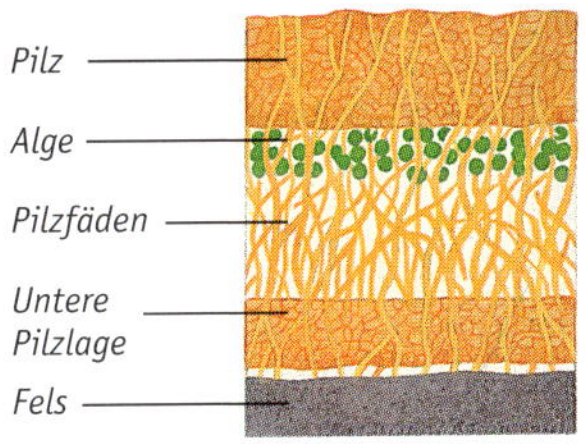


## Gebirgsvögel

Oberhalb der Baumgrenze leben nur große Greifvögel, wie Falken, Adler und Geier. Mit ihren kräftigen Flügeln lassen sie sich vom Wind tragen. Greifvögel jagen kleine Säugetiere, Kriechtiere und andere Vögel.

*Kleinere Vögel, wie Waldlaubsänger, Zeisige und Pieper, verbringen den Sommer in Wäldern und Wiesen und ziehen im Winter nach Süden.*

Waldlaubsänger

Rotkehlpieper

Ringdrossel

Zeisig

*Mauerläufer (rechts) finden mit ihren großen Krallen sicheren Halt. Sie suchen mit dem langen Schnabel in Felsspalten nach Insekten.*

## Afrikanische Gebirge

Der Ruwenzori in Afrika, ein Gebirge am Äquator, hat andere Höhenstufen der Vegetation als Gebirge in kühleren Regionen:
Zu Füßen der Berge weiden Elefanten und Nashörner. Darauf folgen Regenwälder und darüber ein Buschland, in dem Leoparden jagen. Oberhalb der Baumgrenze bei etwa 4.500 m wachsen riesenhafte Blumen.

*Kreuzkraut und Lobelien werden bis zu 9 m hoch.*

## Bergwälder

*Die Nadeln der Nadelbäume sind widerstandsfähiger als Laubblätter und die Samen liegen geschützt in festen Zapfen.*

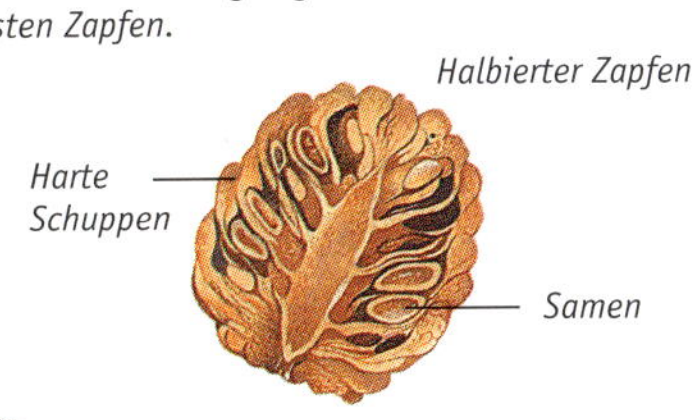

*Von den schrägen Zweigen rutscht der Schnee ab.*

Wolf

Direkt unterhalb der Baumgrenze überleben nur Nadelbäume, wie Tannen, Fichten und Kiefern, die extreme Winterkälte und die kurzen Sommer. In dem dichten Wald wachsen kaum Gräser, aber in den Bäumen leben Marder und Eichhörnchen und im Winter ernähren sich Hirsche von den Nadeln.

Braunbär

*In abgelegenen Bergwäldern von Europa, Asien und Nordamerika leben Braunbären und Wölfe.*

*Baummarder können hervorragend klettern. Sie fressen kleine Tiere, Früchte und Nüsse.*

*Fichtenkreuzschnäbel holen mit den gekreuzten Spitzen ihrer Schnäbel die Samen aus den Zapfen.*

Königsfasan

*Königsfasane leben in Bergwäldern Chinas; sie ernähren sich von Samen.*

# Tropische Savannen

In Afrika und Südamerika bedecken die Grasflächen der tropischen Savannen weite Landstriche. Während der meisten Zeit des Jahres ist es dort sehr trocken, daher können nur einige Bäume überleben. In den Savannen gibt es zwei Jahreszeiten: Auf eine lange heiße Trockenzeit folgt eine fünf Monate dauernde Regenzeit. Dann wachsen die Gräser hoch und üppig und die großen Pflanzen fressenden Säugetiere finden reichlich Nahrung.

*Geier kreisen auf der Suche nach toten Tieren über der Savanne. Meist landen sie bei einem Kadaver, bevor andere Aasfresser eintreffen.*

*Gepard auf einem Termitenbau*

## Tropische Savannen

Savannen breiten sich zwischen den Wendekreisen aus, zwei gedachten Linien, zwischen denen die Tropen liegen. Savannen haben ein heißes Klima. In den Regenzeiten fallen 60 cm Niederschlag.

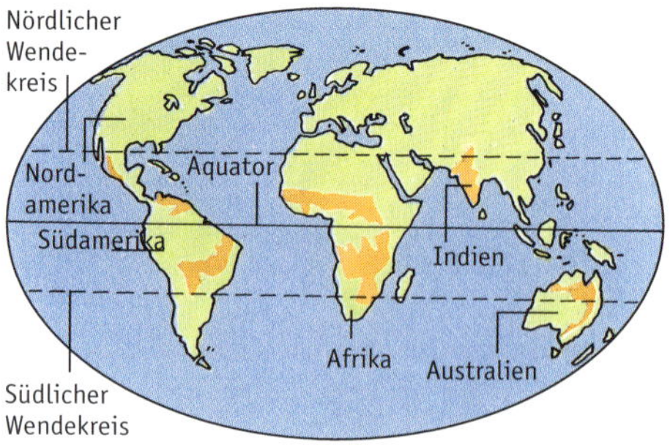


*Weltkarte der tropischen Savannen*

## Gräser

Gräser gehören zu den Blütenpflanzen, weltweit kommen über 9000 Arten vor. Sie bilden fein verteilte Wurzeln, die sich stark im Boden ausbreiten, um Wasser aufzunehmen.

*Die langen, geraden Grasblätter wachsen ohne Stängel nach oben. Werden sie von Tieren abgenagt, treiben sie neu aus – solange sie genügend Wasser finden.*

Während der langen Trockenzeit werden die Gräser braun und trocken. Sobald es regnet, treiben sie aus den Wurzeln wieder aus.

## Bäume

Da Bäume viel Wasser brauchen, wachsen in der Savanne nur gut angepasste Arten. Sie haben lange, tief in die Erde reichende Wurzeln und werfen in der Trockenzeit ihre Blätter ab. In Afrika wachsen Baobabs, in Australien Eukalyptusbäume. Akazien kommen auf beiden Kontinenten vor.

*Baobabs speichern das Wasser in ihren mächtigen Stämmen. Gelegentlich brechen Elefanten die Stämme auf, um das Wasser zu trinken.*

*Durch die kleinen Blätter verlieren Akazien kaum Wasser.*

Wenn Tiere Blätter fressen, können diese nicht mehr weiter wachsen, wie das beim Gras der Fall ist. Daher schützen viele Bäume ihre Blätter durch Dornen oder schlechten Geschmack.

*Giraffen erreichen die Blätter der Baumkronen. Während erwachsene Tiere niemanden zu fürchten haben, werden junge Giraffen manchmal von Raubtieren angegriffen.*

## Tierleben auf den afrikanischen Savannen

In den afrikanischen Savannen leben viele große Säugetiere, wie Elefanten, Nashörner, Flusspferde, Giraffen, Antilopen, Zebras und Gnus. Sie können nur überleben, weil jede Art an eine andere Nahrung angepasst ist.

*Zebras beißen nur die Grasspitzen ab, Gnus fressen den mittleren und Gazellen den unteren Teil der Halme.*

Ameisen, Termiten und viele Vogelarten fressen die Pflanzensamen. Fleischfresser, wie der Gepard oder die Wildhunde, jagen die Pflanzenfresser. Das Bild unten zeigt einige Tiere der afrikanischen Savannen.

Wenn die Gräser in der Trockenzeit dürr werden, beginnt die Wanderung der großen Zebra- und Gnuherden in Gegenden mit frischem Gras.

*Die großen Gnuherden ziehen auf der Suche nach Gras und Wasser über 1.500 km umher.*

Zu Beginn der Regenzeit kehren sie wieder zurück, grasen und bringen ihre Jungen zur Welt.

*Kaffernbüffel kühlen sich im Wasser ab und waschen Insekten von ihrer Haut.*

*Geparde schleichen sich bis zu drei Stunden lang an ihre Beute an, ehe sie losstürmen.*

*Wildhunde suchen sich als Beute sehr junge, alte oder kranke Tiere aus einer Herde aus.*

*Zum Weiterlesen: Termiten S. 21; Geparde S. 43; Afrikanische Wildhunde S. 44; Elefanten S. 52; Giraffen S. 53; Wildrinder S. 54; Antilopen S. 57; Das Pflanzenreich S. 88*

## Insekten der Savanne

In den Savannen leben verschiedenste Insekten. Sie fressen Pflanzen, saugen Blut oder ernähren sich von toten Tieren und Pflanzen. Ameisen verbreiten Pflanzensamen, während Tsetsefliegen und Wanderheuschrecken gefährliche Schädlinge sind.

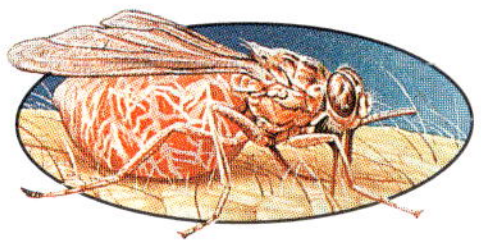

*Tsetsefliegen saugen das Blut von Menschen und Tieren und übertragen dabei die Schlafkrankheit.*

Wanderheuschrecken sind mit unseren Grashüpfern verwandt. Nach einem Regen ziehen riesige Schwärme mit vielen hundert Millionen Tieren auf der Suche nach Nahrung über das Land. Ein solcher Schwarm kann ganze Ernten vernichten.

*Wanderheuschrecke*

## Tierschutz

Viele Savannentiere wurden seit langem wegen ihrer Hörner, Felle oder Stoßzähne gejagt. Manche Tierarten stehen daher kurz vor der Ausrottung. Dennoch töten Wilddiebe noch immer, weil sie Felle und Häute verschiedener Tiere, etwa das Horn von Nashörnern, die Stoßzähne der Elefanten und die Federn der Strauße verkaufen können.

*Um den Elfenbeinhandel zu stoppen, ließ der Präsident von Kenia 1989 große Mengen Elfenbein verbrennen, das man Wilderern abgenommen hatte.*

Heute werden manche Tierarten, z. B. die Elefanten, durch Gesetze geschützt. Außerdem wurden Teile der Savannen in Naturschutzgebiete verwandelt.

## Strauße und Emus

*Nandu*

Strauße und Emus sind große, flugunfähige Vögel, die in tropischen Savannen leben – Strauße in Afrika und Emus in Australien. Eine dritte Art, der Nandu, kommt auf den kühleren Grassteppen Südamerikas vor. Auf ihren kleinen Flügeln sitzen nur sehr weiche Federn, die nicht zum Fliegen geeignet sind. Mit ihrer braunen, beigen oder schwarzen Farbe sind sie zwischen dem trockenen Gras kaum zu entdecken. Ihre Eier legen sie in Nester auf den Boden. Alle fressen Gras, Blätter, Blüten und Samen, der Emu auch Insekten, Eidechsen und kleine Säugetiere.

*Emu*

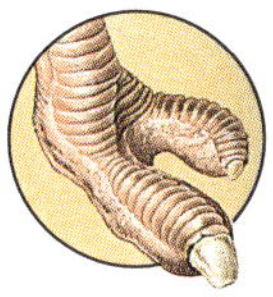

*Strauße haben nur zwei Zehen, Nandus und Emus drei und die meisten anderen Vögel vier.*

*Männliche und weibliche Strauße kümmern sich gemeinsam um den Nachwuchs. Die Küken haben zur Tarnung Streifen und Flecken.*

*Straußenhenne*

*Straußenhahn*

*Um die Straußenhenne anzulocken, legt der Hahn den Kopf zurück und bewegt ihn hin und her. Bei seiner Balz schlägt er mit den Flügeln und zittert mit dem Schwanz.*

*Alle Hennen, mit denen sich der Hahn paart, legen ihre Eier in ein Nest. Pro Nest liegen dann bis zu 40 Eier von 15 cm Länge.*

*Hahn und Henne brüten die Eier abwechselnd aus. Da die Eier am Rand des Nestes abkühlen, schlüpfen daraus keine Küken.*

*Strauße gehen mit 4 km/h, können aber bis zu 30 km/h laufen. Bei Gefahr erreichen sie sogar 80 km/h. Sie haben sehr kräftige Bein- und Fußmuskeln.*

*Flucht ist die beste Strategie gegen ein Raubtier.*

*Akazien bieten vielen Tieren Schutz und Nahrung.*

*Wenn es lange nicht geregnet hat, versammeln sich viele Tiere an den Wasserlöchern.*

*Elefanten sprühen sich zur Kühlung mit Wasser ein.*

*Antilopen rennen mit 100 km/h vor ihren Feinden davon.*

*Strauße können hervorragend sehen und da ihr Kopf höher als das Gras ist, erkennen sie einen Feind schon von weitem.*

*Manche Vögel, die Würger, spießen ihre Beute auf Dornen auf.*

*Neuntöter*

*Termiten bauen aus Erde, Speichel und Kot große Nester.*

*Löffelhunde fressen Insekten, vor allem Termiten. Sie können die Bewegungen der Insekten im Gras hören.*

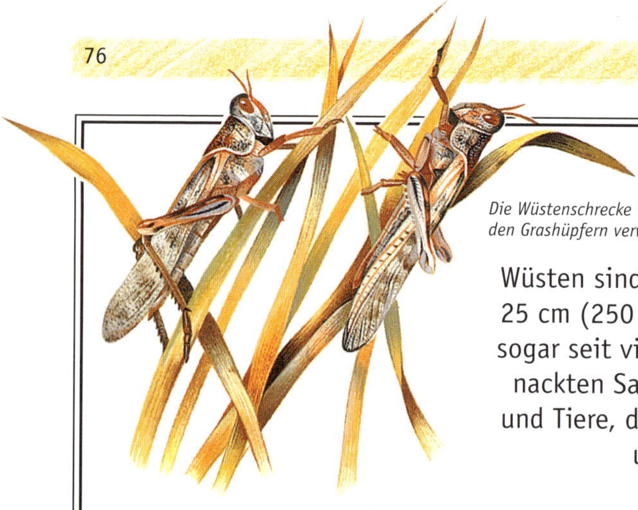

Die Wüstenschrecke ist mit den Grashüpfern verwandt.

# Wüsten

Taschenspringer (eine Nagetierart) springen bei Gefahr davon.

Wüsten sind sehr trockene Landschaften, in denen weniger als 25 cm (250 l pro m²) Regen fällt. In manchen Regionen hat es sogar seit vielen hundert Jahren nicht mehr geregnet. Auf dem nackten Sand- oder Felsboden gibt es kaum Leben. Pflanzen und Tiere, die hier überleben wollen, müssen mit großer Hitze und sehr wenig Wasser zurechtkommen.

## Wüstenregionen

In den meisten Wüsten ist es das ganze Jahr über am Tag sehr heiß und nachts sehr kalt. In der Wüste Gobi jedoch sinken die Tagestemperaturen im Winter auf −20 °C.

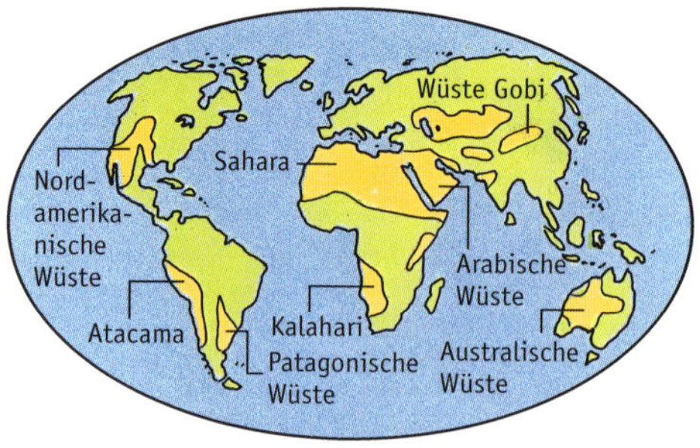


Weltkarte der Wüsten

## Wüstenbildung

Seit 50 Jahren nehmen die Wüstenflächen auf der Erde zu. Flächen am Rand der Wüste, auf denen einst etwas Gras und Bäume wuchsen, verwandeln sich in echte Wüste – ein Vorgang, an dem die Menschen stark beteiligt sind.

Wenn sich eine Gegend in Wüste verwandelt, verhungern oft tausende von Menschen und Tieren.

Fast immer brauchen die Menschen, die am Rande der Wüste leben, das Gras für ihre Tiere und die Bäume als Feuerholz. In der Trockenheit können keine neuen Gräser und Bäume wachsen, sodass die Wüste sich immer weiter ausdehnt.

## Wüstenpflanzen

Wüstenpflanzen haben sehr lange Wurzeln, die tief bis ins Grundwasser reichen, oder feine, reich verzweigte Wurzeln, die dicht an der Bodenoberfläche den Morgentau aufnehmen. Viele schützen sich durch dicke, fleischige Blätter und Wachsschichten vor Wasserverlust, andere haben gar keine Blätter. Zum Schutz vor Tierfraß bilden sie Dornen oder Stacheln.

Die Hundertjährige Aloe braucht 15 Jahre, bis sie blüht. Nach einem Regen bildet sie dann Blüten und Samen und stirbt ab.

Nach einem Regenschauer wächst diese australische Strohblume (rechts) sehr rasch und überzieht den Boden mit ihren gelben Blüten.

Nordamerikanische Wüste nach einem Regenschauer

Viele Pflanzen überstehen längere Trockenheit – manchmal jahrelang – als ausgetrocknete Stängel oder in Form von Samen. Wenn es schließlich wieder regnet, wird in kurzer Zeit – ehe das Wasser verdunstet ist – alles grün, die Pflanzen keimen aus und bilden neue Blüten.

Während eines Regens speichern Kakteen das Wasser in den fleischigen Stämmen. Einige haben sogar Falten und dehnen sich aus, wenn sie das Wasser aufnehmen. Die meisten der über 800 Kakteenarten wachsen in Nordamerika. Da sie keine Blätter haben, findet die Fotosynthese in den grünen Stämmen statt. Die meisten Kakteen tragen Dornen.

Der Saguaro-Kaktus kann 15 m hoch und 200 Jahre alt werden. Die ersten Seitenäste bildet er erst nach 75 Jahren aus.

Die fleischigen Kugelkakteen (rechts) schwellen nach einem Regen stark an. Wenn sie das Wasser bei Trockenheit verbrauchen, schrumpfen sie wieder zusammen.

Die afrikanische Welwitschie (links) verliert durch ihre dicke Haut kaum Wasser.

Zwischen den einzelnen Pflanzen bleibt meist viel Platz, da ihre Wurzeln um das Wasser im Boden konkurrieren. Einige Wurzeln, z. B. die der Kreosotbüsche in Amerika, geben sogar Gift ab, um andere Pflanzen fern zu halten.

Das Bild zeigt die Sahara in Nordafrika. Pflanzen und Tiere sind nicht alle im gleichen Maßstab gezeichnet.

## Säugetiere der Wüste

Viele Säugetiere der Wüste sind nachtaktiv, sie suchen in der kühleren Nacht nach Nahrung. Den Tag verbringen sie im Schatten von Felsen, Pflanzen oder in Erdhöhlen. Ihr Fell ist meist hell gefärbt, damit das Sonnenlicht reflektiert wird und es sich nicht so stark aufheizt wie dunkles Fell.

*Jackrabbits haben große Ohren, durch die viel Blut fließt. Sie werden durch den Wind gekühlt, sodass der Körper vor Überhitzung geschützt ist.*

*Wüstenigel (links) leben in Sandhöhlen. Dort verschlafen sie lange Trockenperioden, wenn sie keine Nahrung finden.*

*In Wüsten leben zahlreiche mausartige Nagetiere, z. B. diese Springmäuse, die sich von Samen, Wurzeln, Stängeln und Blättern ernähren.*

*Erdmännchen leben in Höhlen in der südafrikanischen Kalahari. Sie bilden enge Gruppen, die sich gemeinsam um die Jungen kümmern, Raubtiere verscheuchen und andere Arbeiten teilen.*

Fast alle Wüstentiere brauchen kaum Wasser. Manche, wie die Oryxantilopen, trinken fast gar nichts und kleine Säugetiere, wie Renn- oder Springmäuse, kommen mit der Flüssigkeit in ihrer Nahrung aus.

## Kriechtiere der Wüste

Die meisten Kriechtiere, wie Schlangen und Echsen, sind tagaktiv. Sie sind wechselwarm und brauchen die Wärme der Sonne. Nachts ist es oft zu kalt für sie; sie werden träge, weil ihr Blut sich nicht erwärmen kann. Bei zu großer Hitze graben sie sich allerdings in den Sand ein oder klettern auf Bäume und lassen sich vom Wind kühlen.

*Um sich abzukühlen, vergraben sich Wüstenschildkröten im Sand.*

*Geckos (rechts) gehen am kühlen Abend auf Insektenjagd. Mit den Saugnäpfen an den Füßen halten sie sich an Felsen fest.*

*Fransenfinger (links) stehen immer nur mit zwei Beinen gleichzeitig auf dem heißen Sand.*

*Während der heißesten Jahreszeit machen Klapperschlangen (rechts) nachts Jagd auf Vögel und kleine Säugetiere.*

*Viele Wüstenschlangen bewegen sich seitlich vorwärts: Kopf und Schwanz liegen auf, den Mittelteil schieben sie in einem Bogen nach vorn und berühren dabei kaum den heißen Boden.*

Während der heißesten Jahreszeit sind auch die Kriechtiere nachtaktiv. Am Tag ruhen sie und schützen sich so vor Überhitzung. In Wüsten mit kalten Wintern, wie der Gobi, halten Schlangen mehrere Monate lang Winterschlaf in Erdhöhlen.

## Vögel der Wüste

Viele Wüstenvögel sind sandbraun gefärbt und so farblich an ihre Umgebung angepasst (Tarnung). Sie leben in Oasen oder an Wasserlöchern, oder sie fliegen in der Dämmerung zum Trinken dorthin. Wüstenvögel fressen vorwiegend Insekten und Samen.

*Die Wellensittiche der australischen Wüste leben von Samen und Früchten. Sie versammeln sich frühmorgens in großen Schwärmen an den Wasserlöchern. Wenn die Wasserlöcher austrocknen, müssen viele von ihnen sterben.*

*Vögel finden in der Wüste kaum Nistplätze. Der Gilaspecht baut seine Höhlen in den Stämmen von Kakteen, um die Eier vor der Sonne zu schützen: In den Höhlen ist es bis zu 30 °C kühler.*

*Die amerikanische Kanincheneule baut ihr Nest in alte Tierbauten. Nähert sich ein Feind, beginnen die Eulen zu zischen, um ihn zu täuschen – er vermutet eine Schlange und greift nicht an.*

*Wenn ihr Futter genügend Feuchtigkeit enthält, kommen Kamele monatelang ohne Wasser aus. Dass ihr Kot sehr trocken ist, spart ebenfalls Wasser.*

*Das helle Fell der Mendesantilope wärmt sich in der Sonne wenig auf.*

*Kamele haben breite, haarige Hufe, damit sie nicht in den weichen Sand einsinken.*

*Hornvipern schützen ihre Augen durch Hautlappen vor Sand und Sonne. Sie bewegen sich seitlich über den heißen Boden.*

*Zum Weiterlesen: Pflanzen S. 4-5; Wechselwarme Tiere S. 29; Antilopen S. 57; Nagetiere S. 58*

Unter dem Dach der Blätter entwickeln sich Blüten und Früchte der Bananen.

# Tropische Regenwälder

Tropische Regenwälder gedeihen in der Zone um den Äquator bei hohen Temperaturen und täglichen Regenschauern. Da es weder trockene noch kalte Jahreszeiten gibt, ist der Wald stets grün und die Bäume werden sehr hoch. Unter den Bäumen ist es heiß, dunkel und feucht. Im Regenwald lebt die Hälfte aller Tier- und Pflanzenarten.

Adler kreisen über den Bäumen. Haben sie ein Opfer, z. B. einen kleinen Affen, erspäht, packen sie mit scharfen Krallen zu.

## Bäume im Regenwald

Regenwaldbäume konkurrieren untereinander um Licht und wachsen deshalb sehr schnell sehr hoch. Es gibt zahlreiche Laubbäume, wie Mahagoni, Teak, Gummibäume und Balsa, aber auch viele Palmen. In einem einzigen Wald können bis zu 2.500 Baumarten vorkommen.

Die höchsten Bäume erreichen an die 100 m. Unter ihnen, in rund 45 m Höhe, breiten kleinere Bäume ihre Kronen aus und bilden ein dichtes Blätterdach. In ihrem tiefen Schatten gedeihen nur dort noch kleinere Bäume, wo etwas Sonnenlicht durch die Blätter fällt.

Viele Bäume bilden Blüten und Früchte unterhalb der dichten Kronen. So sind sie für Insekten, Vögel und Fledermäuse gut erreichbar, die Pollen und Samen verbreiten.

Die Blüten des Kakaobaumes (links) wachsen direkt aus dem Stamm. Seine Früchte geben der Schokolade den Geschmack.

Die von den Zweigen herabhängenden Stinkfrüchte werden von Orang-Utans und anderen Tieren gefressen. Mit dem Kot der Tiere werden die Samen verteilt.

Bei sehr hohen Bäumen setzen sich die Wurzeln oberirdisch fort (Brettwurzeln); sie stützen den Baum auf der dünnen Bodenschicht ab.

## Regenwälder der Erde

Wo die Durchschnittstemperatur höher ist als 24 °C und der jährliche Niederschlag 400 mm (400 l pro m²) übersteigt, kann ein tropischer Regenwald wachsen.

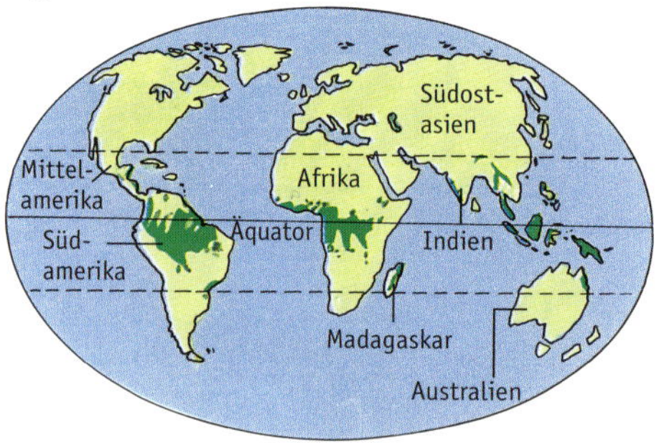


Weltkarte der Regenwälder

## Der Waldboden

Da nur sehr wenig Licht bis auf den Boden gelangt, wachsen kaum bodennahe Pflanzen. Insekten, wie Ameisen und Termiten, aber auch Spinnen, Hundert- und Tausendfüßer, leben hier von den toten Pflanzen und Tieren, die auf die Erde fallen. Im warmen, feuchten Klima des Regenwaldes werden alle Tier- und Pflanzenreste rasch zersetzt.

Termiten fressen totes Holz; sie sorgen dafür, dass alle Überreste sofort abgebaut werden und verrotten. Manche Arten bauen Nester mit Dächern, an denen der Regen abläuft.

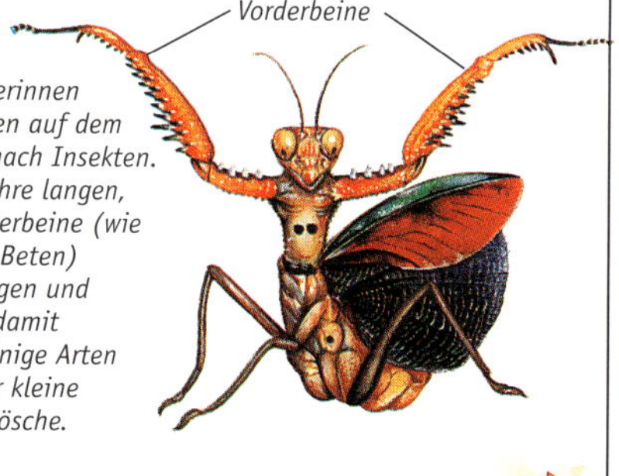


Gottesanbeterinnen (rechts) jagen auf dem Waldboden nach Insekten. Sie können ihre langen, dünnen Vorderbeine (wie Hände beim Beten) zusammenlegen und blitzschnell damit zupacken. Einige Arten fangen sogar kleine Vögel und Frösche.

Blattschneiderameisen tragen Blattstückchen in ihr Nest. Auf den zerkauten Blättern wachsen Pilze, die als Nahrung dienen.

## Pflanzenleben

Viele Pflanzen des Regenwaldes, z. B. Farne und Orchideen, wachsen auf den Ästen der Bäume, wo sie mehr Licht bekommen als auf dem Boden. Sie wurzeln in den zersetzten Blättern, die sich in Astgabeln und Spalten ansammeln.

Lianen sind verholzte Kletterpflanzen, die im Boden wurzeln. Ihre Blätter treiben aber erst in den Baumkronen aus.

Einige Pflanzen, z. B. die Orchidee Vanda, fängt mit Luftwurzeln die Luftfeuchtigkeit ein.

Im Regenwald gibt es tausende von Orchideenarten.

## Lebensraum

Im Regenwald kommen mehr Pflanzen- und Tierarten vor als in jedem anderen Lebensraum. An Flussufern, wo mehr Sonne eindringen kann als im dichten Wald, wachsen die Pflanzen besonders üppig. Hier leben auch Tiere. Das Bild zeigt Pflanzen und Tiere am Amazonas in Südamerika.

Beim Fischfang stoßen Hasenmaul-Fledermäuse blitzschnell zu.

Zum Weiterlesen: Laubbäume, Palmen S. 8; Termiten S. 21; Krokodile S. 31; Affen S. 50–51;

## Säugetiere im Regenwald

Die Tiere besiedeln verschiedene Stockwerke der Bäume. Vögel und Fledermäuse leben zwischen den höchsten Zweigen. Affen und Hörnchen nutzen die tieferen Äste, wo sie Blätter, Nüsse, Früchte und Insekten finden.

*Während kleinere Affen, wie diese Makaken, in den Baumwipfeln leben, bleiben größere Affen, wie die Orang-Utans, weiter unten.*

Der Regenwald ist die Heimat vieler Katzen, so von Jaguar (Südamerika) oder von Tiger und Bengalkatze (Südostasien).

*Nebelparder klettern auf Bäume, um Affen, kleine Säugetiere, Vögel und Kriechtiere zu jagen. Im Schatten ist ihr geflecktes Fell eine perfekte Tarnung.*

Tiere, die auf dem Boden leben, sind meist stämmig, um sich durch das Unterholz drängen zu können.

*Die Okapis leben im afrikanischen Regenwald. Sie sind mit den Giraffen verwandt und dank der Streifen gut getarnt.*

*Pekaris (oben rechts) suchen in den Wäldern von Südamerika nach Wurzeln.*

*Die Riesengleitflieger (unten) aus Südostasien ernähren sich von Blättern und Früchten. Sie klammern sich mit den Krallen an Bäumen fest, klettern hoch und gleiten zwischen den Zweigen umher.*

*Riesengleitflieger segeln auf der zwischen Armen und Beinen ausgespannten Haut.*

## Vögel

Im Regenwald lebt mehr als ein Viertel aller Vogelarten. Viele sind bunt gezeichnet, vielleicht, damit sie sich im Dickicht besser gegenseitig erkennen. Vögel sind wichtige Samenverbreiter, da sie die Früchte fressen und die Samen mit dem Kot wieder ausscheiden.

*Der südamerikanische Quetzal frisst kleine Avocados. Die unverdaulichen Samen würgt er hoch und spuckt sie aus.*

*Großfußhühner legen ihre Eier auf den Waldboden und schichten einen Haufen aus Erde und Blättern darüber, um sie warm zu halten.*

*Der Hahn prüft die Temperatur des Haufens mit dem Schnabel. Er kann die Temperatur regulieren, indem er Erde aufhäuft oder wegnimmt.*

*Die ausgeschlüpften Küken graben sich einen Weg ins Freie und laufen davon.*

*Bei den Hoatzins verrottet die Blattnahrung im Magen, daher stinken sie wie Kuhfladen.*

## Der bedrohte Regenwald

Mehr als die Hälfte der tropischen Regenwälder wurde bereits vernichtet. Man brauchte das Holz und neue Bodenflächen für Landwirtschaft oder Bergbau. Viele Pflanzen und Tiere sind bereits ausgestorben oder stark bedroht.

*Sind die Bäume abgeholzt, wäscht der Regen die Nährstoffe aus dem Boden. Daher sind große Teile von Amazonien (Südamerika) heute unfruchtbar.*

Wissenschaftler vermuten, dass die Zerstörung der Regenwälder das Gleichgewicht der Gase in der Erdatmosphäre schädigt. Es findet eine Erwärmung statt und dadurch verändert sich das Weltklima stark (Treibhauseffekt).

*Wenn eine Pflanze ausstirbt, verschwinden mit ihr nützliche Eigenschaften: Aus dem Madagaskar-Immergrün stellt man z. B. ein Heilmittel gegen Leukämie her.*

*Wasserschweine sind die größten Nagetiere. Sie leben zwischen den dichten Pflanzen am Flussufer und fressen Wasserpflanzen.*

*Fliegender Löffler*

*Rote Sichler suchen mit eingetauchtem Schnabel im flachen, schlammigen Wasser nach kleinen Fischen und Insekten.*

*Blätter der Victoria-Seerose*

*Junge Hoatzins haben auch Krallen an den Flügeln*

*Die Amazonasdelfine sind fast blind. Sie orientieren sich wie Fledermäuse und finden ihre Nahrung durch Echoortung.*

*Da man sie wegen ihrer Haut gejagt hat, sind Kaimane heute selten.*

*Kaimane gehören zu den Krokodilen. Sie lauern am Ufer auf Beute.*

*Löffler fangen Fische mit dem breiten Schnabel.*

Nagetiere S. 58; Echoortung S. 62; Treibhauseffekt S. 69

# Polargebiete

Im Winter färbt sich das Fell des Polarfuchses zur Tarnung weiß.

Die Polargebiete befinden sich in der nördlichsten und der südlichsten Region der Erde. Meer und Land sind fast das ganze Jahr gefroren und von Eis bedeckt. Im Winter geht die Sonne niemals auf, im Sommer steht sie ständig am Himmel und die Temperaturen steigen nur selten über 0 °C. Dennoch überleben hier eine Reihe von Tieren und Pflanzen.

Der Albatros ist der größte Seevogel der Erde.

## Arktis und Antarktis

Die Arktis wird durch den Nördlichen, die Antarktis durch den Südlichen Polarkreis abgegrenzt. Jenseits dieser Linien steht die Sonne immer ein halbes Jahr am Himmel.

Eisbären leben auf den Eisschollen der Arktis.

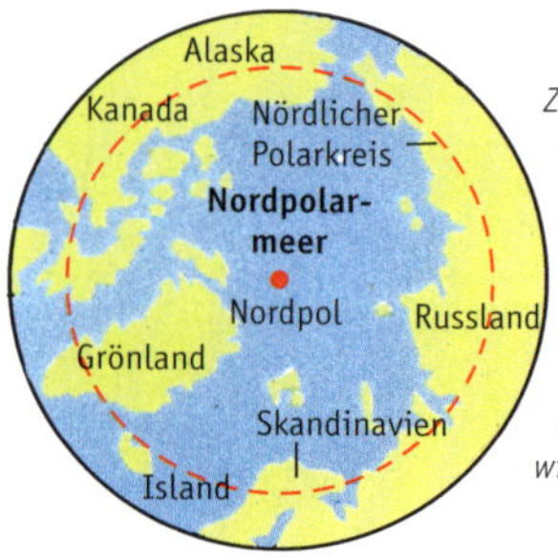


Zur Arktis gehören das Nordpolarmeer, das den Nordpol umgibt, und Land, das innerhalb des Polarkreises liegt. Ein großer Teil des Meeres ist ständig vereist. Das Land wird Tundra genannt.

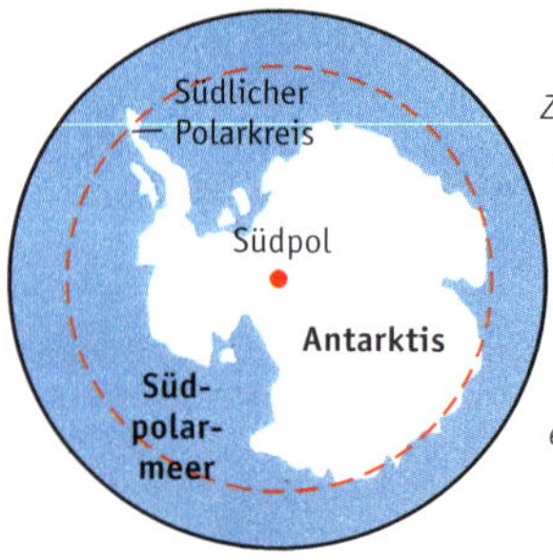


Zur Südpolarregion gehören der antarktische Kontinent, das Südpolarmeer und einige Inseln. Der Südpol liegt im Gegensatz zum Nordpol inmitten einer Landmasse.

In Tundra und Antarktis kommen sehr unterschiedliche Tiere vor: Auf dem antarktischen Kontinent leben keine Säugetiere – nur einige Robben bringen hier ihre Jungen zur Welt. Es gibt aber Insekten und Seevögel, wie die Pinguine.

Adelie-Pinguine bauen ein Nest aus Kieseln. Vor der Paarung balzen sie neben dem Nest. Sie reiben ihre Gesichter aneinander, recken die Hälse und schlagen mit den Flügeln.

## Tiere im Polarmeer

In den Polarregionen leben mehr Tiere im Meer als auf dem Land. Zwar ist das Wasser eisig kalt, da die Temperaturen aber nicht schwanken, konnten sich die Tiere gut anpassen. Neben Fischen findet man hier Robben, Wale und Pinguine. Viele Fische und Wale leben vom Plankton, das aus Algen und kleinsten Krabben, dem Krill, besteht.

Im Südpolarmeer kommt der Krill in riesigen Mengen vor. Wale und andere Meerestiere ernähren sich davon.

Viele Fische sind ganz speziell an die Kälte angepasst. Eisfische haben z. B. keine roten Blutkörperchen – in dem eiskalten Wasser kann das Blut den Sauerstoff auch ohne rote Blutkörperchen transportieren.

Eisfisch

Die Antarktisdorsche haben ein Frostschutzmittel im Blut.

## Antarktische Vögel

Im Südpolargebiet leben viele Vögel; sie ernähren sich von Fischen, Kalmaren und Krill. Das Land betreten sie nur zum Brüten.

Schneesturmvögel gleiten über das Meer und tauchen zwischen den Eisschollen nach Krill.

Sturmschwalben schweben mit hängenden Füßen dicht über dem Wasser. Sie scheinen auf dem Wasser zu laufen.

In der Antarktis brüten vier Albatrosarten, die sich zu tausenden in Brutkolonien versammeln. Jedes Weibchen legt nur ein Ei in das aus Schlamm und Moos errichtete Nest. Nach dem Schlüpfen hocken die Jungen oben auf dem Nest und warten auf Futter.

Der Weißkappenalbatros baut ein hohes, röhrenförmiges Nest.

## Pinguine

Die flugunfähigen Pinguine kommen nur auf der Südhalbkugel vor, sieben Arten leben im Südpolarmeer. Nur zur Brutzeit kommen sie an Land. Dort legen sie ihre Eier auf den Boden, auf das Eis oder bauen ein einfaches Nest aus Steinen.

Eine doppelte Lage aus kurzen, dichten Federn und eine dicke Fettschicht unter der Haut halten die Pinguine warm. Kaiserpinguine, die größte Art, können noch bei −20 °C überleben.

Kaiserpinguin

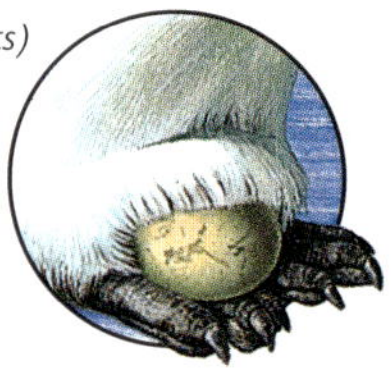

Kaiserpinguine (rechts) halten ihr Ei in einer Hauttasche warm.

Pinguine kehren jedes Jahr zu den Brutkolonien zurück, wo sie selbst aus dem Ei geschlüpft sind.

Erwachsener Königspinguin

Junges

Pinguine können sehr gut schwimmen und tauchen – sie bleiben bis zu 18 Minuten lang unter Wasser. Sie schwimmen mit den schmalen, steifen Flügeln und steuern mit Füßen und Schwanz. Pinguine jagen Fische, Kalmare und Krill.

Zum Atmen müssen sie auftauchen und bei Gefahr springen sie aus dem Wasser. Pinguine sehen nur an Land unbeholfen aus, wenn sie sich watschelnd fortbewegen. Im Wasser legen sie elegant weite Strecken zurück.

Zum Weiterlesen: Eisbären S. 46; Wale S. 48; Robben S. 49; Plankton S. 82

Raufußbussard

Küstenseeschwalbe

Die Küstenseeschwalben (rechts) ziehen jedes Jahr von der Arktis in die Antarktis und wieder zurück, so kommen sie jeweils zum Beginn des Sommers an ihrem Ziel an.

## Die Tundra

Das Land rund um das Nordpolarmeer wird Tundra genannt. Wenn das Eis im Sommer schmilzt, wachsen die Pflanzen, Insekten schlüpfen und kleine Tiere, wie die Lemminge, kommen aus ihrem Bau. Nun kehren auch Karibus (Rentiere), Wölfe und Füchse aus den Wäldern weiter südlich zurück, wo sie den Winter verbracht haben.

Jedes Frühjahr treffen hunderttausende von Zugvögeln in der Tundra ein, wo sie ihre Jungen aufziehen. Im Herbst kehren sie in den wärmeren Süden zurück. Einige Arten, wie die Schneehühner und Schnee-Eulen, leben das ganze Jahr hier. Im Winter färbt sich ihr Gefieder zur Tarnung weiß.

Schnee-Eule

*Die Schnee-Eule, hier im Winterkleid, lebt das ganze Jahr in der Arktis.*

Schmarotzerraubmöwe

*Das Fell vieler Tundratiere färbt sich im Winter zur Tarnung weiß. Im Frühling wächst ihnen das braune oder graue Sommerfell.*

Polarfuchs im Sommerfell

Hermelin im Sommerfell

Krabbentaucher (links) fischen Plankton und Krabben aus dem Meer, im Winter ziehen sie nach Süden bis zur Nordsee.

Klippenmöwe

*Im Frühling treffen mehrere Gänsearten ein.*

Blässgans Schneegans Ringelgans Nonnengans

Schneehühner (links) bleiben das ganze Jahr in der Arktis. Im Winter tragen sie weißes Gefieder. Sie graben mit den Füßen Pflanzen aus dem Schnee.

*Als Schutz vor dem eisigen Wind bleiben die Tundrapflanzen klein. Es gibt z. B. nur 30 cm hohe Zwergweiden, Moose, Flechten und viele niedrige Blütenpflanzen.*

Moose

Flechten

Arktischer Mohn

Lappland-Alpenrose

Glockenblumen

*Im Frühling verlassen Karibus (Nordamerika) und Rentiere (Skandinavien) die Wälder und ziehen bis zu 1.000 km weit in die Tundra.*

*Karibus und Rentiere schaufeln mit ihrem Geweih den Schnee von den Moosen und Flechten.*

## Lemminge

Lemminge sind kleine, Pflanzen fressende Nagetiere. Sie leben in Kolonien und können alle acht Wochen bis zu acht Junge bekommen. Wenn die Nahrung nicht mehr ausreicht, gehen tausende von ihnen auf die Suche nach neuen Revieren.

Norwegischer Lemming

Drückerfisch (oben links) und Zackenbarsch (oben rechts)

*Lippfisch*

*Papageifisch*

*Diese Fische leben in Korallenriffen.*

# Ozeane und Meere

Das Weltmeer besteht aus Ozeanen (Pazifischer, Atlantischer und Indischer Ozean) und Meeren (z. B. Mittelmeer oder Nordsee). Wie an Land erstrecken sich auch im Meer verschiedene Lebensräume: Es gibt Tiefseegräben, Hochgebirge, flache Küstengewässer und die warmen, sonnendurchfluteten Korallenriffe. Jeder Lebensraum wird von anderen Tieren besiedelt.

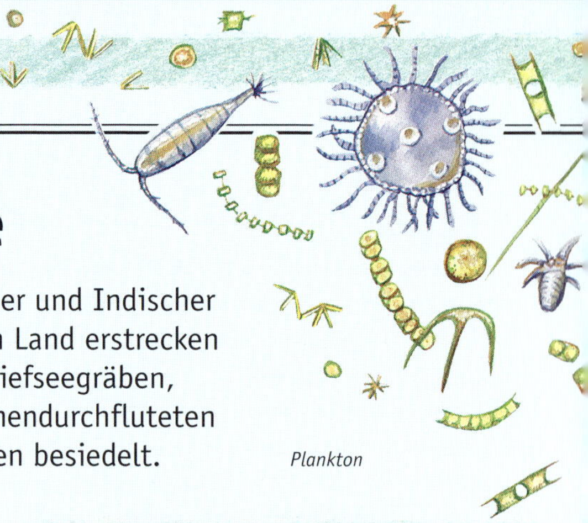

*Plankton*

## Weltmeere

Etwa zwei Drittel der Erde sind von Meeren bedeckt.

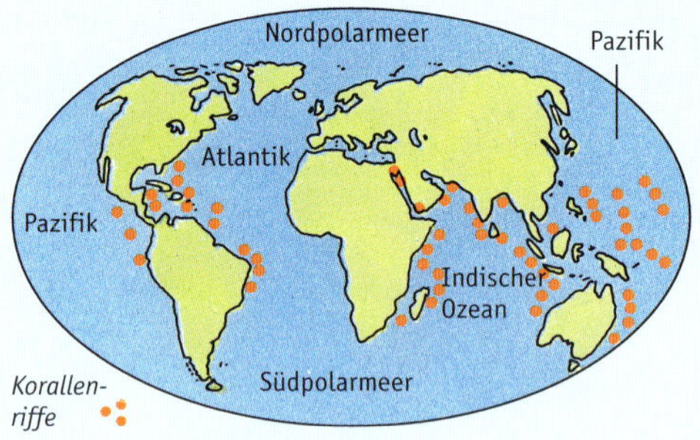


*Weltkarte der Ozeane*

## Korallenriffe

Ein Korallenriff besteht aus den Kalkskeletten von Korallenpolypen. Korallen bilden in den warmen, flachen Meeren der Tropen riesige Kolonien. Bis ein Riff entsteht, vergehen viele tausend Jahre. In einem Korallenriff leben mehr Fische und andere Meerestiere als in jedem anderen Teil des Meeres. Einige davon zeigt das Bild unten.

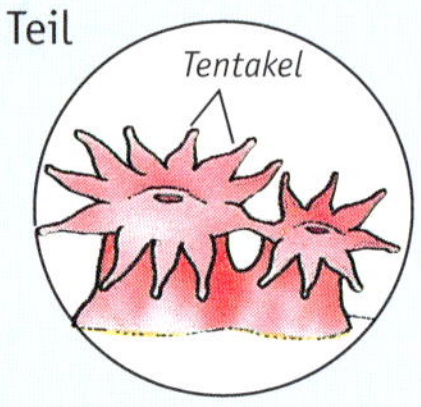


*Mit den Tentakeln treiben sich die Korallenpolypen das Plankton zur Mundöffnung.*

## Plankton

Mit dem Ausdruck Plankton wird die Gesamtheit der mikroskopisch kleinen, an der Oberfläche treibenden Organismen bezeichnet. Das pflanzliche Phytoplankton besteht aus kleinsten Algen, das Zooplankton aus Tieren.

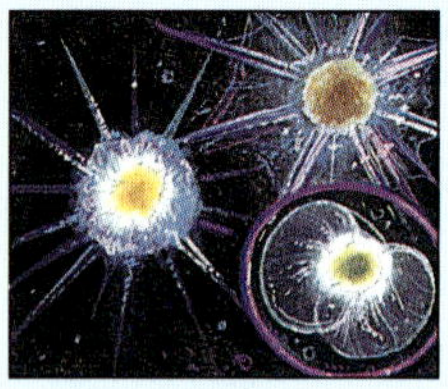

*Im Phytoplankton überwiegen die Kalkalgen. Ein Glas Meerwasser kann bis zu 50.000 dieser Kleinstpflanzen enthalten. Sie erzeugen rund 60 % des Sauerstoffes der Erde.*

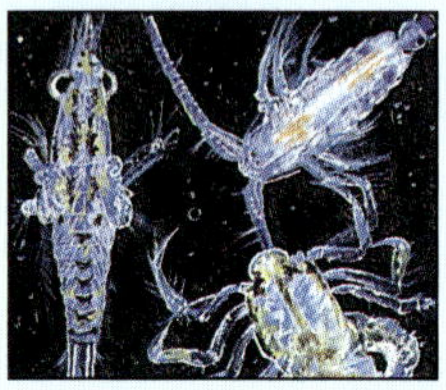

*Das Zooplankton besteht aus winzigen Tieren und den Larven von Krebsen, Seesternen, Quallen und anderer Tiere. Sie ernähren sich vom Phyto- und Zooplankton.*

In flachen Meeren und in den kalten Polarmeeren findet man die größten Planktonmengen. Da die Algen das Sonnenlicht für die Fotosynthese brauchen, schwebt das Phytoplankton immer in den obersten Wasserschichten. Vom Plankton leben viele Meerestiere, von den Quallen bis zu Riesenhai und Blauwal.

## Nahrungsnetz im Meer

Da über 90 % der Meerestiere von anderen Tieren gefressen werden, bilden die Lebewesen ein riesiges, verzweigtes Nahrungsnetz. Große Tiere, wie Schwertwale und Seeleoparden, fressen Fische. Fische ernähren sich von anderen Fischen oder Plankton. Da ein großes Tier nur satt wird, wenn es viele kleine Tiere frisst, gibt es stets sehr viel mehr kleine (z. B. Tunfischschwärme) als große Tiere (z. B. Wale). Dies wird durch die Nahrungspyramide verdeutlicht.

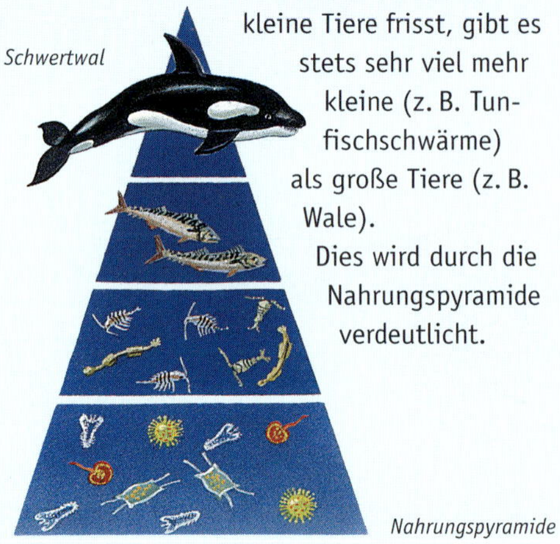


*Nahrungspyramide*

## Bedrohte Meere

Jedes Jahr werden 20 Milliarden Tonnen Abfall ins Meer geworfen. Darunter sind auch viele giftige Chemikalien.

*Auf dem Meeresgrund liegen gefährliche Abfälle. Auch Abwässer aus Haushalten und Fabriken werden noch immer ins Meer gepumpt.*

*Korallen können zu einer Unzahl von Formen heranwachsen, von feingliedrigen Fächern über gehirnartige Gebilde bis zu massiven Kalkblöcken.*

*Da die Korallenriffe dicht besiedelt sind, brauchen Fische eine markante Färbung um Artgenossen und damit Paarungspartner zu erkennen.*

*Gaukler*

*Engelfisch*

*Kaiserfisch (links)*

*Fächerkoralle (links)*

*Blaue Riffbarsche*

*Clownsfische, die zwischen den Seeanemonen umherschwimmen, sind immun gegen das Gift, mit dem Anemonen ihre Beute töten.*

*Am Tag, wenn es im Riff von Fischen wimmelt, ziehen die Korallen ihre Tentakel ein.*

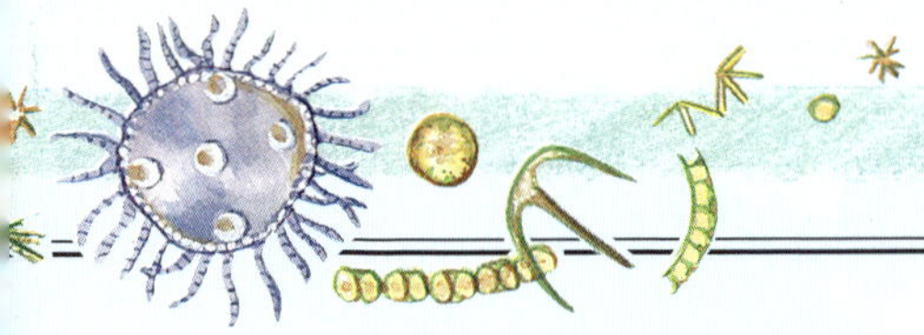

## Leben im Meer

Die oberen Schichten werden am Tag bis in eine Tiefe von 200 m von der Sonne erhellt. Hier leben die meisten Tiere. Sehr wenig Licht gelangt noch bis in eine Tiefe von 1.000 m, darunter herrscht ewige Dunkelheit, wo keine Pflanzen mehr gedeihen. Aber es leben hier riesige Tiere, wie Kraken und Schwertfische, die sich gegenseitig oder tote, absinkende Lebewesen fressen. Diese Bilder zeigen die Tiere, die in verschiedenen Tiefen vorkommen (nicht im gleichen Maßstab gezeichnet).

*Die Portugiesische Galeere (links) besteht aus tausenden von Quallen, die mit ihren Tentakeln Fische fangen.*

*In den Tentakeln gefangener Fisch*

*Fische des Flachwassers haben helle Bäuche und dunkle Rücken. Von oben sind sie so gegen das dunkle Tiefenwasser schlecht zu sehen.*

*Delfine sind Säugetiere. Da sie regelmäßig zum Atmen auftauchen müssen, halten sie sich nahe der Oberfläche auf. Sie fressen Fische.*

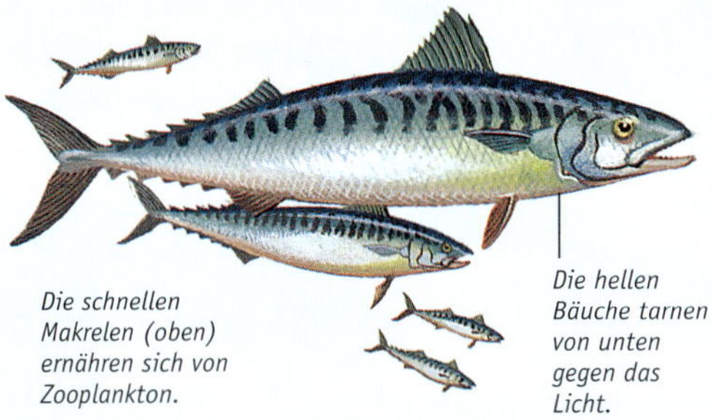

*Die schnellen Makrelen (oben) ernähren sich von Zooplankton.*

*Die hellen Bäuche tarnen von unten gegen das Licht.*

*Kabeljau*

*Viele Fische bilden Schwärme oder Schulen, um sich vor Raubfischen zu schützen.*

*Die Meeresnacktschnecken ziehen über den Meeresgrund, wo sie sich z. B. von Quallen und Korallen ernähren. Ihre Warnfarbe zeigt, dass sie giftig sind.*

*Meeresschnecken*

*Die im Flachwasser lebenden Hummer fressen tote Pflanzen und Tiere, die sie mit den großen Scheren ergreifen.*

*Der giftige Krake Hapalochlaema*

*Riesenkalmar*

*Flosse*

*Fangarme mit Saugnäpfen*

*Zwei der zehn Arme eines Kalmars sind länger als die übrigen und tragen Saugnäpfe, damit packen sie ihre Beute. Riesenkalmare werden über 10 m lang und sehen mit riesigen Augen auch im dunklen Wasser.*

*Kraken und Kalmare gehören zu den Weichtieren. Kraken haben acht, Kalmare zehn Arme. Einige Kraken können ihre Beute mit Gift lähmen. Kraken kriechen über den Meeresboden und verstecken sich zwischen den Felsen im tiefen Wasser.*

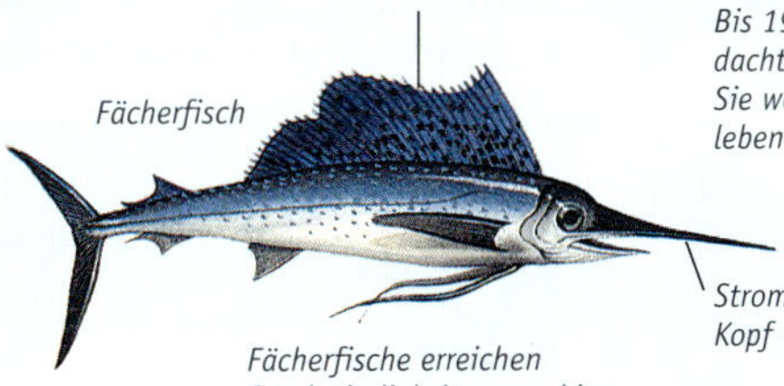

*Fächerfisch*

*Segelförmige Flosse*

*Stromlinienförmiger Kopf*

*Fächerfische erreichen Geschwindigkeiten von bis zu 80 km/h. Sie fressen Fische und Kalmare.*

*Quastenflosser (unten rechts) gehören einer uralten Tiergruppe an, die schon seit 400 Millionen Jahren existiert. Bis 1938, als einer gefangen wurde, dachte man, sie seien ausgestorben. Sie werden rund 1,50 m lang und leben in sehr tiefem Wasser.*

*Quastenflosser*

*Tintenfische können ihre Farbe der Umgebung anpassen und sich so immer perfekt tarnen.*

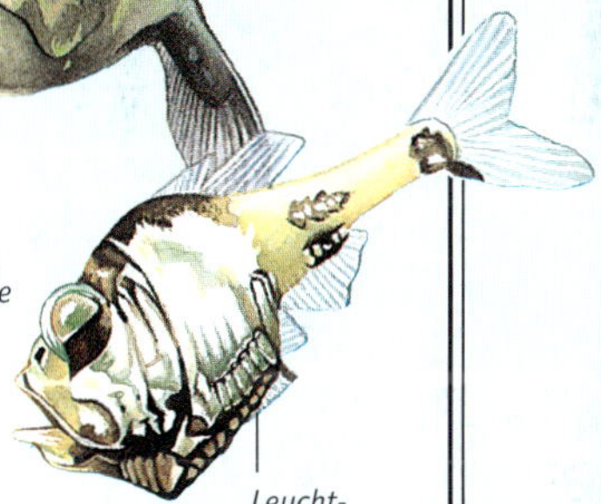

*Die Beilbauchfische (rechts) tragen Reihen von Leuchtorganen am Bauch. Zur Tarnung können sie deren Helligkeit dem Wasser anpassen.*

*Leuchtorgane*

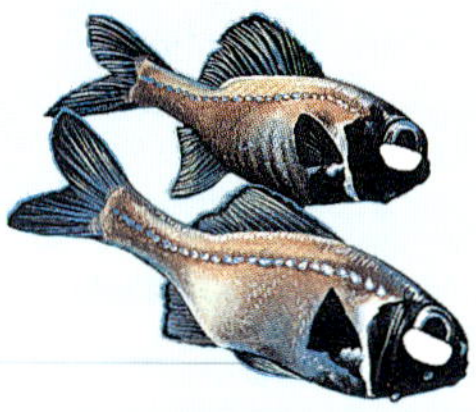

*Laternenfische tragen Leuchtorgane unter den Augen. Sie können das Licht an- und abschalten, um Feinde zu irritieren, Beute anzulocken und vielleicht auch um sich zu verständigen.*

*Tiefseeanglerfische locken im finsteren Wasser mit einem leuchtenden Fortsatz (Köder) andere Tiere an und verschlingen sie in ihrem riesigen Maul mit spitzen Zähnen.*

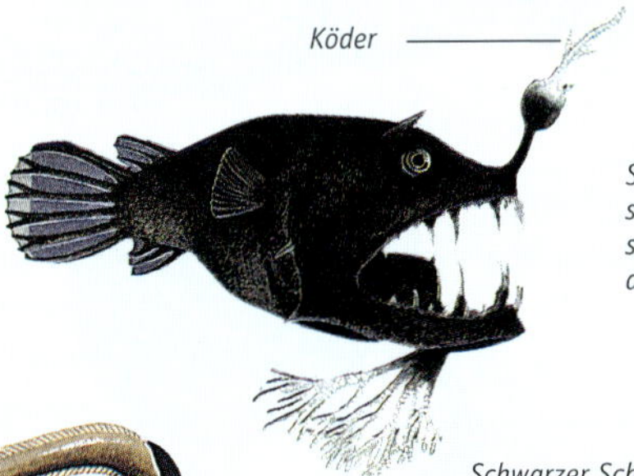

*Köder*

*Schwarze Schlinger (unten) können ihr Maul sehr weit öffnen, um Beute zu verschlingen. Da sich ihr Magen dehnt, können sie Fische fressen, die größer sind als sie selbst.*

*Schwarzer Schlinger mit großem Fisch im Magen*

*Schwarzer Schlinger (oben)*

*Drachenfisch*

*Leuchtende Schwanzspitze als Köder*

*Drachenfische werden rund 60 cm lang. Sie halten sich in Tiefen unter 1.400 m auf, wo sie Beute durch ihren speziellen Vibrationssinn aufspüren. Sie können Fische verschlucken, die größer sind als sie selbst.*

*Viperfische sind räuberisch; sie packen andere Fische mit ihren spitzen Zähnen. Ihre Paarungspartner finden sie mit Hilfe von Leuchtorganen.*

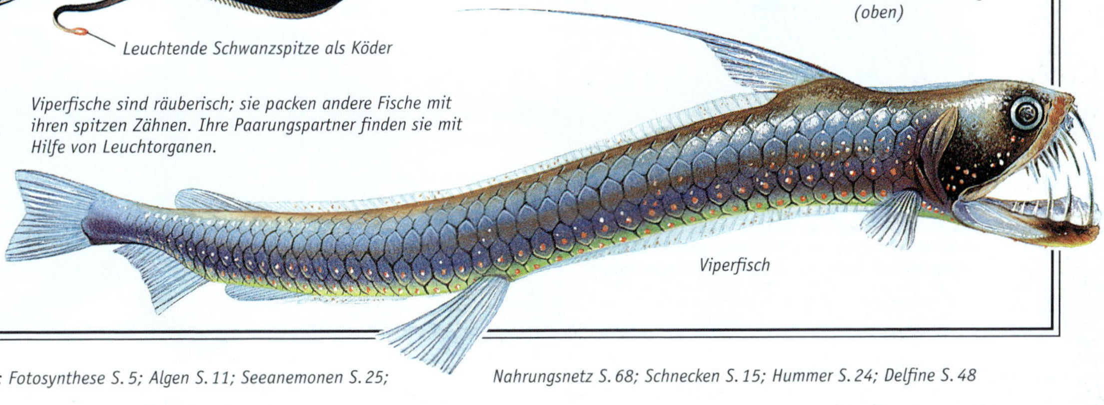

*Viperfisch*

*In Tiefen von über 4.000 m (Tiefsee) ist das Wasser dunkel und eiskalt. Über 60 % der hier lebenden Tiere haben Leuchtkörper, um ihre Beute aufzuspüren oder sie anzulocken, Feinde zu irritieren und vielleicht um Artgenossen Signale zu senden.*

*Zum Weiterlesen: Fotosynthese S. 5; Algen S. 11; Seeanemonen S. 25; Nahrungsnetz S. 68; Schnecken S. 15; Hummer S. 24; Delfine S. 48*

# Einteilung der Lebewesen

Man kann alle Lebewesen verschiedenen Verwandtschaftsgruppen zuordnen. So gehören Hunde und Katzen zwar unterschiedlichen Gattungen an, haben aber so viel gemeinsam, dass sie den übergeordneten Gruppen „Säugetiere" (Klasse) und „Raubtiere" (Ordnung) zugerechnet werden können. Durch solche Zuordnungen entsteht ein Stammbaum, dessen größte Gruppen die Reiche – z. B. Tierreich und Pflanzenreich – sind.

## Das Tierreich

Zum Tierreich gehören alle Organismen, die aus mehr als einer Zelle bestehen und Nahrung aufnehmen und verdauen. Das Tierreich ist in sieben Hauptgruppen, die Stämme, untergliedert, wobei jeder Stamm wiederum aus Klassen besteht. Als Beispiele sind unten die Klassen der Gliederfüßer und Chordatiere angegeben. Klassen werden in Ordnungen und diese wieder in Familien unterteilt. Zu jeder Familie gehören Gattungen, die aus einzelnen Arten bestehen. Nur Mitglieder einer Art können sich untereinander fortpflanzen.

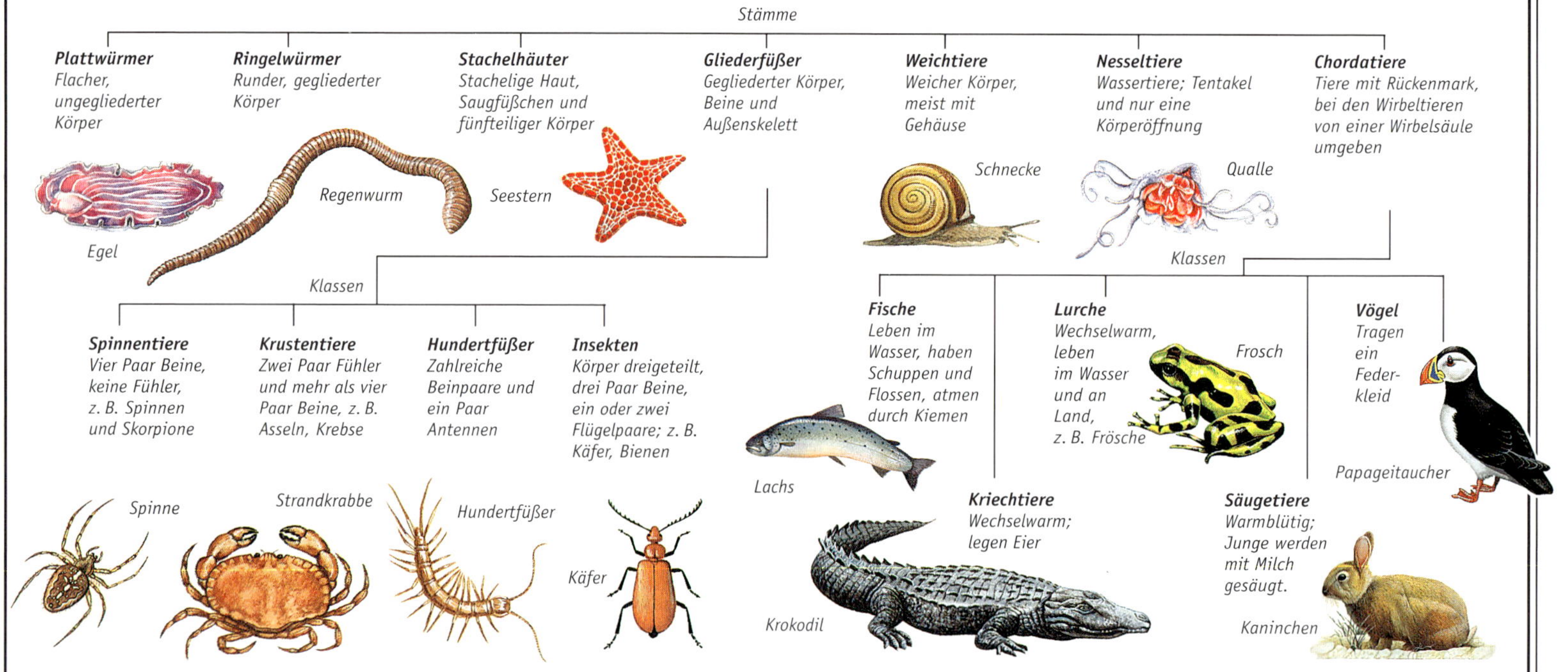


## Das Pflanzenreich

Zum Pflanzenreich gehören alle Organismen, die aus mehr als einer Zelle bestehen und ihre Nahrung durch Fotosynthese erzeugen. Es wird in mehrere Abteilungen untergliedert und besteht aus Unterabteilungen, Klassen, Ordnungen, Familien, Gattungen und Arten. Die Bedecktsamer, eine Unterabteilung der Abteilung Samenpflanzen, werden in zwei Klassen geteilt: Ein- und Zweikeimblättrige.

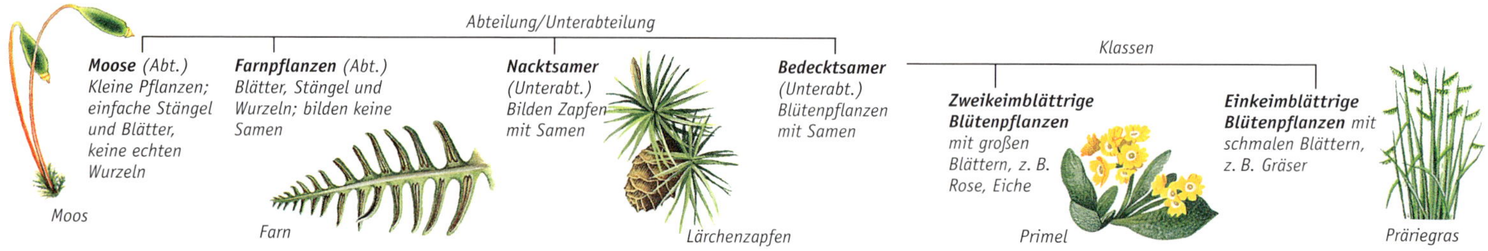


## Andere Reiche

Neben Pflanzen und Tieren unterscheidet man weitere Reiche, z. B. Pilze und Bakterien. Einzeller werden in der Regel den Pflanzen oder Tieren zugerechnet.

Tintling

*Pilze sind ein- oder vielzellige Organismen, die keine Fotosynthese betreiben und deren Zellwände nicht wie bei den Pflanzen aus Zellulose bestehen. Zu den Pilzen gehören z. B. Hutpilze, aber auch Hefen.*

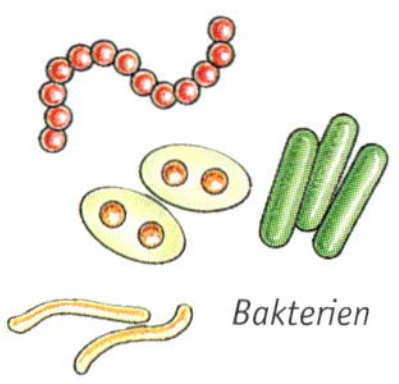

Bakterien

*Bakterien bilden wie die Pilze ein eigenes Reich, wobei die Archaebakterien, die z. B. in heißen Quellen leben, abgetrennt werden. Bakterien können Krankheiten hervorrufen, helfen aber auch bei der Verdauung.*

*Einzeller sind sehr einfach gebaute Lebensformen, die entweder, wie die Amöben, Nahrung aufnehmen oder, wie einzellige Algen, Nahrung durch Fotosynthese erzeugen.*

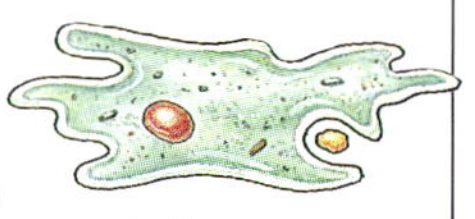

Amöbe

## Biologische Namen

Alle Lebewesen tragen einen lateinischen Doppelnamen, damit sich Biologen auf der ganzen Welt darüber verständigen können. Er besteht aus einem Gattungs- und einem Artnamen. So gehören die meisten Großkatzen der Gattung *Panthera* an. Für den Tiger wird der Artname *tigris* angehängt, also *Panthera tigris*. Leoparden heißen *Panthera pardus* und Jaguare *Panthera onca*.

# Naturräume der Erde

In dieser Karte findest du die geografischen Namen, die in diesem Buch erwähnt wurden, außerdem die wichtigsten Klima- und Vegetationszonen (unten beschrieben). In jeder dieser Regionen lebt eine ganz eigene Tier- und Pflanzenwelt, die sich optimal an die jeweiligen Bedingungen angepasst hat, z. B. die Eisbären an die Arktis. Eine solche Großregion mit den dort lebenden Pflanzen und Tieren wird Biom genannt.

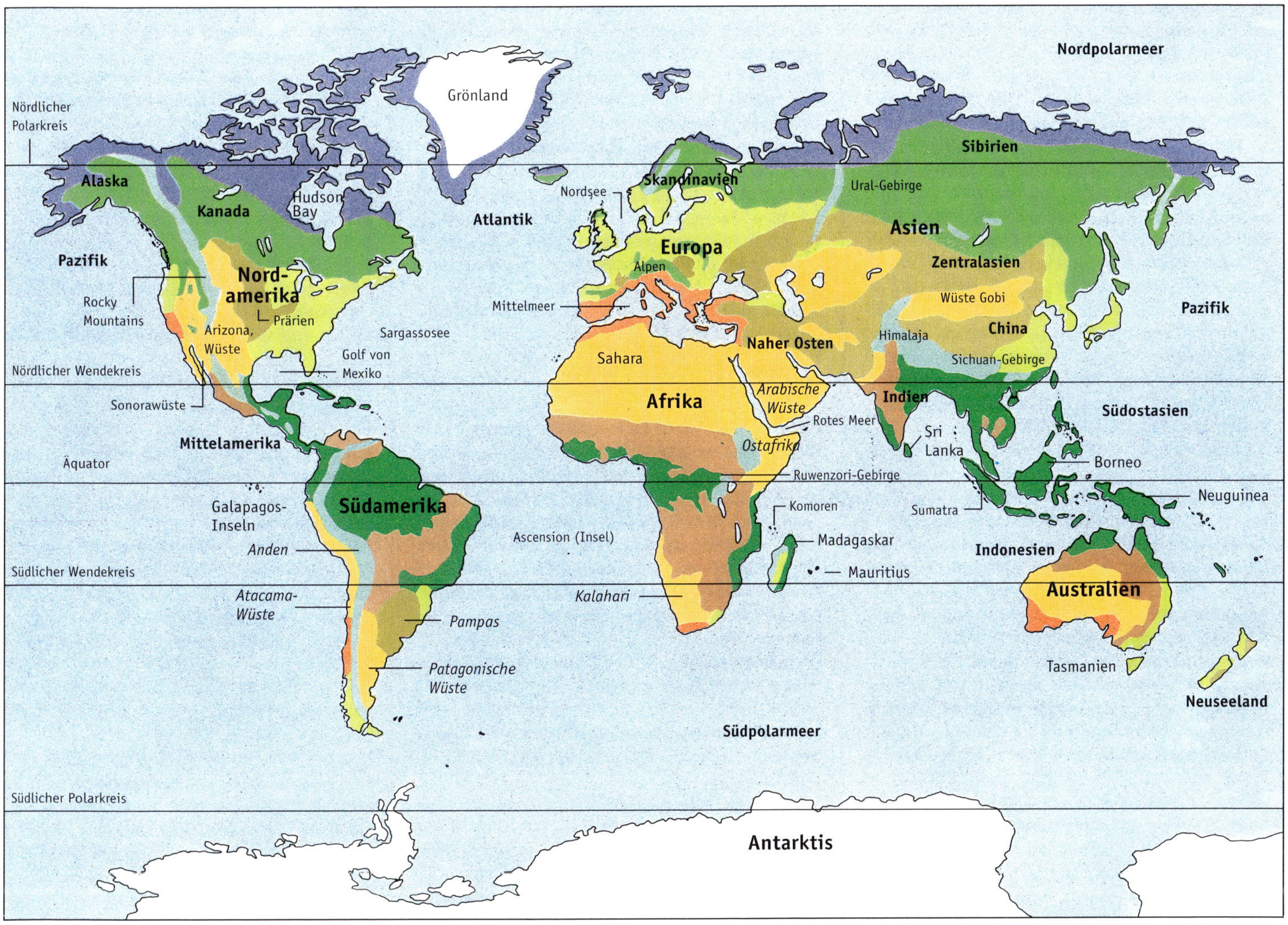


***Ewiges Eis***
*Regionen um Nord- und Südpol und die Gipfel der Hochgebirge; dauernd gefroren und von Eis und Schnee bedeckt.*

*Eisbär*

***Tundra***
*Arktische Regionen, wo das Eis im Sommer schmilzt und niedrige Pflanzen, Moose und Flechten wachsen.*

*Roter Steinbrech*

***Gebirge***
*Zu Füßen eines Gebirges wachsen dieselben Pflanzen wie in der umgebenden Region. Erst mit der Höhe, bei sinkender Temperatur, ändern sich die Vegetationszonen.*

*Dickhornschaf*

***Nadelwälder***
*Regionen in Nordeuropa, Asien und Amerika mit sehr kalten Wintern und kurzen Sommern. Hier wachsen riesige Wälder aus Tannen, Fichten und Kiefern.*

*Gemeine Fichte*

***Laubwälder***
*Regionen mit warmen Sommern und kalten Wintern. Hier wachsen Laubbäume, wie Eichen und Buchen.*

*Eiche*

***Gemäßigte Grassteppen***
*Offene Ebenen in Zentralasien und Nordamerika (Prärien) mit heißen Sommern und kalten Wintern.*

*Präriehund*

***Macchie***
*Regionen um das Mittelmeer und in Südaustralien mit feuchtem, warmem Winter und heißem Sommer. Hier wachsen kleine Bäume und Sträucher.*

*Lavendel*

***Wüste***
*Regionen mit sehr wenig Regen und sehr hohen Temperaturen.*

*Kugelkaktus*

***Savannen***
*Offenes Grasland mit heißem Sommer und feuchtem Winter in Afrika, Indien, Australien und Südamerika.*

*Tiger*

***Regenwald***
*Dichter tropischer Regenwald in Regionen um den Äquator, die das ganze Jahr über heiß und feucht sind.*

*Callicore-Falter*

*Zum Weiterlesen: Biome S. 68*

## Die Illustratoren

Graham Allen
David Ashby
Craig Austin
Graham Austin
Bob Bampton
Jeremy Banks
John Barber
David Baxter
Andrew Beckett
Joyce Bee
Stephen Bennett
Roland Berry
Andrzej Bielecki
Derick Braown
Isabel Bowring
Trevor Boyer
Wendy Bramall
John Brettoner
Paul Brooks
Peter Bull
Holary Burn
Liz Butler
Terry Callcut
Martin Camm
Lynn Chatwick
Kuo Kang Chen
Peter Chesterton
Jeane Colville
Frankie Coventry
Patrick Cox
Christine Darter
Kevin Dean
Sarah DeAth
Peter Dennis
Richard Draper
Brin Edwards
Michelle Emblem
Sandra Fernandez
Denise Finney
Don Forrest
Sarah Fox-Davies
John Francis
Nigel Frey
Judy Friedlander
Sheila Galbraith
Wiliam Giles
Victoria Goaman
Jayne Goin
Peter Goodwin
Victoria Gordon
Rebecca Hardy
Alan Harris
Tim Hayward
Philip Hood
Chris Howell-Jones
Christine Howes
Carol Hughes
Davis Hurrell
Ian Jackson
Jaqueline Kearsly
Elaine Keenan
Roger Kent
Azaz Khan
Deborah King
Steven Kirk
Richard Lewington
Mick Loates
Rachel Lockwood
Chris Lyon
Kevin Maddison
Alan Male
Janos Marffy
Andy Martin
Josephine Martin
Nick May
David McGrail
Malcolm McGregor
Christina McInerny
Dee McLean
Annabel Milne
David More
Dee Morgan
Robert Morton
Patricia Mynott
David Nash
Susan Neale
Jan Nesbitt
Tricia Newell
Barbara Nicholson
David Nockels
Richard Orr
David Palmer
Patti Pearce
Justine Peek
Liz pepperell
Julie Piper
Gillian Platt
Maurice Pledger
Cynthia Pow
David Quinn
Charles Raymond
Luis Rey
Philip Richardson
Jim Robbins
Andrew Robinson
Bernard Robinson
Eric Robson
Michael Roffe
Michele Ross
Mike Saunders
Coral Sealey
Chris Shields
John Sibbick
Gwen Simpson
Gabrielle Smith
Guy Smith
Peter Stebbing
Ralph Stobart
Rod Sutterby
Alan Suttie
Treve Tamblin
Myke Taylor
George Thompson
Joan Thompson
Sam Thompson
Joyce Tuhill
Sally Voke
Ian Wallace
Sue Walliker
Peter Warner
David Watson
Phil Weare
David Webb
Sean Wilkinson
Adrian Williams
Roy Wiltshire
Ann Winterbotham
James Woods
David Wright
John Yates

## Naturschutz

Die folgenden Organisationen haben sich dem Schutz der Natur verschrieben. Hier bekommst du Informationen über Naturschutz allgemein, bedrohte Arten und verschiedene Aktivitäten. Vielleicht erfährst du dort auch, welche Naturschutzgruppen in deiner näheren Umgebung aktiv sind.

WWF Deutschland
(World-Wide Fund for Nature)
Rebstöckerstr. 55
60325 Frankfurt

BUND
Am Kölnischen Park 1
10179 Berlin

Greenpeace Germany
Große Elbstraße 39
22767 Hamburg